从驱动创新到实践创新

A.O.史密斯公司的创新管理

杨东涛 ◎ 著

图书在版编目(CIP)数据

从驱动创新到实践创新:A.O.史密斯公司的创新管理/杨东涛著.—北京:北京大学出版社,2018.1

ISBN 978-7-301-26858-2

Ⅰ.①从… Ⅱ.①杨… Ⅲ.①热水器具—工业企业管理—创新管理—研究—美国 Ⅳ.①F471.262

中国版本图书馆 CIP 数据核字(2018)第 008369 号

书　　　名	从驱动创新到实践创新——A.O.史密斯公司的创新管理 CONG QUDONG CHUANGXIN DAO SHIJIAN CHUANGXIN
著作责任者	杨东涛　著
策 划 编 辑	贾米娜
责 任 编 辑	贾米娜
标 准 书 号	ISBN 978-7-301-26858-2
出 版 发 行	北京大学出版社
地　　　址	北京市海淀区成府路 205 号　100871
网　　　址	http://www.pup.cn
新 浪 微 博	@北京大学出版社　　@北京大学出版社经管图书
电 子 信 箱	em@pup.cn　　QQ：552063295
电　　　话	邮购部 62752015　发行部 62750672　编辑部 62752926
印 刷 者	北京大学印刷厂
经 销 者	新华书店
	730 毫米×1020 毫米　16 开本　17.5 印张　248 千字 2018 年 1 月第 1 版　2018 年 5 月第 2 次印刷
定　　　价	45.00 元

未经许可，不得以任何方式复制或抄袭本书之部分或全部内容。
版权所有，侵权必究
举报电话：010-62752024　电子信箱：fd@pup.pku.edu.cn
图书如有印装质量问题，请与出版部联系，电话：010-62756370

推荐序

作为本书最早的一批读者之一,我感到非常荣幸。在此,首先感谢并祝贺南京大学商学院杨东涛教授和她的研究团队,继《从口号到行动——A. O. 史密斯公司的文化建设之路》《史密斯成功密码——A. O. 史密斯公司的价值观管理》两本著作之后,又推出第三本有关 A. O. 史密斯公司研究的新书——《从驱动创新到实践创新——A. O. 史密斯公司的创新管理》。杨东涛教授带领她一届又一届的研究生,20 年来持续跟踪研究 A. O. 史密斯公司,这种近距离认真观察企业、以实践为先导展开管理研究的态度和方法着实令人敬佩。管理学作为一门应用学科,需要的正是基于实践一线的理论研究。只有从实践出发,踏踏实实做好实地调研,坚持不懈地跟踪企业,才能真正推动中国管理学的健康发展,才能有效地帮助中国企业提升管理效率。

伴随着中国经济进入"新常态",原有的高投资、高出口、低消费经济增长的模式由于资源环境的约束,已经难以为继。中国企业普遍都在寻求转型升级的方法,"创新"正是它们突破当下困境的必由之路。基于这样的大背景,杨东涛教授和她的研究团队围绕"如何驱动创新""如何实践创新"两个核心问题,以 A. O. 史密斯公司为例,用生动朴实的语言详尽地描述了该公司的创新管理实践。这为学术界提供了很好的研究资料,也为企业界提供了良好的学

从驱动创新到实践创新
A.O.史密斯公司的创新管理

习案例。认真读完本书后,个人深受启发,同时也有以下两点感想与大家分享:

第一,A.O.史密斯公司从2001年至今,市场销售额以20%的速度在增长。它快速发展壮大的过程,正是持续坚守和践行"四个满意"价值观和保持笃信技术、不断创新的优良传统的过程。如今,公司的员工总数达到7 000多人,他们高度认同"四个满意"的价值观(Value Congruence,VC,价值观认同)并且具备很强的创新精神和创新能力(Smart Creative,SC,聪明爱创新),杨东涛教授和她的团队称他们是"VC+SC"的人。在我看来,这些员工是A.O.史密斯公司最大的财富,正是因为他们的携手努力、创新与共,才最终实现了公司的高质量竞争战略,铸造了A.O.史密斯公司今日的辉煌成就。

第二,在现代经济学中,占据统治地位的新古典学派一直把企业看作一个"黑箱",认为企业的一切构成要素都是企业资本的一部分,企业是在市场和技术的约束下追求利润最大化的基本分析单位。本书则从具体的管理方法和工具入手,为我们揭示了A.O.史密斯公司是"如何驱动创新"和"如何实践创新",进而实现高质量竞争战略,不断创造价值的。①如何驱动创新?A.O.史密斯公司一直认为,找到并留住"对的人"(VC+SC),创新就是一个自发的过程。所谓"对的人",就是认同"四个满意"价值观并且具备创新精神和创新能力的人。而要实现找到并留住"对的人",则需要一系列管理实践相互配合,共同行动。在A.O.史密斯公司,主要依托四大核心管理活动:教练型领导、管家型人力资源管理实践、员工需求导向型沟通和凝心聚力型氛围。在四大核心管理活动的综合作用下,"对的人"会与环境达到最佳匹配,他们会进行自我驱动式创新。②如何实践创新?A.O.史密斯公司的长期经验表明,实践好创新需要在调研、研发、生产和销售的每一个环节落实"工匠精神",对每一个细节精益求精。与此同时,更重要的奥秘在于,一定要平衡和处理好相应环节中调研人员的"分工与协作"、研发技术的"前瞻与稳健"、生产过程的"质量与成本"、销售管理的"契约与关系"四大矛盾关系。

读完这本书,我的内心久久不能平静。回顾中国改革开放40年的时光,我们取得的成就大多还是建立在引进先进技术、利用要素成本优势进行大规模制造上,而不是在借助自主创新实现差异化竞争优势上。我想,如果中国企业认真探究A. O.史密斯公司的创新管理,一定会对其自身的创新大有裨益。了解和掌握"如何驱动创新"和"如何实践创新"后,中国企业定会在国际舞台上大放异彩,中国经济再创辉煌也将指日可待。

沈坤荣

教育部长江学者特聘教授

南京大学商学院院长

2018年1月

自 序

2015年，中国国内生产总值增长率第一次跌破7%，众多企业面临发展瓶颈，制造业的很多企业出现破产倒闭。这引发企业界和学术界的深刻反思与讨论，认为中国经济已进入"新常态"，未来的中国经济增长需从要素驱动、投资驱动转向创新驱动；企业面临当前困境的主要原因在于缺乏创新，未来依靠创新突围是这些企业进一步发展的必由之路。

而在2015年，A.O.史密斯公司仍然实现了20%的年销售额增长目标，这也是该公司自2001年以来连续15年保持年均20%的销售额增长率。考虑到中国经济环境这个大的背景，如此傲人的业绩让我们整个研究团队感到震撼，也让我陷入深深的沉思。我与我的研究团队经过研讨发现，A.O.史密斯公司之所以能够多年保持业绩连续高速增长，根本原因在于公司全体成员对"四个满意"（客户、员工、股东和社会满意，且四个满意不分先后）价值观的坚守和践行，即公司秉承"笃信技术，重视研发"的信念，始终坚持不断创新，解决行业难题，打造精品，不断创造期望的利润，进而有条件同时满足客户、员工、股东和社会四方利益相关者的要求，实现"四个满意"。

全社会普遍关注"创新"，而A.O.史密斯公司又在通过创新来践行"四个满意"价值观、开展企业文化建设方面有自己独到的、值得分享的做法。

从驱动创新到实践创新
A. O. 史密斯公司的创新管理

我的研究团队关于 A. O. 史密斯公司的价值观管理和企业文化建设的研究已基本完成,研究成果《史密斯成功密码——A. O. 史密斯公司的价值观管理》《从口号到行动——A. O. 史密斯公司的文化建设之路》分别于 2015 年 1 月和 2011 年 11 月以著作形式出版。至此,我认为应该开展 A. O. 史密斯公司的创新管理研究,探讨其"如何驱动创新""如何实践创新",详尽描述它的做法和特点,为急需创新才能改变未来的很多中国企业提供一个可供参考学习的案例。

基于以上初衷,结合我们的研究经验,我带领研究团队同时从理论文献和 A. O. 史密斯公司的实际做法两个方面入手,开始构建本书的初步框架。

在理论文献阅读方面,有关"如何驱动创新"的学术文章众多,一方面可见学术界对"驱动创新"话题的关注和重视,另一方面也表明究竟该"如何驱动创新"其实是个非常复杂的问题,不是几篇文献就能彻底解释清楚的。综合多方文献的观点,我们发现现有文献认为领导、人力资源管理实践、公司文化和氛围等要素都会对留住员工、发挥员工的创造力以及提升公司的创新绩效产生影响。

在挖掘和分析 A. O. 史密斯公司"如何驱动创新"的实际做法方面,我们首先对 A. O. 史密斯公司的部分高管进行访谈,然后在公司内部开展大规模的实地调研、观察和访谈。在对美国 A. O. Smith 集团公司高级副总裁兼中国区公司总裁丁威先生进行访谈时,他向我们讲述了他以前看到的关于美国国家实验室的一篇报道:美国国家实验室的负责人在接受一家媒体采访,回答如何激励研发人员创新时,表示他们实验室的做法是,找到对创新有偏好、不捣鼓点东西就会浑身难受的研发人员,只要把他们照顾好,他们能够留下来,自然就会投身于创新之中。丁总说,A. O. 史密斯公司也秉持这样的理念并进行创新管理实践。他认为,A. O. 史密斯公司能保持不断创新的关键,在于公司找到了一群认同公司"四个满意"价值观,并且具备创新精神和创新能力的人,然后公司把他们照顾好、伺候好,有效地留住他们,创新就是自然而然、水到渠成的事情。我们经过实地调研和访谈，也发现A.O.史密斯公司的确是按照上述理念进行实践的，我们把这一做法总结为，找到"对的人"，留住"对的人"。而所谓"对的人"，就是认同公司"四个满意"的价值观（Value Congruence, VC，价值观认同）且富有创新精神和创新能力（Smart Creative, SC, 聪明爱创新）的员工（VC+SC）。A.O.史密斯公司通过主动满足"VC+SC"员工的基本需求（基本需求包括：物质性需求，如有市场竞争力的薪酬、福利；情感需求，如领导支持关心、同事尊重；成长需求，如培训、公平公正的考核和晋升机会等），免除他们的"后顾之忧"，有效地调动他们对创新的积极性和主动性，激活和引发他们展现出自主自发、自我驱动、持续不间断的创新行为，让他们"不待扬鞭自奋蹄"地参与到公司各项创新实践中去。

对于"如何实践创新"，我们主要根据A.O.史密斯公司的实际做法，尽量真实、全面、逻辑性强地将其开展的创新管理呈现出来，以为企业界提供更直观的参考。因此，我们从公司价值链的流程入手，分别从调研、研发、生产和销售四个环节描述A.O.史密斯公司具体的创新管理实践。

伴随着书稿框架和主干内容一遍又一遍的修改，我和我的研究团队不断地对A.O.史密斯公司创新管理的实际做法、现有的理论文献和书稿内容进行深入的梳理、分析，希望进一步总结提炼A.O.史密斯公司的创新管理模式。根据A.O.史密斯公司通过找到"对的人"，留住"对的人"来驱动创新，从调研、研发、生产到销售全流程实践创新的做法，基于现有的理论文献，我们对A.O.史密斯公司的创新管理模式进行总结提炼并将其命名为"自我驱动式的创新管理模式"。该创新管理模式有两个核心要素，一是通过教练型领导、管家型人力资源管理实践、员工需求导向型沟通和凝心聚力型氛围四大管理活动实现人与环境的最佳匹配，最终达到找到"对的人"、留住"对的人"的目的；二是通过有效平衡全流程创新实践过程中可能出现的四大"悖论"（分别为调研人员的"分工与协作"、研发技术的"前瞻与稳健"、生产过程的"质量与成本"、销售管理的"契约与关系"四对看似矛盾的关系），更好地指导和开展全流程的创新实践。

　　至此，确定了本书的最终框架。本书共分为四篇，第一篇是"创新之因"，回答：为何要创新和为何选择研究A.O.史密斯公司的创新管理。第二篇是"创新之力"，回答：A.O.史密斯公司如何驱动创新。第三篇是"创新之行"，回答：A.O.史密斯公司如何实践创新。第四篇是"创新之道"，回答：A.O.史密斯公司创新成功的秘诀是什么。

　　经过前后长达近三年的时间，我们跟踪研究A.O.史密斯公司的第三本书：《从驱动创新到实践创新——A.O.史密斯公司的创新管理》终于完稿。在这个过程中，我和我的研究团队经历了很多煎熬，但回首过往，我认为这次研究经历势必会成为每个参与者人生中的一笔财富。同时，这本书可以完稿成书的关键，在于得到了很多人的帮助和支持。在此，我代表我的研究团队向他们表示最诚挚的感谢。首先，特别感谢美国A.O.Smith集团高级副总裁兼中国区公司总裁丁威先生。因为他的大力支持，我们可以在A.O.史密斯公司开展实地调研、大量访谈以及参加公司的内部会议等，从而可以收集大量一手资料。其次，要感谢每一位帮助过我们研究团队并接受过我们访谈的A.O.史密斯公司的员工，他们是：敖凯平、毕大岩、蔡茂虎、陈秀兰、陈轶、成璐、程利斌、陈东、陈琦、程兆山、杜以玲、方芳、方文清、房阿鹏、戈心元、顾小进、郭红星、韩仁智、郝威、何小飞、何晓东、黄楠、黄亚魁、黄一峰、季斌、季虹、李佩津、李强、李艳芸、李燕红、李屹、李永胜、李志敏、梁鲁晋、梁文文、陆峰、陆瑶、陆振华、吕宏伟、吕敏璐、马鸿飞、马黎、孟祥涛、潘娟、邱步、邵斌、申佑宁、宋光平、孙燕齐、唐光大、滕加栋、万华新、汪倩、王冰琳、王建宝、王娟、王曼露、王舍勋、王新元、王垚、魏新华、吴鹏飞、吴晓锋、徐文阁、熊敏、杨林峰、袁琨、张啸、张永旺、张玉君、赵益姝、郑师文、郑羽、朱高涛、朱红兰、朱军、朱延虎等，因为他们的配合和参与，我们才能更加全面深入地了解和掌握A.O.史密斯公司的创新管理实践。然后，我还要感谢A.O.史密斯公司的代理商和供应商，他们是：孙乃树总经理、周克非总经理、李阳总经理、陈仕明总经理、仲楠总经理、曹勇总经理、贺龙超总经理、郑玮总经理、王金祥总经理、公言非总经理、张海宁经理等，感谢他们在百忙之中抽出时间接受我们的访谈，为我们提供相关的资料和信息。最后，我要感谢我的研究团队的成员：我的博士生栾贞增、刘鑫、詹小慧、安彦蓉、潘亮、刘云，他们投入了大量的时间和精力参与本书的调研、访谈、讨论、写作和修改，没有他们的付出，本书也无法与读者见面。此外，还要感谢研究团队的支持人员：我的博士生汪潇、吴杲、李群、韦志林、任华亮、秦伟平、王林、曹亚东、杨晶照、彭征安、王聪颖、戚玉觉，以及我的硕士生魏良改、汤雅军、陈波，他们也在书稿撰写的过程中，花费时间和精力为一轮又一轮的书稿修改提出很多有建设性的看法和见解，给了我们很多启发，帮助我们更好地完善全书。

本书是我的研究生们共同接力研究的成果。我是"铁打的营盘"，研究生们是"流水的兵"。研究生们一届一届入学，又一届一届毕业离开学校。因为是在持续20年对A. O. 史密斯公司跟踪接力研究基础上产出研究成果，所以有贡献者很多，但由于种种原因在书籍出版时无法一一列出，只能以我一个人的名字署名。相应地，我也要对书中的一切错误与问题承担责任，恳请广大读者批评指正。

杨东涛

2018年1月

导 读

在家电行业，A.O.史密斯公司是一个非常值得研究的标杆企业。从全球看，A.O.史密斯公司跻身全球商业榜50强，并且成为家电行业唯一上榜的企业；在中国市场，A.O.史密斯公司销售额连续十多年保持20%以上的稳健增长，热水器、净水机的销售额市场占有率都居行业首位。作为一家拥有144年历史的跨国企业，A.O.史密斯公司的成功经验，对各类企业都有参考借鉴意义。

为了研究A.O.史密斯公司的创新管理，我们对该公司的创新管理理念、创新管理实践进行了深度调研，查阅了大量理论文献，搜集了众多实践事例，近距离地观察管理现场，经过反复研讨和逻辑梳理，确定了本书的篇章结构。

本书的内容共分为四篇。第一篇：创新之因；第二篇：创新之力；第三篇：创新之行；第四篇：创新之道。

第一篇，创新之因。本篇介绍A.O.史密斯公司之所以快速发展、长盛不衰的根本动因。"创新已经融入A.O.史密斯的基因。我们每个人都在发扬这一悠久传统，致力于寻求更新、更好的方式来满足我们客户的需求。"A.O.史密斯公司的全球总裁Ajita在2017年第九届企业跨国经营研讨会上这样表示。A.O.史密斯公司是一家拥有创新基因的企业，是能够以专门的产品技术战略，获取垄断地位的企业。A. O. 史密斯公司认同只有创新才能改变未来，公司能够在一个新产业、新习惯、新市场、新趋势刚开始形成之时，就立刻开始行动，系统地寻找有关的专门技术，快速充分地展开研发，不断改进现有的技术，从而拥有独特于竞争对手、独特于行业的技术，始终保持领先优势，以获取专门的技术利基市场。

第二篇，创新之力。本篇回答"如何驱动创新"。在 A. O. 史密斯公司看来，驱动创新就是找到认同公司"四个满意"的价值观（Value Congruence，VC，价值观认同）且富有创新精神和创新能力（Smart Creative，SC，聪明爱创新）的"对的人"（VC+SC），通过一系列管理措施把他们伺候好、照顾好，满足他们多方面的需求，最终让他们自主自发地开展创新。对于 A. O. 史密斯公司找对人、留对人的管理实践，本篇将其提炼为四大核心管理活动：教练型领导、管家型人力资源管理实践、员工需求导向型沟通、凝心聚力型氛围。

第三篇，创新之行。本篇回答"如何实践创新"。对于"如何实践创新"，A. O. 史密斯公司认为注重每一个细节，将"工匠精神"融入调研、研发、生产和销售全流程是实践创新的必要条件。因此，实践创新不仅需要精雕细琢调研、研发、生产和销售每一个环节，而且需要整个过程有效的衔接与配合。本篇将其归纳为：脚踏实地做调研、不惜代价做研发、精益求精做生产、真心诚意共销售。

第四篇，创新之道。本篇解释"创新的真谛是什么"。在 A. O. 史密斯公司看来，创新的真谛在于人与环境的最佳匹配，在于从调研、研发、生产到销售全流程创新实践。A. O. 史密斯公司通过不断量化改进的方式，寻找并解决调研人员的分工与协作、研发技术的前瞻与稳健、生产过程的质量与成本、销售管理的契约与关系这四大平衡问题，着力化解矛盾，实现员工与环境的最佳匹配。全流程创新则体现在产品创新、服务创新、管理创新和市场创新等各个方面。

美国 A. O. Smith 集团公司高级副总裁兼中国区公司总裁丁威先生认为，

公司的创新管理方法其实很简单，那就是找到真正愿意创新、不创新就浑身难受的人，同时通过一系列管理措施把他们伺候好、照顾好，满足他们多方面的需求，在他们与公司环境很好匹配的情况下，他们会不断地自我驱动追求创新。最终，将这些人打造成组织创新的发动机，达到一种"创新极致"。事实上，在近几年中国经济处于低位运行、中国家电市场传统零售模式受到极大冲击的情况下，A.O.史密斯公司正是基于这样的创新管理理念，建立了突出的领先优势，从单品类领先到多品类领先、全渠道无缝链接齐头并举、品牌价值不断提升、整个团队朝气蓬勃，不断创造辉煌。

目录
Contents

第一篇 创新之因

第一章 创新才能改变未来 / 003
  第一节 重新审视过往的经济成就 / 003
  第二节 中国制造的当下和未来 / 006

第二章 榜样 A.O. 史密斯 / 009
  第一节 中国之路硕果累累 / 009
  第二节 坚守与创新 / 016
  第三节 驱动创新的核心管理活动 / 020
  第四节 全流程创新实践 / 024

第二篇 创新之力

第三章 教练型领导 / 031
  第一节 用心"传道"聚人心 / 031
  第二节 诚心"授业"助发展 / 038

第三节 精心"解惑"帮提高 / 046

第四章 管家型人力资源管理实践 / 052
第一节 精准高效找到"对的人" / 052
第二节 伺候和服务好"对的人" / 062

第五章 员工需求导向型沟通 / 068
第一节 沟通满足工作需要 / 068
第二节 沟通提供"发声"渠道 / 075
第三节 沟通增强情感交流 / 083

第六章 凝心聚力型氛围 / 088
第一节 诚信合规赢得尊重 / 088
第二节 价值观落地强化认同 / 093
第三节 表彰激发成就感 / 100

第三篇 创新之行

第七章 脚踏实地做调研 / 109
第一节 精准定位调研对象 / 109
第二节 市场与技术并重 / 113
第三节 分工协作开展调研 / 119

第八章 不惜代价做研发 / 126
第一节 百年坚守的研发信念 / 126
第二节 有钱就建研发基地 / 129
第三节 有钱就招工程师 / 132

第九章　精益求精做生产　/ 142
　　第一节　全员参与　/ 142
　　第二节　持续改进　/ 152
　　第三节　杜绝一切浪费　/ 158

第十章　真心诚意共销售　/ 166
　　第一节　打造最佳品牌　/ 166
　　第二节　携手代理商共发展　/ 174

第四篇　创新之道

第十一章　A.O.史密斯公司的自我驱动式创新管理　/ 189
　　第一节　自我驱动式创新管理模式　/ 190
　　第二节　实现人与环境的最佳匹配　/ 193
　　第三节　平衡创新实践过程中的四大"悖论"　/ 198

附　录　/ 207

参考文献　/ 261

第一篇
创 新 之 因

中国经济进入"新常态",面对市场的快速变化及新技术的挑战,众多企业面临发展瓶颈。管理者们为了寻找发展出路,在不断思考:如何应对未来发展?

A.O.史密斯公司认为:只有坚守"四个满意"的价值观,利用四大核心管理活动驱动创新,围绕调研、研发、生产和销售的全流程实践创新,才能通过有效创新,在未来发展中保持行业领导地位。

创新是公司发展的必由之路,只有创新才能改变未来!

第一章
创新才能改变未来

中国经济进入"新常态"已成为社会各界的普遍共识,这标志着未来的中国经济增长要从要素驱动、投资驱动转向创新驱动,只有通过创新才能迎接下一阶段的辉煌。本章首先介绍中国改革开放以来取得的辉煌经济成就背后存在的问题,并依据熊彼特的创新发展理论指出未来的中国经济发展必须依靠创新。然后,将视角聚焦于国家经济发展的基石——制造业,通过对中国制造业当下普遍面临的困境进行具体分析,指出其背后的原因,强调"创新"对实现中国制造业未来发展的重要作用。

第一节 重新审视过往的经济成就

改革开放以来,中国经济取得了举世瞩目的辉煌成就。国家统计局的数据显示,从 1978 年到 2016 年的 38 年间,中国经济年均增长 9.7%,经济总量从世界第十跃升至第二,中国成功实现从低收入国家向中等偏上收入国家的跨越。三十多年保持将近两位数的高速增长,使得中国(不含港、澳、台)经济在增长时间和增长速度上都超过经济起飞时期的日本和亚洲"四小龙",创造了人类经济发展史上的新奇迹,并为世界经济的发展做出了重大贡献。在这

从驱动创新到实践创新
A.O.史密斯公司的创新管理

场创造世界经济奇迹的历程中，中国企业无疑成为主角中的主角，它们不仅提供了整合资源、创造财富的平台，而且承载了无数中国人的致富理想，供应着国人的衣食住行。在这当中，制造业企业的快速发展为中国赢得了"世界工厂"的称号。一时间，"中国模式"席卷全球，成为众多国家争相学习的对象。

一、经济成就背后存在的问题

当国人为经济成就欢欣鼓舞之时，中国经济存在的问题也逐渐浮上水面。众所周知，当下中国衡量经济发展结果的指标主要是 GDP（Gross Domestic Product，国内生产总值），它主要由投资、消费和净出口三大板块构成。回顾中国改革开放 40 年的发展，其经济成就主要靠政府主导投资和外贸出口支撑。然而，正所谓"成也萧何，败也萧何"。

首先，在政府投资方面，由于政府官员出于任期内地方政绩的考虑，往往会对某些领域进行密集性的过度投资和重复投资。这些投资虽然实现了 GDP 的增长，但也会引起严重的产能过剩问题。一旦出现产能过剩，产成品便只能降价销售，进而严重影响企业的经营利润，为未来的经济发展埋下隐患。

其次，在外贸出口方面，中国企业普遍采取"贴牌生产"的手段，长期处于价值链的生产组装加工环节。这虽然为中国赢得了"世界工厂"的称号，但获得的价值利润极少。人民论坛网 2017 年 4 月 12 日发表文章称，中国制造业存在明显的"大而不强"的特点，以下两点是非常突出的特征：①中国制造业产出效率整体偏低，导致产品附加值不高。近年来，中国制造业的增加值率约为 20%，远低于工业发达国家 35% 的水平。这说明中国制造业的经济效率与产品附加值偏低，在全球产业链中处于中下游的分工地位。以 iPhone 手机为例，中国是 iPhone 手机的组装生产基地，但每生产一部手机中国仅获取总利润的 3.63%，美国企业获取近 50% 的利润，日本企业获取 30% 以上的利润，韩国企业获取 10% 以上的利润。中国制造业规模大与产值小的不均衡现象，也折射出中国制造业存在产出效率与附加值偏低的问题。目前，中国制造业人均附加值仅相当于爱尔兰的1/10,在世界排名50位左右,甚至低于一些发展中国家。②制造业核心部件缺乏导致生产成本偏高。中国制造业大部分的核心部件都依赖于进口,这就提高了中国制造业的生产成本。中国高端芯片与通用芯片的对外依存度高达95%,也即几乎95%的高档数控系统、高档液压件和发动机等都依靠进口。进口材料的成本上升、社会资产的价格上涨等因素直接影响着中国制造业的成本,使其居高不下。制造业成本优势的逐渐消失,削弱了中国制造业的竞争力。

二、"经济增长"不等于"经济发展"

如果单纯从GDP维度来看,中国经济确实实现了量级上的快速增长,但经济增长并不意味着经济发展。根据经济学家熊彼特的观点,经济可以分为"增长"与"发展"两种情况。所谓经济增长,是指单纯由人口和资本的增长导致的,这种增长不能称为经济发展。简单而言,经济增长只是一味地扩大现有的经济成果,主要体现在数量上的变化,并没有新的发生质变的事物出现。而经济发展却凭借创新的力量,不断地增添新的经济成果,使得人类社会的文明发达程度进一步提升。对比"经济增长"和"经济发展"的区别可以看出,中国改革开放以来依靠政府主导投资和外贸出口的经济增长模式并没有真正实现经济发展,而只是停留在经济增长的初级层面,这从当下出现的产能过剩问题便可窥见一斑。根据边际收益递减规律,旧有的经济成果如果一味地只是在数量上扩大,它给人类社会带来的经济效益就会不断衰减。因此,中国经济是"增长"而非"发展"的关键原因之一便是缺乏创新。

通过横向比较中国与世界创新型国家的研发投入情况可以看出,中国在创新投入水平上仍然存在差距。根据《经济日报》2017年1月10日的报道,中国2016年研发投入总额达到1.4万亿元,但研发投入占GDP的比重为2.1%,依然没有实现"十二五"规划制定的2.2%的目标。研发投入占GDP的比重是衡量经济发展方式转变和创新驱动的重要指标,根据世界银行的统计数据,美国和德国的此项指标常年维持在近3%，日本现阶段达到3.5%左右，韩国和以色列如今维持在4%以上。因此，中国总体的研发投入水平与世界创新型国家仍存在较大差距。不仅如此，从研发支出的应用范围（主要包括基础研究、应用研究和试验发展三类）来看，中国企业的研发支出主要集中在试验发展方面，基础研究和应用研究（合称科学研究）的投入占三类研发总支出的比重不足5%，而世界创新型国家的数据普遍达到20%以上，其中，德国更是高达50%以上。由于基础研究和应用研究才能从根本上扩大科学技术知识，它们是对事物原理和客观规律的研究，是原始创新的基础、自主创新的源泉，而试验发展则是开辟新的应用即为获得新材料、新产品、新工艺、新系统、新服务以及对已有上述各项作实质性的改进，因此，在原创性研究方面，中国与领先国家的差距更大。

第二节 中国制造的当下和未来

近年来，严峻的宏观经济形势给中国企业的经营带来巨大的挑战。许多在中国开展业务的国内外知名企业宣布破产倒闭或面临业绩下滑的压力，对此社会各界对中国制造业，尤其是中国制造企业该如何应对未来的经济发展"新常态"展开了广泛讨论。

一、大量制造企业面临挑战

2017年1月，搜狐财经频道刊发《2016知名企业衰败名单：大洗牌时代，不变革就是死》一文，该文报道多个行业的知名企业如今都面临着严峻的考验或者已经破产倒闭。例如，在电子行业，2017年1月11日，富士康宣布2016年度营收出现26年来首度下滑。其中，2016年第二财季，净利润降至新台币177亿元（约合5.66亿美元），同比下降31%。2016年5月31日，全球最大的照明设备制造商飞利浦突然宣布关闭其在深圳的工厂。2016年5月30

日，在供货商的追债和员工的抗议声中，珠海及成通讯科技股份有限公司正式宣告倒闭。自此，这家全球最大的手机金属外壳 OEM（Original Equipment Manufacturer，原始设备制造商）厂商在中国的工厂悉数关闭，中国制造的大家庭中又少了一家高端制造企业。在服装鞋履行业，美特斯·邦威 2016 年出现超过 4 亿元的巨额亏损，三年内关店 1 600 家，创始人周成建已辞职。无独有偶，曾经备受消费者青睐的波司登继 2015 年关店超 5 000 家后，2016 年继续关店近 550 家。同样受零售业艰难大环境的影响以及线上竞争，中国鞋业巨头百丽集团继 2015 年关店 400 多家后，2016 年继续关店近 500 家。

该文报道的企业可能只是众多面临挑战的中国制造企业的冰山一角，中国制造业如此大范围、广区域地出现问题不禁引起社会各界的担忧。残酷的现实，尤其使得很多企业家陷入了深深的沉思。他们有的非常困惑，因为他们并非不努力。面对困境，很多企业家或许会选择重新站起来，在商业的道路上继续前行。但不管怎样，找到造成今天这种局面的原因并解决它，是决定企业未来能否东山再起的基石，也是决定中国经济未来能否再续辉煌的根本。

二、中国制造的未来出路

回顾改革开放 40 年来中国民营制造企业的发展之路，它们中的绝大多数都采取来料加工的 OEM 模式发展，凭借中国的劳动力成本优势迅速获得市场领先。但正因如此，中国的大多数制造企业长期在国际化分工中处于国际产业链的末端，缺乏自主创新。这种经营模式依靠的是外生性的生产要素成本优势，尤其是劳动力成本优势，它与依靠"创新驱动"的经营模式最大的不同在于后者是内生性的，能够实现企业的差异化竞争优势，使得企业能够不断地获得不可替代性，进而帮助它们长期拥有定价权，取得较高的经营利润。而对于前者而言，一旦外在的成本优势丧失，企业的不可替代性也就不复存在。之后，对于企业而言，要么通过创新变革突破困境，要么只能面临市场的淘汰。

如今，伴随着中国经济的快速增长，劳动力等制造成本也在快速提升。针对这一问题，波士顿咨询公司专门开展了相关研究，并形成《全球制造业成本变迁报告》。他们以全球出口量排名前25位的经济体2004年到2014年的相关制造成本数据为对象，分析得出：在25个经济体中，以美国为基准（100），中国的制造成本指数是96，即同样一件产品，在美国的制造成本是1美元，那么在中国则需要0.96美元，双方基本上已无差距。波士顿咨询公司的报告进一步指出，中国的制造业面临很大的压力，10年前，中国的制造成本低，而如今成本却水涨船高。这主要归咎于三个原因：一是中国工人的薪资提高了，依据经生产力调整后的工资水平，从2004年的4.35美元时薪涨到2014年的12.47美元，涨幅达187%。二是汇率显著提升，从2004年至2014年，人民币对美元的汇率上升了35%。三是能源成本明显提高，中国的电力消耗从2004年的7美元每千瓦时上升至2014年的11美元每千瓦时，涨幅为57%；天然气成本则从5.8美元每百万英热单位上升到13.7美元每百万英热单位，涨幅高达138%。面对这一现实，中国企业如果不改变原有的劳动密集型发展模式，未来必将面临更大的生存危机。

除了"成本优势丧失"这一主要原因外，由量的扩展到质的突围，正是中国制造的"最后一公里"。如今，中国有1亿中产阶级消费者，中国市场面临着巨大的消费升级机会。这次消费升级，意味着中国消费者的需求已向优质产品过渡。而优质对于制造企业而言，便是你的产品能否真正创造高附加值。因此，以往简单的OEM模式对产品制造而言，并没有创造高附加值。中国制造企业需要从"体力模式"向"脑力模式"过渡，其中的根本区别在于，前者是程序式的，后者是创新式的。在当下的时代，中国制造之所以问题重重，正是由于多年来忽视自主创新，幻想通过"市场换技术"的方式实现长足的发展，进而使得中国企业难以占据不可替代的商业生态位，在低端的加工制造环节停滞不前。因此，只有通过创新打造核心能力，才能创造更高的价值。而这也正是实现企业"转型升级"的必由之路，是解决当下困境的良方。那么，究竟该如何驱动创新？如何实践创新？

第二章
榜样 A.O. 史密斯

在创新才能改变未来的时代背景下,寻找并学习在创新方面有突出成就企业的经验是中国制造业企业的必由之路。在此背景下,本章主要介绍三个方面的内容:① 介绍艾欧史密斯(中国)热水器有限公司(以下简称"A.O.史密斯公司")20年来通过不断创新取得的优秀业绩和创新成就。② 具体分析A.O.史密斯公司取得市场成功的根本原因在于对"四个满意"价值观的坚守和对创新的不懈追求。③ 围绕"如何驱动创新""如何实践创新"两个问题,分别概要介绍A.O.史密斯公司驱动创新的核心管理活动和全流程的创新实践。

第一节 中国之路硕果累累

作为一家美商独资企业,A.O.史密斯公司自进入中国市场以来通过本土化创新不断攻克行业难题,打造精品,推出一系列赢得消费者青睐的爆款产品,取得了多个领域的市场成功。因此,它的成功对于寻找"如何驱动创新""如何实践创新"两个问题答案的中国企业具有学习和参考的价值。

从驱动创新到实践创新
A.O.史密斯公司的创新管理

一、起步业务的大获全胜

拥有144年历史背景的美国A.O.Smith集团公司的创始人查尔斯·吉尔米亚·史密斯，于1874年以机械师的身份带领家族开始童车配件领域的创业，而后开始做汽车底盘，还做过天然气的输油管道。1936年，该公司把用在输油管道上的防腐技术应用在热水器上，正式进入热水器生产领域，开始了"美国热水专家之路"。如今，它已成长为北美地区最大的热水器生产企业。

1995年，美国A.O.Smith集团公司决定进军中国市场，并与南京玉环热水器公司合作成立合资公司，以生产热水器为主营业务。1998年，美国A.O.Smith集团公司投资3 000万美元决定独资成立A.O.史密斯公司，正式开启了A.O.史密斯公司在中国的发展之路。

20世纪90年代末期的中国市场，已经有400多个热水器品牌厂家在"低质低价"的恶性竞争中激烈搏杀，整个市场一片红海，亟待整合突破。起初，A.O.史密斯公司作为外资公司，直接照搬美国工厂的生产工艺和技术，制造大容积落地式电热水器，希望能够在中国市场复制美国的成功。但万万没想到，按照原有的产品思路，A.O.史密斯公司遭遇了连续3年亏损。临危受命的总裁丁威，开始带领全体员工认真分析现实问题，决定通过本土化创新的方式应对眼下的困境和挑战。通过细致的市场调研，A.O.史密斯公司发现自己生产的产品并不符合中国市场的需求。具体而言，由于美国居民的居住场所多是独立屋，面积较大且拥有地下室，因此，美国居民使用的热水器常常被安装在地下室或户外，型号是落地式大容积的，并且居民对其外观设计等也没有特别的要求。但是在中国，由于居民的居住场所多为面积较小的公寓，热水器需要安装在室内狭小的空间内，因此，中国居民对热水器的外观设计比较在意，尤其是对其空间占用特别关注。对比中美的安装环境，A.O.史密斯公司发现大容积落地式的电热水器并不适合中国市场，中国消费者需要的是外观设计优美、体积更小的电热水器。弄清楚"水土不服"的问题后，A.O.史密斯公司凭借其强大的研发能力，很快便设计出满足中国市场要求的壁挂式电热水器。从此，它便坚持根据市场和客户的要求，持续创新、不断升级换代电热水器产品，最终从中国市场脱颖而出，一举成为电热水器行业的销售额市场冠军（见图2-1）。

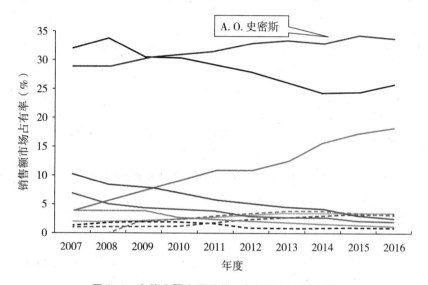

图 2-1 电热水器主要品牌历年销售额市场份额

2006年，A.O.史密斯公司决定进军燃气热水器市场。公司的研发工程师团队和市场部一起通过大规模的市场调研，发现中国消费者最担心的问题是燃气热水器的"安全"性，即"一氧化碳中毒"问题。随后，研发团队与供应商伙伴一道研发出一款成本低、寿命长、精度高的一氧化碳报警器。从此，带一氧化碳报警器的燃气热水器迅速占领市场，赢得消费者的青睐。此后，A.O.史密斯公司又开发了超静音燃气热水器、集成式冷凝燃气热水器、零冷水段燃气热水器等系列产品，在燃气热水器行业保持了销售额平均每年超20%的增长速度。根据中怡康的数据，2016年，A.O.史密斯公司在整个燃气热水器市场销售额的市场份额高达19.79%，稳居行业第一（见图2-2）。不仅如此，它还创造了很多业内纪录。例如，A.O.史密斯公司推出的第一款超静音燃气热水器的累计单品销售额是行业内到目前为止最高的。

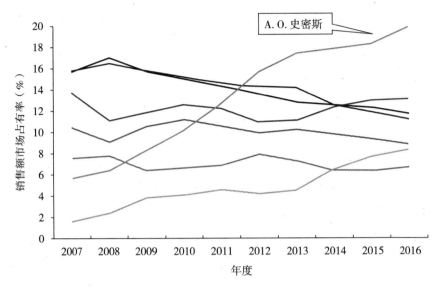

图 2-2 燃气热水器主要品牌历年销售额市场份额

二、进军新领域的横扫千军

经过多年的发展，热水器市场渐趋饱和，A.O.史密斯公司开始寻找新的业务增长点。2009 年，公司收购了上海佳尼特净水有限公司，正式宣布进入净水行业。此时，在净水市场主要存在微滤、超滤及反渗透三种净水技术，其中，反渗透净水器的过滤精度更高，除了有效滤除重金属及抗生素之外，更可有效滤除水中的细菌、病毒、水碱、有机物等有害杂质，相应的技术难度也最大。在中国市场，先于 A.O.史密斯公司，有很多净水机生产厂家采用超滤等技术制造产品。作为行业的后来者，A.O.史密斯公司并不盲目的将其他国家的产品直接搬到中国卖，而是先分析中国市场与国外市场有哪些不同。比如欧美市场主要是改善用水口感，并没有饮水安全问题，而中国由于快速工业化，环保措施相对不到位，使得水污染情况比较严重。A.O.史密斯公司研究认为，中国的饮用水中含有的杂质达到了离子级别，处理难度非常大，用普通的超滤、微滤、活性炭等技术无法彻底解决中国的饮用水净化问题。因此，针对中国的饮用水现状，A.O.史密斯公司坚持主推反渗透膜（Reverse Osmosis，RO）

产品，通过不断努力，终于研发出适合中国市场，能有效滤除重金属等有害杂质的反渗透净水机。此后，A.O.史密斯公司又不断研发出适应市场和解决行业技术难题的新产品。例如，2012年，A.O.史密斯公司推出了第二代净水机——大流量专利技术MAX3.0和长效反渗透净水机两款产品，获得市场的高度认可；2015年，A.O.史密斯公司推出了即滤大流量超薄净水机；2016年5月，A.O.史密斯公司的超静音净水机成功上市。2017年6月，A.O.史密斯公司推出MAX3.0 Plus新品，成功破解净水产水率与反渗透膜使用寿命二者同步提升的行业难题。如今，A.O.史密斯公司在净水机市场零售额市场份额达到24.39%，位于行业第一名（见图2-3）。

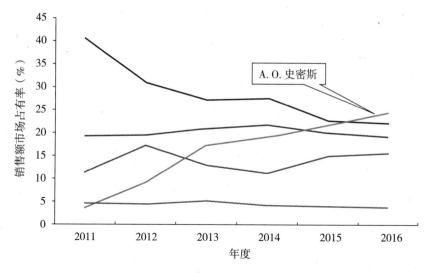

图2-3 净水产品主要品牌历年零售额市场份额

2012年冬，在全国多个地区出现持续雾霾天气、普通民众对空气质量很是担忧之际，A.O.史密斯公司正式开始针对中国空气净化市场的调研，包括中国空气净化市场的发展现状、市场上各类空气净化产品的优缺点以及用户对空气净化产品的潜在需求等。2014年6月，A.O.史密斯公司通过猎头公司招聘到空气净化项目组研发总监，正式进军空气净化行业。此时，国内的空气净化市场已经出现很多品牌的产品，但由于整个行业没有建立完善的国家标准，

从驱动创新到实践创新
A.O.史密斯公司的创新管理

不少厂家出于商业自利目的，大多选择有利于自身的产品检验标准，宣称自己的产品按照其所选择的标准衡量，过滤效果非常好，产品使用寿命也较长。A.O.史密斯公司的空气净化项目组经过研究发现，这些厂家选择的产品检验标准，大多并不太适用于中国的重度污染环境，因为这些标准设定的产品使用情境是非重度污染环境。因此，这些产品在中国的重度污染环境中使用时，过滤效果和使用寿命都会大打折扣。基于此，A.O.史密斯公司将自己第一代空气净化产品的卖点定位于针对中国重污染环境的高效处理和长使用寿命。围绕核心卖点，公司在产品设计方面一改行业惯常使用尼龙网滤芯的做法，采用中效滤网生产空气净化器，增强对中国重污染环境的空气过滤效果。同时，A.O.史密斯公司还积极参与制定中国空气净化产品的国家检验标准。经过研发攻关，A.O.史密斯公司于2015年3月推出了第一代空气净化产品，当年空气净化产品市场销售额占有率就闯进行业前十名。此后，A.O.史密斯公司根据市场需求进一步进行新品研发，例如可以清除居民室内甲醛污染的空气净化器。2017年3月，A.O.史密斯公司的空气净化器销售额市场份额达到10.8%，上市仅三年就已位列行业第三（见图2-4）。

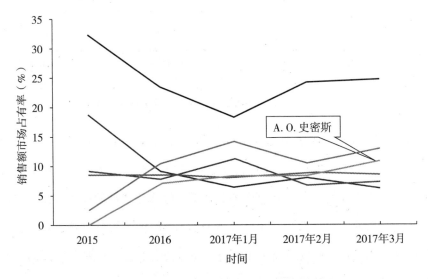

图2-4 空气净化器主要品牌销售额市场份额

示例 2-1

奖励与荣誉

2007年，A.O.史密斯公司荣获"2007中国3C产品风云榜"最佳节能环保奖。

2009年，在第五届影响家电技术与消费趋势的创新成果推介发布会上，A.O.史密斯公司凭借其新推出的产品——速热/储热二合一电热水器荣获2009年"影响家电技术与消费趋势的创新成果"大奖。该产品能在更短的时间内产出大量热水，而且水温恒定，实现了速热/储热两种模式合二为一的优势。

2010年，在博鳌·21世纪房地产论坛上，A.O.史密斯公司"省电一半"的超节能电热水器获得"2010年度最佳绿色节能技术突破创新大奖"。

2014年，在博鳌·21世纪房地产论坛上，A.O.史密斯公司智能保养提示型电热水器荣获"2014年度最佳热水器技术创新突破大奖"、A.O.史密斯公司防一氧化碳中毒的家庭采暖系统当选"2014年度最值得信赖的家庭采暖系统"。

2016年，在以"动不失机·创赢未来"为主题的"第六届中国家电营销年会"的"磐石奖"盛典上，A.O.史密斯公司荣膺"2016年度中国家电磐石奖最具影响力制造商"殊荣，旗下创新精品保湿洗脸软水机荣获"2016年度中国家电磐石奖营销创新奖"大奖。

2017年，在AWE艾普兰奖颁奖典礼上，A.O.史密斯公司的三款明星产品揽获三项重磅大奖，其中，"PM2.5实时数字监测"重污染速净型空气净化器斩获"艾普兰金奖"，成为空气净化器品类唯一当选品牌；MAX3.0 Plus长效即滤型反渗透净水机荣获"艾普兰环保奖"；免更换镁棒薄型金圭内胆电热水器荣获"艾普兰产品奖"。

如今，A.O.史密斯公司已经在中国建立了完善的研发、生产、销售及服务一体化的现代化管理体系，产品横跨家用、商用两大领域。其中，家用产品

包括电热水器、燃气热水器、净水机、空气源热泵热水器、燃气采暖热水炉（壁挂炉）、空气净化器、家庭中央热水、家庭中央净水、软水机、太阳能热水器、水暖床垫十一大品类；商用产品包括热水炉、采暖锅炉、净水机三大品类。公司整体保持了销售额年均达20%的增长速度，取得了巨大的商业成功。对于缺乏自主创新的中国制造企业而言，A.O.史密斯公司近20年来通过不断的本土化创新，取得的市场成功为其迎接当下的挑战带来了莫大的鼓舞和信心。在创新才能改变未来的时代背景中，A.O.史密斯公司成为其他公司在创新方面可学习研究的案例。

第二节 坚守与创新

从1998年到2018年，A.O.史密斯公司依靠不断创新推出精品，在中国保持了20年的高速增长。公司始终认为，它在中国市场的不断创新是基于其美国母公司144年传承的企业文化，它在中国的成功之路是由其坚守"四个满意"的价值观与道德规范所筑就的。

一、"四个满意"的坚守

A.O.史密斯公司的美国母公司自成立之初就制定了"Achieve profitable growth（争创利润，力求发展），Emphasize innovation（重视科研，不断创新），Preserve a good name（遵纪守法，保持声誉），Be a good place to work（一视同仁，工作愉快），Be a good citizen（保护环境，造福社区）"的价值观。140多年来，美国母公司的经营业务经历过在童车配件、汽车车架、输油管道和热水器间的转换，其间还经历了两次世界大战、经济大萧条等，但无论时间与空间如何转换，史密斯家族早期确定的企业价值观从未改变。在对价值观的坚守和毫无保留地践行的基础上，美国A.O.Smith集团公司实现了144年的永续经营、基业长青。

作为美国 A.O. Smith 集团公司的全资子公司，A.O. 史密斯公司从 1998 年在南京成立之初，便传承了美国母公司的价值观。公司总裁丁威上任后，更是不遗余力地推动企业文化建设，加强企业的价值观管理。他在 2014 中国家电产业年度渠道商大会上说道："史密斯公司 140 年以来一直在做的就是企业文化建设，而与很多企业不同的是，我们的企业文化非常落地，并且坚持了 140 年之久。行之有效，持之以恒，这就是史密斯的成功捷径。"正因如此，价值观被当作 A.O. 史密斯公司的生命之源和存在之根。

A.O. 史密斯公司起初将美国母公司的价值观完全照搬过来，对原有的英文表述采取直译的方式将其转换为 40 个字的中文内容，即：争创利润，力求发展；重视科研，不断创新；遵纪守法，保持声誉；一视同仁，工作愉快；保护环境，造福社区。在向全体员工宣贯的过程中，管理层发现员工记不住直接翻译过来的 40 个字的价值观，很难做到心领神会、烂熟于心。于是，公司管理层经过多次研讨，发现原有的价值观强调的本质是，要求公司在经营过程中同时考虑到股东、客户、员工和社会四方利益相关者的利益。之后，按照"不改变内涵、直白、方便记忆"的原则，A.O. 史密斯公司将美国 A.O. Smith 集团公司的价值观表述为"四个满意"，即股东满意、客户满意、员工满意和社会满意，且"四个满意"不分先后。公司在经营管理的过程中，要做到对股东、客户、员工和社会四方一视同仁，不能厚此薄彼。

示例 2-2

美国 A.O. Smith 集团公司价值观解读

争创利润，力求发展

利润增长对于美国 A.O. Smith 集团公司未来的发展至关重要。要实现利润增长，我们必须做到：

给客户提供高品质的新产品；

为员工个人提供更大的发展空间，保证安全的工作环境；

从驱动创新到实践创新
A.O.史密斯公司的创新管理

为我们的股东提供持续增长的投资价值。

我们不仅追求超出平均水准的股东投资回报率，而且将按照既定方案进行发展，从而实现以下目标：

我们的业务部门将会具有各种不同却又彼此互补的增长率并造就一家增长速度超过美国经济增长的公司；

资本增长的需求将由我们超出平均水准的投资回报率所带来的资金以及外部来源（如借贷和股东的投资）来实现。

重视科研，不断创新

创新是利润增长的主要来源之一。因此，我们将做到：

通过创新和持续改进，提升产品和服务对于客户的价值，从而在所有主要产品系列上都占据市场领导地位；

寻求技术创新之路，以提高整个组织的效能以及设备的生产力；

使员工在态度和技能方面得到提升，以促进参与和创新；

打造卓越的管理制度，以获得最佳的结果并明确公司未来的发展方向；

专注于以规范化的方式来实现盈利性的增长目标，降低风险。

遵纪守法，保持声誉

在与个人和组织的一切来往中，我们都将秉持诚信的原则。我们将做到：

在所有的宣传和广告中都实事求是；

公平对待客户、供应商、竞争者、政府和管理机构以及员工；

严格遵守所有法律，追求高尚的目标，拒斥不道德的行为；

在业务的方方面面都设定高品质标准；

使这些价值观在员工中代代相传。

一视同仁，工作愉快

公司运营时将吸引想象力和能力兼备的人才。我们在追寻目标的过程中既强调团队合作，也欢迎多元化。我们将做到：

营造尊重、以人为本的氛围；

既鼓励自由和个人发展,又注重自律和工作热情;

对待彼此一视同仁;

根据个人所做的贡献合理地支付报酬;

提供安全的设备、合适的材料和培训,并且始终强调安全操作。

保护环境,造福社区

为了对业务所在地的公众和社区提供服务,我们将做到:

在发展过程中为所在地的社区经济繁荣做出贡献;

资助有意义的公益活动,并鼓励我们的员工亲自参与;

确保我们的工厂设施和生产运营符合环境标准;

通过一切合理的方式鼓励大家来保护和遵守企业制度,这是完成以上目标的必要条件。

二、"四个满意"与创新

"四个满意"的价值观就像一把尺子一样,是衡量A.O.史密斯公司每一位员工行为的准则。从总裁丁威到一线普通员工,任何人都要以"四个满意"的价值观作为最高的行动方针,绝不允许违背价值观的要求。然而,对于如何同时实现股东、员工、客户和社会四方满意,A.O.史密斯公司认为首先应当在坚守商业道德的基础上,通过不断地创新实现持续盈利,把"收益蛋糕"做大。然后,在公平公正的基础上,合理地分配"蛋糕",最终实现"四个满意",从而有效地避免多方利益相关者之间进行零和博弈。那么,如何持续创造利润呢?A.O.史密斯公司采取的方法是通过创新寻求和构建差异化的竞争优势,做行业领导者,进而不断满足用户需求,取得市场成功。

在A.O.史密斯公司,通过不断创新来创造价值,最终实现"四个满意"的过程,落实到具体行动上,需要解决两大问题。第一,究竟该如何驱动创新?在A.O.史密斯公司看来,驱动创新就是找到认同公司的"四个满意"价值观（Value Congruence，VC，价值观认同）且富有创新精神和创新能力（Smart Creative，SC，聪明爱创新）的"对的人"（VC+SC），通过一系列管理措施把他们伺候好、照顾好，满足他们的多方面需求，最终让他们自主自发地开展创新。总结起来，驱动创新的关键在于找到"对的人"、留住"对的人"。第二，究竟该如何实践创新？在A.O.史密斯公司看来，实践创新是一个系统工程，是一个从产品调研开始，一直到产品销售完成的过程。而在这个过程中，有效地平衡和处理好相应环节中调研人员的"分工与协作"、研发技术的"前瞻与稳健"、生产过程的"质量与成本"、销售管理的"契约与关系"是A.O史密斯公司实践创新的最大特色。

第三节　驱动创新的核心管理活动

对于"如何驱动创新"，A.O.史密斯公司有其独到的见解。总裁丁威说："我曾经在媒体报道中看到一则采访美国国家实验室某位负责人的新闻。该实验室多年来持续产生突出的创新成果，一位记者便询问这位负责人其中的缘由。那位负责人的回答令我颇受启发，同时也正是我内心认同的观点。那位负责人说，其实管理方法很简单，那就是找到真正愿意创新、不创新就浑身难受的人。这些人最大的特点便是在与外部环境匹配的情况下，他们会不断地自我驱动追求创新。"美国国家实验室负责人的想法与丁威在长期实践中的做法不谋而合，对于A.O.史密斯公司而言，驱动创新就是在遵循"四个满意"价值观的基础上，找到"对的人"、留住"对的人"，然后依靠这些人的自我驱动，那么创新便是水到渠成的事。而要真正做到找到"对的人"、留住"对的人"，A.O.史密斯公司通过长期实践，持续地研讨和改进，摸索出一套成体系的管理方法，我们将其提炼为四大核心管理活动：教练型领导、管家型人力资源管理实践、员工需求导向型沟通和凝心聚力型氛围。

一、教练型领导

在 A.O. 史密斯公司，领导者绝不会以指挥控制的形式开展工作，而是像一名教练一样，通过用心"传道"、诚心"授业"、精心"解惑"帮助认同公司"四个满意"的价值观且富有创新精神和创新能力的"对的人"快速成长，使他们能够不断实现自我价值，进而愿意留在公司长期发展。

用心"传道"主要包括两个方面：①对"道"的明确阐述和言传身教。在明确公司的制胜之道就是对"四个满意"价值观的长期坚守和践行的基础上，各级领导始终以"四个满意"作为工作的衡量标准，除自身严肃践行外，还采取不断教导和严格要求的方式向员工传递公司价值观。②通过目标管理的方法达到实现"四个满意"的目的。通过目标的层层分解，让每位员工拥有挑战性的目标，进而激励他们热情工作获得成就感并最终实现"四个满意"。

诚心"授业"主要包括两个方面：①"专业"培养。A.O. 史密斯公司的各级领导采取让员工直接上手做项目的形式，高效锻炼并提升他们的专业技能和综合素质。②"事业"谋求。A.O. 史密斯公司的领导都非常鼓励员工通过创新在公司实践自己的想法，一旦想法取得实质性进展，公司会积极帮助员工进行项目立项并孵化这些项目。

精心"解惑"主要包括两个方面：①A.O. 史密斯公司的领导在员工述职的过程中和月度回顾会上通过给予员工有效的反馈，帮助员工解决工作过程中遇到的困惑，让员工更好地开展下一阶段的工作。②A.O. 史密斯公司的领导会腾出专门的时间倾力辅导下属员工，帮助他们快速成长。

二、管家型人力资源管理实践

A.O. 史密斯公司的管家型人力资源管理实践可以划分为两大模块：一个模块是为了精准地找到"对的人"，另一个模块是为了有效地留住"对的人"。

找到"对的人"主要包括两个方面的内容，分别为招募和甄选。①招募。

A.O.史密斯公司根据社会招聘和校园招聘的特点采取了不同的招募策略。针对社会招聘，公司主打"口碑"式宣传和推荐，主要利用内部推荐和"前员工联盟"的形式招募"对的人"。针对校园招聘，公司在"走出去"和"请进来"的工作思路指导下，分别开展了"走出"公司的多种宣传活动（如线上的"空中宣讲"活动、粉"斯"体验营项目等），以及"请进"公司的增进了解活动（如江苏省校企交流论坛等）。②甄选。A.O.史密斯公司主要通过价值理念的判断和工作胜任能力的考察筛选出"对的人"。前者是指公司在面试环节特别强调对应聘人员价值观的判断，后者是指公司依据自行开发的TRIPP模型（详见第四章）对应聘人员进行考察。

留住"对的人"主要包括提供有市场竞争力的薪酬福利待遇和公平公正的晋升机会两个方面。①提供有市场竞争力的薪酬福利待遇。针对员工薪酬，公司每年都会委托国际薪酬调查公司进行同行可比公司的薪酬调查，确保员工的薪酬市场化和具有市场竞争力。针对员工的福利待遇，人力资源管理部门致力于向员工提供超预期和全方位的福利待遇。②提供公平公正的晋升机会。针对员工的业绩和潜力考核，A.O.史密斯公司发展了一套述职汇报的方法对述职结果为优秀的高潜员工[①]给予优先晋升的机会。针对员工的工作岗位变动需求，公司通过内部竞岗的形式向全体员工开放公司内部最新的工作岗位需求，使得每一位员工在公平公正的前提下，都有机会通过内部竞聘的方式获得应聘的工作岗位。

三、员工需求导向型沟通

为了有效地解决组织内部的沟通问题，提高员工的工作满意度，A.O.史

[①] A.O.史密斯公司规定，在年终述职时，从绩效（从高到低划分为 A、B、C 三个等级）和潜力（从高到低划分为 1、2、3 三个等级）两个维度评价员工的工作表现。如果员工的绩效为 A 等，潜力为 1 或 2，或者绩效为 B 等，潜力为 1，即在人力资源矩阵中处于 A1、A2 或 B1 位置，则该员工被评为高潜人员。详见第四章。

密斯公司从员工的不同需求入手,构建了多种沟通渠道和沟通形式。

首先,为了满足员工的工作需要,A.O.史密斯公司分别开发了ASTAR项目和"A.O.史密斯"微信企业号(以下简称"公司微信企业号",详见第五章)。①ASTAR项目。各部门按照在公司内部的服务与被服务属性进行划分,让被服务部门给服务部门打分评价,督促服务部门的工作不断改进改善,解决公司跨部门之间的沟通和协作问题,提高员工的工作效率。②公司微信企业号。公司微信企业号是借助微信即时通信工具搭建的面向全体员工的沟通平台,更加方便员工及时获取公司发布的最新信息以及沟通和交流。

其次,为了给员工提供充分的发声机会,A.O.史密斯公司专门设置了内部沟通会议和第三方访谈项目。①内部沟通会议。主要包括员工沟通大会和跨级别交流会,前者采取的是管理层同大范围的普通员工面对面交流的形式,后者采取的是管理层同小范围的员工细致交流的形式。②第三方访谈。为了弥补内部沟通会议的不足,使公司能通过深入了解员工的真实想法,找出对公司发展至关重要的问题点,A.O.史密斯公司每年都会委托外部第三方机构对公司内部员工开展全方位的访谈,了解他们的需求和意见,帮助公司不断改进改善。

最后,为了增强员工之间的情感交流,A.O.史密斯公司鼓励并支持员工开展工作团队活动和成立员工俱乐部。①团队活动。公司会对员工自发申请的CI(Continuous Improvement,持续改进)团队活动以及其他部门活动给予一定的经费支持。②员工俱乐部。公司人力资源部专门负责组织开展各个兴趣俱乐部的活动。这些活动增加了员工之间非正式沟通交流的机会,有利于员工发展良好的人际关系,满足员工的社交需求。

四、凝心聚力型氛围

良好的文化氛围直接体现了一家公司的软实力,而且对有效留住员工大有裨益。A.O.史密斯公司在营造文化氛围方面主要包括以下三点:

首先，A.O.史密斯公司特别重视对商业道德的坚守和诚信合规经营。为此，公司法务部在全公司实施了道德与合规计划，包括政策制定、合规培训和举报调查等多方面的内容。与此同时，公司的审计部门还会按时按质完成对公司各部门的内部审计，及时发现并整顿不合规的工作行为。

其次，为了强化员工对公司"四个满意"价值观的理解与认同，A.O.史密斯公司专门开展了价值观推动活动和每日价值观活动。①价值观推动活动（详见第六章）。每年举行两次，通过"七项大奖"的评比，奖励员工践行公司"四个满意"价值观的行为。②每日价值观活动。主要面向生产一线员工，每天由一线员工向所在班组的班组长汇报自己主动践行价值观的行为，班组长根据他们的汇报内容进行初步评判，填写每日价值观提案，并交由部门经理负责最终审核，奖励他们在日常生产过程中表现出的符合公司价值观要求的行为。

最后，A.O.史密斯公司经过多年研讨，认为实现员工快乐工作的方法在于让员工获得成就感。因此，公司分别通过专利技术表彰和CI活动给予员工挑战自我获得成就感的机会，进而营造出"快乐工作"的氛围。

第四节　全流程创新实践

对于"如何实践创新"，A.O.史密斯公司认为注重每一个细节，将"工匠精神"融入调研、研发、生产和销售全流程是实践创新的必要条件。因此，实践创新不仅需要精雕细琢调研、研发、生产和销售的每一个环节，而且需要整个过程有效的衔接与配合。

一、脚踏实地做调研

A.O.史密斯公司的市场调研主要有三大特色：①精准定位调研对象。A.O.史密斯公司认为，对调研对象进行精准定位是有效挖掘甚至创造有价值的消费需求的前提。因此，公司特别注重寻找并听取意见领袖的信息反馈。不仅如此，市场调研人员还专门设计了甄别问卷，再次确认调研对象是否符合公司调研活动的要求，进一步提高调研活动的有效性。②市场与技术并重。为了打造精品，满足市场需求，A.O.史密斯公司一方面通过各种形式的调研活动深入挖掘消费者需求，另一方面积极关注行业动态，专注于前瞻性技术，为消费者创造需求。在挖掘需求方面，公司专门设计了常规性调研活动和全新性调研活动。其中，常规性调研活动是指公司的调研人员在新产品上市后半年以内，针对个体消费者或者商用客户所做的一些反馈调研；全新性调研活动是指在公司战略和发展方向的指导下，公司的调研人员为了对公司未来3—5年的产品进行规划和立项而进行的调研。在创造需求方面，A.O.史密斯公司一方面围绕行业难题，通过技术创新积极向消费者推出新产品；另一方面积极参加行业展会，主动了解并将前瞻性的技术和工艺运用到新产品开发上。③分工协作开展调研。由于市场部的人员可能很善于发掘用户需求，但是相对于工程技术人员，他们并不能快速地对需求信息进行技术可行性评估及技术语言转换，因此，A.O.史密斯公司要求开展市场调研时，不仅要有市场部的人员，而且要有研发工程师助阵。此外，公司的产品调研组也不是仅仅由同一事业部的多部门人员组成，而是整个公司多个事业部的成员构成的大平台调研组，以最大限度地调用整个公司的脑力资源进行用户需求信息的挖掘。

二、不惜代价做研发

A.O.史密斯公司一直秉承美国母公司"笃信技术，重视研发"的信念，大力发扬对技术研发高度重视的优良传统。不仅如此，它还始终坚持"绝不偷工减料"的原则，并将其作为基本红线，贯穿于产品研发的各个环节。除此之外，为了保证研发环节能够有足够的资源支持，A.O.史密斯公司主要围绕以下两点开展工作：

第一，有钱就建研发基地。为了满足研发需要，A.O.史密斯公司特别重视研发中心和研究实验室等硬件设施的投入。在研发中心建设方面，公司目前已经建造了包括电热水器研发中心、燃气热水器研发中心、水产品研发中心和全球工程中心（Global Engineering Center，GEC）在内的四个研发中心，它们共同为各种品类的产品研发、技术应用提供技术资源和技术支持。在研发实验室建造方面，公司一方面采取内部自建的形式，进行巨额投资，建立实验室，购置大量的实验设备；另一方面通过外部合作的方式，与相关科研院所、国家实验室签订合作协议，为公司内部的产品研发提供相应的实验条件。

第二，有钱就招工程师。由于研发创新的根本是依靠人的想象力和创造力，因此，A.O.史密斯公司只要条件允许，就不惜代价招聘优秀的工程师等研发人员。公司通过有市场竞争力的薪酬、专门打造的SE培训项目（Smith Engineer Trainee Program）、宽松的工作环境等吸引认同公司"四个满意"的价值观且富有创新精神和创新能力的研发工程师加入，有效地调动他们的积极性，促使他们产出丰硕的研发成果。

三、精益求精做生产

产品研发解决了产品的图纸化呈现及小批量试制问题，但它的商业化普及需要依靠企业的大规模生产来实现。在产品量产的过程中，为了更好地平衡产品质量和成本的关系，A.O.史密斯公司围绕"全员参与、持续改进、杜绝一切浪费"三大指导原则，精益求精做生产。首先，公司通过对一线班组长进行有效的管理培训，提升他们的管理技能，进而依靠他们调动全体一线员工的工作积极性，引导他们全面参与到生产过程中。在此基础上，公司又对一线员工展开交叉岗位培训，使他们成为多面手，这样不仅能够极大地提高一线生产和管理人员的综合素质，拓展员工个人的职业发展道路，促进其职业成功，而且对公司来讲，能够提高生产效率、降低人力浪费。其次，A.O.史密斯公司借助全员生产维护（Total Productive Maintenance，TPM）项目，一方面确保设备的功能良好，另一方面促进员工用心遵守操作流程，保障设备正常运行。最后，A.O.史密斯公司依靠全体员工的力量，通过头脑风暴等形式，借助CI（Continuous Improvement，持续改进）活动和CAR表（Corrective/Preventive Action Request，纠正/预防措施要求表），积极促进改进改善。除此之外，公司还通过生产自动化实现生产车间的少岗化，进一步实现整个生产过程的效率提升和浪费减少。在以上活动的帮助下，公司的研发精品得以大规模商业化生产，为走向市场、满足消费者需求奠定了扎实的基础。

四、真心诚意共销售

A.O.史密斯公司凭借在调研、研发和生产环节的精益求精，为消费者打造出行业领先的高质量产品。但是，如果没有后续有效的产品销售环节，这些产品终将无法走进千家万户，实现其价值。为此，A.O.史密斯公司积极从品牌建设和销售模式两个方面入手，致力于实现有效的产品销售。①品牌建设。为向消费者传递自己的产品特性和品牌形象，提高品牌的认知度，A.O.史密斯公司主要从以下三个方面开展工作：首先，为铸造公司的品牌灵魂，A.O.史密斯公司经过多方研讨，将"专业"定义为品牌的核心要素。其次，在确定品牌要素的基础上，A.O.史密斯公司根据消费者的购买习惯，主动构建"家居＋建材"双渠道销售模式，以全方位地接触潜在目标顾客，向他们传递自身的品牌形象，使A.O.史密斯公司进入潜在目标消费者群体的"品牌备选集"中。最后，在目标客户的最终购买决策阶段，A.O.史密斯公司坚决贯彻终端展示形象到位、卖点人员到位和客情关系到位的"卖点三到位"指导方针，积极影响消费者的购买决策。②销售模式。为了更好地满足消费者产品购买后的送货、安装等售后服务需求，给他们带来良好的消费体验，进而通过良好的消费者"口碑"实现"产品销售—售后服务—产品销售"的良性回环，A.O.史密斯公司采取三方面的措施：首先，A.O.史密斯公司不断寻找认同公司价值观、销售能力强的金牌代理商，以专营公司产品的方式，建立互利共生共发展的关系。其次，主动为代理商提供量身定制的人力资源管理、领导力培训和第三方访谈项目支持，提升代理商的内部管理水平，实现双方的共同发展。最后，搭建参与式沟通平台，与代理商进行深度沟通。通过多样化的沟通方式，了解代理商的现实或潜在需求，获取代理商的真实反馈，制定和调整有效的市场销售激励政策，达成双方互利共生的目标。

第二篇
创 新 之 力

任何企业都只有通过创新打造核心竞争力，才能创造出更高的价值，管理者对此深信不疑。但随之而来的问题是，究竟该如何驱动创新？

A.O.史密斯公司认为：通过四大核心管理活动（教练型领导、管家型人力资源管理实践、员工需求导向型沟通和凝心聚力型氛围），找到并留住"对的人"，把他们伺候好、照顾好，驱动他们自主自发地参与到企业的创新活动中，实现公司持续不断的创新。

找到并留住"对的人"，才能"不待扬鞭自奋蹄"！

第三章 教练型领导

由于领导在组织中掌握着资源分配以及奖赏惩罚的权力，他们的领导行为往往会对员工的切身利益造成直接影响，因此，领导者是企业能否有效留住员工的关键因素之一。本章介绍A.O.史密斯公司对留住员工行之有效的教练型领导方式，具体包括：①用心"传道"聚人心。领导者积极向员工传递公司"四个满意"的价值观，实现员工对公司价值观的高度认同。同时，他们又借助目标管理的方法让每位员工拥有可实现的挑战性目标，进而激发他们的成就感并最终实现"四个满意"。②诚心"授业"助发展。领导者通过"干中学"的方法培养员工的专业素养。同时，他们还为员工"谋事业"，帮助员工自我实现。③精心"解惑"促提高。领导者借助有效反馈解决员工工作中产生的困惑，帮助他们更好地完成工作。同时，他们还会倾力辅导员工，为其排忧解难，帮助员工更好地完成工作并获得个人成长。

第一节 用心"传道"聚人心

由于外部环境的"复杂性"和"不可预测性"越来越明显，员工对独立性、自主性的要求也越来越高，这使得原有的计划、组织和控制式的管理模式已经不合时宜,未来的管理模式将越来越侧重于对愿景、价值观和心智模式的诉求。这一改变意味着"形而上"的东西将变得越来越重要。古人云:"形而上者谓之道",所谓"道",是指抽象的规律,是不以人的意志为转移的。因此,面对复杂多变的外部环境,对"道"的坚守能够使组织不至于迷失在变幻莫测的环境中,能够帮助员工找到归属和发展的方向。A.O.史密斯公司的领导者在明确阐述公司的制胜之道就是对"四个满意"价值观的坚守和践行的基础上,以言传身教的方式积极向员工传递公司的价值观。与此同时,由于价值观是对某种状态或目标的追求,"四个满意"的价值观便意味着A.O.史密斯公司积极追求同时实现股东、员工、客户和社会四方满意。因此,公司的领导者借助目标管理的方法使得每位员工都有可实现的挑战性目标,在帮助他们完成目标的过程中,既实现了公司的业绩增长,又满足了员工的个人成就感。

一、大道至简:"四个满意"

从 1998 年成立至今,A.O.史密斯公司在业界取得了辉煌的商业成就。公司总裁丁威认为其中重要的原因之一便是对"四个满意"价值观的坚守,其中,"四个满意"包括"股东满意、员工满意、客户满意、社会满意",且"四个满意"不分先后。早在 1984 年,著名学者弗里曼在其《战略管理:利益相关者管理的分析方法》一书中就明确提出,任何一家企业的发展都离不开各利益相关者的投入或参与,企业追求的是利益相关者的整体利益,而不仅仅是某些主体的利益。因此,对于 A.O.史密斯公司而言,它的"道"就是"四个满意"价值观。价值观确立后,从总裁丁威开始,所有公司的管理者在工作中都矢志不渝地坚守,并自上而下地通过言传身教的方式向员工传递,希望员工能够认同并内化公司的价值观,进而高度认同公司并愿意留下来与公司一起发展。

1. 明确阐述价值观

美国 A. O. Smith 集团公司是一家拥有 144 年经营背景的公司，该公司一直坚守着"Achieve profitable growth；Emphasize innovation；Preserve a good name；Be a good place to work；Be a good citizen"的价值观。A. O. 史密斯公司作为美国 A. O. Smith 集团公司的全资子公司，继承了母公司的衣钵，开始时将母公司的价值观直接翻译为中文作为公司的价值观，即"争创利润，力求发展；重视科研，不断创新；遵纪守法，保持声誉；一视同仁，工作愉快；保护环境，造福社区"，并毫不懈怠地坚守并推广这样的价值观。但是在向全体员工推广公司价值观的过程中，公司管理层发现由于直接翻译过来的价值观字数多，员工常常记不住，更不用说心领神会、烂熟于心了。于是，公司管理层经过研讨，按照"不改变内涵、直白、方便记忆"的原则，将其简化为"四个满意"，即股东满意、客户满意、员工满意和社会满意，且"四个满意"不分先后。

与此同时，公司特别强调"四个满意"价值观中涉及的四个对象不分先后，领导者在管理决策过程中要力求保证同时实现四方满意，不能厚此薄彼。因此，公司领导在向员工传递价值观的过程中，表达的是利益共同体的概念，即公司的发展离不开股东、员工、客户和社会多方利益相关者的共同支持，公司的收益也要同时满足各方利益相关者的需求。因此，"四个满意"的价值观本身便具有极强的吸引力，能让员工意识到 A. O. 史密斯公司是一家有担当、有作为的公司。同时，由于字数少，简单直白，方便员工记忆与理解，这样的价值观表述更接地气，为其良好传递打下了坚实的基础。

2. 言传身教传递价值观

在公司内部，从总裁丁威开始，领导者自上而下采取多种措施向下属宣贯"四个满意"的价值观。在日常的管理层会议上，丁威总是时时刻刻拿出"四个满意"的价值观来分析问题，并仔细向管理层的各位高管解释其中的缘由。

从驱动创新到实践创新
A.O.史密斯公司的创新管理

其他领导者在平时的管理工作中，同丁威一样，用"四个满意"的价值观对问题进行分析和解释。曾有生产一线的一位员工向其部门主管提出加工资的要求，部门主管在认真听完员工的诉求后，向其解释道：公司的薪资待遇有其总体的规划，A.O.史密斯公司一向为员工提供有市场竞争力的薪酬，但也不会毫无理由地一味增加员工的工资，因为这样会直接影响到股东的利益，违背"四个满意"价值观的要求。除此之外，公司领导者平时在与员工的接触过程中，"四个满意"的价值观总是像口头禅一样挂在嘴边。有任何机会，他们都会大力宣传推广。同时，当他们发现员工的行为违背"四个满意"价值观要求时，也会立刻予以纠正。

除了言语上的教导和要求，无论是高层管理团队还是中基层管理者，在日常的工作中还会通过以身作则的方式，积极践行"四个满意"的价值观。在管理决策中，他们都将"四个满意"的价值观作为一把尺子衡量自身的决策。曾经有一家生产热水器插座的厂商的经理多次到公司洽谈合作事宜，希望成为A.O.史密斯公司的供应商，但屡次都未通过公司的供应商评估。由于该厂商是A.O.史密斯公司竞争对手的合格供应商，这使得这位经理感到非常困惑。于是，他认真地向丁威询问其中的原因。对此，丁威代表A.O.史密斯公司指出：热水器其实不是普通的家用电器，而是一种对产品安全有高度要求的电器。虽然这家供货商的资质以及产品质量都符合国家标准，但插座是事关着火点的关键部件，因此一定要用更高要求的A.O.史密斯公司自己的公司标准来评判，只有这样才能保证更高的产品质量，满足"四个满意"价值观的要求。因为一旦由于这个零部件的原因引发安全事故就将会是非常严重的后果，它首先会使顾客的生命财产安全受到威胁，让顾客感到不满。其次，事件带来的影响也势必会影响公司形象，使公司业绩受损，最终导致股东、员工和社会的利益都受到影响。公司领导者以身作则，积极践行价值观，使得员工更加信任领导者的言行一致。与此同时，领导者对"四个满意"价值观的坚守行为，使包括员工利益在内的利益共同体的观念更加深入人心，员工会认为领导者和公司是负责任的、靠谱的和有担当的，会更加认同公司的文化理念，进而愿意留在公司学习并跟随领导者一起以"四个满意"的价值观为指导，投入到自己的工作中去。

上述例子仅仅是A.O.史密斯公司的领导者长期践行、传递"四个满意"价值观的缩影。这种言传身教的方式最终使得员工高度认同公司的价值观，而对价值观的认同和内化是员工高度认可公司和领导者的表现。正因如此，员工才会心甘情愿地选择留在公司继续工作。

二、道之利器：目标管理

在A.O.史密斯公司，"四个满意"的价值观作为"道"，是全体成员共同捍卫和坚守的信念，同时也意味着公司需要不断地创造业绩，并相对公平合理地分享利益来实现股东、员工、客户和社会四方的满意，即不断地实现业绩目标，获得期望的利润是兑现"四个满意"的必要条件。因此，A.O.史密斯公司的领导者非常重视"目标管理"，因为通过"目标管理"不仅会为全体员工设置具有一定挑战性的可实现的目标，而且更重要的是让每一个目标都对应有明确的行动方案。当每个人借助有效的行动方案实现各自具有挑战性的目标时，对公司而言，就意味着公司业绩目标的达成；对员工而言，就意味着每个人都获得了充分的成就感。正是领导者对"目标管理"的有效运用，使得A.O.史密斯公司的员工清晰地认识到自己的价值，以及对公司的价值和贡献，进而认为留在公司发展更有意义。

1. 高管牵头分解总体目标

目标管理是以自上而下的方向层层推进的。在A.O.史密斯公司，每年第四季度的11月或12月，公司都会召开第四季度目标回顾会。参加者包括各SBU（Strategic Business Unit，战略业务单元）的总经理和各职能体系的负责人。在会议上，总裁丁威会结合美国A.O.Smith集团公司的指导意见和公司

从驱动创新到实践创新
A.O.史密斯公司的创新管理

过往一年的发展情况，与管理层就公司目标进行交流，制定未来一年公司总体的发展目标。例如，2017年目标的核心内容有两点：一是销售增长率保持不低于15%的增长速度，二是利润增长率同样保持不低于15%的增长速度。围绕核心目标，会议确定组织建设、销售支持和效率提升三个方面的工作是未来一年的重点工作。在公司的总体方向定下来后，公司管理层成员会结合各自所负责的业务，共同围绕工作重点展开讨论，以进一步确定各个业务板块的工作目标和相应的工作重点。在这个过程中，总裁丁威主要做两个方面的工作：第一，判断目标的合理性。由于丁威自A.O.史密斯公司成立时便在公司工作，多年积累的工作经验使得他对各负责人制定的目标的难易程度有很强的判断能力。当他认为某个负责人的工作目标不够有挑战性时，就会主动挑战该负责人，在有理有据的论证基础上，通过指导、协商，要求该负责人制定更具挑战性的目标。同理，当某位负责人的工作目标不切实际、挑战性过强时，他也会与之交流进行调整。第二，分配资源与提供支持。由于很多业务板块的目标需要各个业务部门的共同支持，因此丁威会主动参与协调工作，分配资源，帮助推动相关目标的完成。

经过管理层的共同研讨，各个业务板块负责人未来一年的工作目标最终得以敲定。例如，围绕公司的总体目标，生产体系负责人的目标包括：高潜人员占比提升、产品质量改进、安全工时、少岗化、成本降低和设备专业化提升等六个方面。人力资源部负责人的目标包括：高潜人员占比提升、核心客户高潜人员占比提升、管理培训生毕业人数、高潜人员流失率、关键岗位人员流失率、招聘及时率和企业公众号运营改善等七个方面。产品工程部负责人的目标主要包括：开发七个公司级新产品、新产品开发的成本降低以及高潜人员占比提升等三个方面。此外，管理层在制定目标时，会严格按照SMART原则[①]执

[①] SMART原则是制定目标需要遵守的原则，其中S代表具体的，是"Specific"的简称；M代表可度量，是"Measurable"的简称；A代表可实现，是"Attainable"的简称；R代表现实性，是"Realistic"的简称；T代表有时限，是"Time bound"的简称。

行。与此同时，各个目标还会根据重要性设置相应的权重。至此，围绕公司的总体目标，高管团队的每一位成员都制定了自己未来一年的工作目标。

2. 员工参与制定挑战目标

各业务板块的负责人确定好本业务板块的总体目标后，会召集自己的下属开展进一步的目标分解。在此过程中，下属先围绕上司的总体目标并根据自己的工作内容向负责人提出初步的工作目标，上司再对下属提出的目标的挑战性进行综合判断和调整。例如，围绕人力资源部负责人的总体目标，其下属的高级经理会结合自身的工作内容制定自己的工作目标。如负责培训的高级经理制定的目标内容包括员工沟通和组织发展两个方面。员工沟通目标的具体指标是企业公众号栏目阅读率的提升，对应其上级领导的企业公众号运营改善目标。组织发展目标的具体指标有原有高潜人员的保持、管理培训生的培养，分别对应其上级领导的高潜占比提升及管理培训生毕业人数目标。至此，部门的总体目标又得到了分解。以此类推，各个高级经理又会同自己的下属进行研讨，进一步完成目标分解，直至每位员工都有自己清晰的目标。

经过自上而下的目标分解，A. O. 史密斯公司最终实现"总体目标大家挑，人人头上有指标"的状态。在目标制定和分解的过程中，无论是管理部门还是研发部门，下属员工都会充分参与各自的目标制定，上级领导绝不会以纯粹命令的方式分派目标，而是以指导、挑战的方式帮助员工制定目标。这样做有以下几个方面的好处：①由于员工能够参与目标制定，因此在此过程中，他会感受到自己得到上级领导的充分尊重，内心会更加认可自己所担负的目标。②在上级领导指导员工制定目标的过程中，自然会帮助员工找到工作重心，有利于他更好地开展工作。与此同时，员工在此过程中还会学习到上级领导的工作思路及工作方法，有利于自身的提高和成长。③由于A. O. 史密斯公司的领导者能够借助其自身丰富的工作经验，帮助预判下属目标的难易程度，进而可以合理地帮助下属制定可实现的富有挑战性的目标，用通俗的语言讲即是"跳一跳,够得到的目标"。由于目标本身具有挑战性,因此下属在达成目标后,除了获得直接的物质奖励外,更重要的是能够得到快速成长,获得极强的成就感。

总体而言,A.O.史密斯公司的领导通过有效的"目标管理"使得公司上下人人都有目标,而且是富有挑战性的目标。目标确立并被认可后,无论是管理人员还是研发技术人员,都会充分调动起积极性投入到工作中去。达成目标的过程既是实现"四个满意"价值观的过程,也是员工发挥个人价值,实现自我成长的过程。因此,员工会满怀成就感地选择留在A.O.史密斯公司。

第二节 诚心"授业"助发展

在组织中,员工一方面需要良好的"专业"素养应对工作,另一方面需要有自己的"事业"实现自我。然而,无论是"专业"还是"事业",其核心都是"业"。前者的"业"是指通过不断学习获得知识,后者的"业"是指取得某种成就或成果。在A.O.史密斯公司,领导者一方面以"干中学"的理念为指导,让员工通过做项目的方式获得专业度的提升,另一方面还鼓励并帮助员工孵化其创新项目,帮助他们在公司内部打造个人"事业"。在"授业"的过程中,A.O.史密斯公司的员工会因不断地获得新知而成长,会因拥有自己的事业而有高度的成就感。相应地,他们非常感谢领导者对自身专业素养的培育和对自己事业的帮助,进而更加愿意留在组织内继续发展自我,成就自我。

一、"干中学"培育员工专业素养

在A.O.史密斯公司,一个非常突出的特点是各个岗位没有严格意义上的岗位说明书。公司只对各个岗位需要做的工作进行粗略的、简单的描述,员工的日常工作内容具有很大的弹性,往往以项目制的形式呈现。不仅如此,员工参与的日常工作项目也不是领导者单方面以命令的形式分派的,而是与员工一同围绕工作目标研讨确定的。通过"项目"的形式开展工作，最大的特点便是能够迫使员工边干边学，得到全方位的快速成长。总裁丁威曾多次在听取员工述职或汇报工作的过程中表示，不希望员工一成不变地套用教科书中的理论，而是希望他们从实际出发，踏踏实实地总结工作中的经验和心得，尤其是自己做过的特别有成就感的工作，更要认真严肃地进行全面的回顾和总结。"干中学"的学习过程让员工明白，现实中的工作开展，往往不能纯粹按照教科书上的理论那样"顺藤摸瓜"，按部就班地操作，而是应该"抓瓜摸藤"，是高度情境化的，需要随时遇到问题，随时解决问题。因此，领导者通过"项目"让员工"干中学"，直接提升了他们的认知学习方法。在项目开展的过程中，领导者会全力支持和指导员工，并在员工遇到困难时，耐心地鼓励他们，同时给予他们必要的资源支持，帮助他们克服困难完成项目。

1. PEP 项目引领全员参与

PEP（Performance Excellence Process，卓越绩效保障流程）项目是 A. O. 史密斯公司特别有代表性的公司级项目，是公司高管直接带队参与的项目。每年 10 月份，公司都会选择一天，召集高级经理级别以上的中高管人员专门进行集体研讨，以确立公司层面的 PEP 项目。这些项目都是事关公司总体目标，需要未来几年重点开展的工作。例如，2016 年的 PEP 项目研讨共有 140 多位公司中高管人员参加。大家在听取总裁丁威关于未来 1—3 年的战略规划和目标后，140 多人首先会平均分成 8 个小组，以头脑风暴的形式开始分别研讨对实现公司总体目标有重要影响的 PEP 项目。每个小组都会有一位公司副总级别的高管参与，讨论制定出本组认为最重要的 4—5 个项目。然后，在每个小组提议的项目基础上，总裁丁威再带领大家共同商讨确立最终的 5 个公司级别的 PEP 项目。最后，丁威会根据各位高管的工作经验和所负责的工作内容，现场指定最终确定的 5 个项目的总负责人，总负责人被称为项目"Owner"，由其负责后续的项目开展和执行工作。在项目执行的过程中，公司每个月都会召开PEP项目进展会议，总裁必须参加并对项目已经完成的内容进行点评，而且特别强调与会人员集思广益，以进一步推动项目的开展。

在部门层面，公司各个部门同样常以项目制的形式开展工作。以A.O.史密斯公司的研发体系为例，围绕本年度的工作目标，领导者会将日常工作项目划分为两大类：新技术研究项目和新产品开发项目。其中，新技术研究项目是一种长期项目，主要针对行业难题进行新技术的研发攻关。新产品开发项目是一种短期项目，主要针对公司新技术在新产品上的商业化应用。但是无论哪类项目，在执行过程中最大的特色都在于领导不会以命令安排和"手把手教"的方式开展工作，而是鼓励员工边干边学，最终创造性地完成工作任务。当项目开展过程中遇到问题和困难时，领导者也不是直接告诉研发人员答案，而是召集各个工程师一起研讨，共同制订行动方案。因此，这种非程序化的工作非常有挑战性，对员工的培养和锻炼效果也特别突出。正是凭借不断地做项目，立足工作实践进行学习，员工的专业度才得以快速提升。

总体而言，A.O.史密斯公司的领导者通过项目制工作的形式，有效地调动了员工的积极性，凝聚了员工的工作热情。每一个项目的顺利完成不仅直接有助于个人目标的达成，更重要的是，领导者还通过项目使员工获得了全方位的锻炼，得到了全方位的发展。在此过程中，员工通过领导者针对具体问题的指导和点拨，以"干中学"的方式快速掌握多种技能和知识，不断提升自身的专业素养。因此，员工非常认可领导者通过这种项目"授业"的方式来培养自己，并认为自己在公司会不断获得进步，实现自我价值。

2. 管培项目及早锻炼新人

除了PEP项目，A.O.史密斯公司还通过管理培训生项目培养后备人才。每年通过校园招聘渠道以管理培训生身份加入公司的员工会受到公司领导者的格外关注，因为他们的培养方向是公司未来的中层骨干。为此，公司会专门为每一位管理培训生安排一位高管进行辅导和培养，培养的方式就是高管直接安排他们做具有挑战性的项目,并在做项目的过程中给予其引导、提示等,进而使他们能够快速成长。

新能源事业部的总经理在培养管理培训生方面非常老道,有口皆碑。他认为在培养管理培训生的过程中,领导者的首要任务就是纠正管理培训生的思维习惯和认知模式。他说:"由于管理培训生是刚刚从校园毕业走上工作岗位的职场新人,因此他们在接手项目时往往认为,领导应该给予他们明确的指令并告诉他们该如何开展工作,在遇到问题时也应当直接给予他们明确的答案。很明显,这种想法是急需改变的。因为作为公司的管理培训生,公司期望并要求他们有更多的主动性,这样他们将来才能更好地胜任管理者的角色。"除此之外,他还特别强调要在管理培训生遇到困难需要协调资源时给予其充分的支持,保持他们对工作的积极性。

现已担任新能源市场部新媒体推广项目的项目负责人,曾经是新能源事业部总经理带过的优秀管理培训生之一。她在做管理培训生期间,负责的项目是"通过一种创新的数字媒体推广方式提升电商平台的O2O转单量",项目的目标是从现有的60单/月的转单量,提升到不低于300单/月的转单量。这位项目负责人说:"当时刚刚接手项目时,确实感到非常有挑战性,一时并不知道该如何下手。但新能源事业部总经理并没有直接给我答案,而是指导我该如何开展工作。他提示我应该以潜在问题为切入点,按照PDCA(P-Plan,计划;D-Do,执行;C-Check,检查;A-Action 纠正)循环的思路解决问题。首先,应该去找现阶段影响转单量的问题点;其次,要针对问题点制订行动方案和计划;最后,按照行动方案和计划开展行动,观察转单量是否有所改善。若某个行动方案行之有效,就将其做法标准化,并按标准化后的做法执行;若无效,则回过头来继续寻找问题点,重新制订行动方案和计划。"

在得到事业部总经理的指导后,该负责人主要从以下三个方面开始行动:①找到公司有哪些转单的流量入口。向同事请教和学习后,她找出当时的三个主要入口分别为:电商平台的资讯端入口,3C(Customer Caring Center,客户关怀中心）客服中心的咨询入口，百度的 SEM（Search Engine Marketing，搜索引擎营销）入口。②制订改进方案。在确定流量入口的基础上，该负责人顺理成章地针对每一个入口的特点制订改进方案。如 3C 客服中心的咨询入口，其改善的关键在于提升客服人员的专业度，以更好地引导潜在消费者留下个人信息，方便公司后续的接触。通过针对三大入口的改善工作，转单量有了明显的提升。③思考并实践创新做法。经过前一阶段的学习和积累，该项目负责人的思路已经完全打开。后续她又借助最新的精准营销技术（如用户画像技术），向一些新闻客户端等新平台的用户精准投放软文广告。然而，由于投放广告需要额外的资金支持，该负责人向事业部总经理汇报了工作计划和现实情况后，总经理及时地亲自与市场部沟通，帮助她完成资金划拨事宜。

事后，该负责人回忆自己管理培训生项目的整个过程，认为事业部总经理给了她极大的帮助。这种帮助不是直接告诉她答案，而是给予她足够的空间引导她更好地思考。同时，在需要资金等资源时给予足够的支持。通过管理培训生项目，该负责人的专业素养得以快速建立并提高，为后续的职业发展打下了坚实的基础。不仅新能源事业部的负责人，A.O. 史密斯公司的所有高管在培养管理培训生的过程中都会通过给予他们富有挑战性的项目，指导他们"干中学"，使他们在快速适应工作的过程中提升专业度，感受到自己的快速成长。

二、"谋事业"帮助员工自我实现

A.O. 史密斯公司的领导者除了通过"项目"的形式，让员工以"干中学"的方法获得专业素养的提升，还通过为员工"谋事业"的方式，帮助他们取得更加突出的成就或成果，进而激发并牢牢抓住他们的事业心，使他们愿意长久地留在公司继续发展事业。而所谓"谋事业"是指公司领导者给予员工更大的自主性，帮助他们从小的项目开始孵化，最终取得重大的项目成果，甚至使项目发展为公司一块独立的业务，成为公司新的利润增长点。

1. 自主项目点燃个体激情

目前，在 A. O. 史密斯公司的研发体系中，领导者通过鼓励员工开展自主型项目的方式为员工"谋事业"，帮助他们取得更大的成就或成果。对于普通的研发工程师而言，除了平时的本职工作，公司还鼓励他们利用业余时间对自己感兴趣的研究问题展开研究。同时，在需要初步的研究经费时，他们可以向公司申请 5 000 元到 10 000 元的资金用于开展自己感兴趣的技术项目。对此，公司并不设置具体的考核标准，只要求使用研究经费的工程师最终提交一份完整的项目实验报告即可。不仅如此，领导者还非常鼓励并支持工程师申请这些项目，一旦某些项目有所进展或突破，对公司未来的发展有益，领导者还都会毫不犹豫地帮助工程师进行正式的项目立项，为其提供多方资源推动项目的进一步发展。例如，燃气事业部的一位工程师经过前期初步的技术实验后，主动向领导提议研发一种燃气热水器使用的防冻加热棒，在领导的鼓励和支持下，这个项目得以正式立项。最终，这个项目的研发成果发展为公司的一款正式的二类电器产品。

无独有偶，在电热水器事业部的研发部材料组，一位普通的研发工程师，在工作过程中对电热水器结水垢的问题很感兴趣。结合自己的工作经验，她认为通过开发一种新型材料可以有效地解决上述问题。于是，她把自己的初步想法向部门总监进行了汇报。在肯定了该想法的可行性后，研发部总监认为她的研究一旦成功，就可以推广到公司未来所有的电热水器产品上，这对公司和这位研发工程师个人而言都极具价值。因此，研发部总监立刻给予她资金等资源的支持，并利用空闲时间对她进行相关指导。当项目取得实质性进展时，研发部总监又帮助她将项目情况向电热水器事业部的总经理做了详细汇报。得到电热水器事业部总经理的认可后，她的自主项目开始升级为公司层面关注的 Smith Engineer 项目（简称 SE 项目，详见第八章）。同时，事业部总经理除了批准她相应的实验经费外，还帮助她联系外界的科研院所以及其他事业部给予支持，使她可以使用相关的材料分析设备进行进一步的实验。在各级领导的大力支持下，该项目目前已经顺利完成，这位研发工程师的技术方案未来将被运用在下一代电热水器产品上。此项目结束后，这位工程师非常感谢公司多位领导在项目开展过程中给予的鼓励和支持，她认为，如果没有这些帮助，自己不可能取得现在的成果和成就。

2. 新兴业务实现事业抱负

在A.O.史密斯公司，除了自主型项目，领导也会结合公司的发展战略和员工的个人工作经验及能力，授权他们在公司内部开展新兴业务，为他们提供取得事业进一步成功的机会。其中，保湿洗脸软水机项目就是这方面的典型案例。2013年年初，总裁丁威找到当时的供应链负责人约谈公司未来新业务发展事宜。之所以约谈他，一方面是因为他当时负责公司的供应链管理，对公司很多供应商的经营业务比较了解，其中包括一些供应商为其他知名公司开展的OEM业务及ODM（Original Design Manufacturer，原始设计制造商）业务，丁威希望能从中借鉴并挖掘有助于A.O.史密斯公司继续保持增长的新业务。另一方面是因为该负责人平时非常喜欢做研究，除了日常的管理工作，他还曾申请过多项发明专利，具有很强的创新精神和创造力，这是公司发展新业务选择负责人的重要条件。经过双方的沟通确认，丁威授权这位供应链负责人兼任新业务发展项目的负责人。

通过半年时间的前期调研和分析，这位负责人拿出了十多种产品规划方案，如带蓝牙音响的花洒等，但经过与总裁丁威的研讨后都被否决了。丁威认为这些产品不足以体现A.O.史密斯公司一直以来坚持的挑战行业难题，彰显行业领先技术的发展思路。经过双方的多轮沟通和研讨，丁威建议项目的发展方向应该选择进军软水行业，并告诉他："如果你能够让中国女性洗脸用上软水，就算做了一件极其了不起的事。因为软水行业在中国的发展一直不顺利，开发什么样的产品、怎么卖等都是行业难题。"

听了丁威的建议后，该负责人也认为如果能在软水行业取得突破，不仅符合公司的发展思路，而且对其个人而言也将会是巨大的事业成就。因此，在得到公司批准后，他开始全职投入保湿洗脸软水机产品的研发中，主要工作包括两个方面：①产品技术攻关。他发现韩国等先进国家的产品技术并不适用中国的水质现状，直接参考和借鉴的意义不大。但如果要针对中国的水质情况开发新技术，可能需要耗费很多时间和精力。他将这些发现汇报给总裁丁威后，丁威对此表示疑虑，认为如果开发周期过长，就意味着项目本身的可行性可能会有问题。不过，丁威并不武断，而是要求并帮助他继续深入论证新技术开发的可行性。最终，经过全方位的调查和论证，他发现公司已有的相关技术积累能够显著地缩短新技术的研发周期。基于此，丁威表示鼓励和支持该项目负责人进行正式的项目开发，并希望他能把这个项目当作自己的事业去发展。项目一旦成功，公司不排除专门为其成立新的产品事业部的可能。②产品销售规划。由于在中国开展软水业务的公司都还没有找到好的销售模式，因此这位项目负责人再次找到丁威研讨，丁总建议其认真研究韩国在这方面的经验，最终帮助保湿洗脸软水机项目团队找到了"美容护肤"的产品定位，并帮助他们与现有的代理商进行沟通，希望代理商能够在渠道铺货方面给予支持。如今，保湿洗脸软水机项目正在有条不紊地推进，并获得"A. O. 史密斯公司价值观推动活动入围奖"。在整个过程中，丁总非常鼓励并大力支持该项目团队的工作。据项目负责人回忆，在项目正式确立后，丁总曾明确表示"要钱给钱，要人给人"，所有合理的经费等资源申请，都会得到他的及时审批。对于总裁丁威的全力支持，整个保湿洗脸软水机项目团队表示非常欣慰和感谢，并且都认为这个项目是自己在公司内部的一次"创业"经历，给自己带来极大的成就感。

正因为A. O. 史密斯公司领导者的知人善任、合理授权和大力支持，公司成了帮助员工自我发展和成就事业的平台。像保湿洗脸软水机项目的团队成员一样，大家都心甘情愿地留在A. O. 史密斯公司发展，寻求职业生涯中的事业成就和自我价值的实现。

第三节 精心"解惑"帮提高

古人云：人非生而知之者，孰能无惑？对于企业的员工，尤其研发人员而言，工作本身就是不断遇到困惑，解决困惑，从而逐步获得提升和成长的过程。而所谓"惑"，则包括两个方面：一方面是指工作过程中遇到工作任务相关的问题，找不到解决方案而产生的认知上的困惑；另一方面是指工作过程中因工作压力等因素造成的情绪波动而产生的情感上的困惑。因此，A.O.史密斯公司的领导者特别重视通过有效反馈和倾力辅导来帮助员工排忧解难。其中，有效反馈是指领导者在员工述职汇报的过程中以及月度工作回顾会议上给予指导和帮助。倾力辅导是指领导者利用业余时间，主动了解员工在工作中遇到的问题，给予情感和资源方面的支持。A.O.史密斯公司的领导者通过帮助员工排解工作过程中一个又一个的困惑，显著增强了员工对领导者及公司的情感依附，从而牢牢拴住员工的心，使他们选择长期留在公司。

一、有效反馈助力员工工作开展

当员工在述职汇报和工作过程中能够快速、直接地得到领导者的反馈时，他会了解到自身工作中存在的问题和不足，明确自己应该改进的方向。因此，领导者的有效反馈在帮助员工更好地把握工作方向和工作重点方面起到至关重要的作用，直接降低了员工的工作迷茫感和不确定性感知，进而使得他们能够更好地适应工作，更融洽地留在公司发展。

1. 述职反馈

在A.O.史密斯公司，领导者的一项重要工作便是参加员工的述职汇报。每年，公司的行政、管理、技术人员以及班组长都会通过"述职"的方式向领导汇报自己过去一年的工作情况。具体而言，参加每位员工述职汇报的领导至少包括述职员工所在部门的总监、其他相关部门的一位领导以及人力资源部相关负责人三人。此外，总裁丁威只要有空都会参加员工的述职汇报。当员工做完述职汇报后，领导除了要完成对员工的工作评价，更重要的是当面告知其工作中存在的问题以及需要改进的方向。比如，一位负责产品研发的高级经理在年度述职过程中，一直在讲产品和技术。丁威的反馈意见一针见血，认为他现在不仅仅要做好产品和技术，更重要的是作为一名管理人员，要学会怎么带团队，怎么培养下属。丁威建议他下一阶段的工作要多多思考"人"的问题，不能只是一味地自己埋头搞研究。从他汇报的工作内容可以看出团队成员的总体素质和规模已经满足不了下一阶段研发工作的需要。因此，未来找到合适的人员扩充团队规模以及努力提升高潜人员占比才是工作的重中之重。

述职反馈使得 A. O. 史密斯公司的领导者可以直接帮助员工找到其工作中存在的问题和隐藏的问题，而这些正是将来可能给他们带来困惑的潜在问题。不仅如此，领导者的反馈更包含着如何应对和解决这些问题的有效建议。因此，述职反馈可以说是领导者在述职者产生困惑之前帮助他们解决潜在问题的重要途径，进而使得他们能够更有效、更顺利地开展工作。不仅仅是总裁丁威，公司的所有高层领导都非常重视员工的述职。例如，产品工程部负责人每年 9 月到 12 月期间，会参加 470 多位研发人员的述职。以每位研发人员述职汇报 20 分钟计算，共需要花费 9 400 分钟，近 157 个小时。以每天 8 小时全职参与述职工作计算，则需要花费整整 20 天。生产体系的负责人每年也要参加 170 多位员工的述职。领导者的述职反馈帮助员工提前解决潜在的工作问题和可能产生的困惑，使得员工能够更好地应对和适应工作，并在点滴的积累过程中获得成长。

2. 月度回顾

除了利用年度述职的机会向员工提供反馈意见外，A. O. 史密斯公司各体系的领导还会按时参加每个月的月度工作回顾会议。与年度述职不同，通过月度回顾会议，不仅领导可以更加及时地发现员工工作中存在的问题，更早地帮助他们解决问题，员工也可以面对面直接向领导反映工作任务方面的困惑，寻求领导的指导和帮助。

在制造体系，"一月一回顾"已经成为正式的管理活动。制造体系的各个员工，尤其是各关键岗位的工程师，每个月都要针对本月的工作及时向领导进行汇报，并把工作中遇到的问题与领导进行沟通。在此过程中，领导会参与并带动大家一起研讨，寻找并制订解决相关问题的行动方案。同时，领导会直接地、毫无保留地给予各个员工反馈意见，帮助他们解决当下的工作困惑。A.O.史密斯公司负责制造体系工作的人力资源部经理表示，领导按时参与月度工作回顾会议的作用在于：①及时、有针对性地集中沟通和辅导，为下属答疑解惑；②鼓励下属主动发现身边的榜样行为，并进行学习和分享；③以尽量固定的汇报形式，让下属分享自己的管理或改善案例，培养下属的沟通表达能力。

在研发体系，每个月都要召开产品回顾会。参加产品回顾会的主要领导包括产品工程部总经理以及各产品事业部的负责人等。回顾会开始后，各个研发项目的负责人会代表整个项目团队，将其负责的研发项目的进展情况以及工作中遇到的问题向参加回顾会的领导进行汇报。在2016年的一次产品回顾会上，净水事业部负责研发Max5.0净水产品的项目负责人，向与会领导和同事提出了项目团队当下遇到的问题，即正在研发的产品在性能方面存在缺陷，项目团队暂时还未想到有效的解决方案。产品工程部负责人和净水事业部负责人在了解问题点后，建议该项目负责人先精准地确认造成产品性能问题的关键点。在领导的建议下，项目团队经过后续的反复研究和论证，终于确认了问题的关键点。但随之而来的新的难题是仅凭项目团队现有的资源依然无法解决问题。产品工程部负责人和净水事业部负责人得知后，立刻帮助该项目团队协调公司的多方资源，调派合适的研发工程师共同研讨解决方案。最终，困扰负责研发Max5.0净水产品项目团队的工作难题得以顺利攻关。

通过月度工作回顾会议，领导能够更加及时地对员工在工作中遇到的困惑给予直接的反馈，这些反馈能够帮助员工更好地开展下一阶段的工作，进而有效地完成工作目标。更重要的是，通过领导的有效反馈，员工对自身工作的控制感增强了，能力得到进一步的提升。

二、倾力辅导帮助员工个人成长

如果上级领导能够利用空闲时间更加主动地询问员工在工作中遇到的"困惑"并帮助他们有效地解决，"解惑"对员工情感方面的帮助作用将更加明显。因为通过上级领导的"解惑"，员工能更多地感知到来自上级领导的情感支持，这对有效留住员工将起到重要的作用。在A.O.史密斯公司，这种上级领导主动帮助员工"解惑"的行为体现在上级领导对员工的倾力辅导上。

A.O.史密斯公司把辅导定义为"与人谈话以帮助其改善绩效的过程"。同时，公司认为辅导应由上级领导主动发起，因为上级领导有责任帮助员工改善绩效。在此基础上，公司专门制定了有效辅导的五个步骤（详见表3-1），指导管理者有效地开展辅导工作。

表3-1 有效辅导的五个步骤

阶段	内容
准备过程	（1）建立和谐的关系：确定该员工知道你认可他的工作并且你是真心想帮助他提高表现。 （2）表明你的意图：告诉该员工你想谈一些会对他有帮助的事情。
对当前表现给予反馈	（1）根据你的所见描述该员工的当前行为，对他的表现，而非对他个人本身进行评估。要给予具体的正面反馈，并集中在此人已经表现不错的方面。 （2）指出并描述哪些具体的行为需要改进。要简洁明了，不要遮遮掩掩或者贬低改进的重要性。要明确表达你要做的是帮助该员工提高表现，而非惩罚。

从驱动创新到实践创新
A.O. 史密斯公司的创新管理

（续表）

阶段	内容
给予改进建议	详细描述并且具体解释那些你认为会比当前行为更有效率或者会提高效率的行为，说明为什么这些行为是有效的，以及该员工会在改进中获得什么。
倾听并认可	（1）如果你的建议受到挑战，不要产生防御心理，因为很少有人能不带任何情绪接受批评或者改变。 （2）使用倾听确认来解释该员工刚刚告诉你的事情，表明你已经了解了。在整个谈话的过程中多次使用倾听确认比与该员工谈完后做一个长的概括效果更好。
达成协议	共同设立行动计划，包括设定明确的目标以及安排好后续的行动方案。

在生产制造体系，上级领导有效辅导的工作已经被正式固化为"一对一辅导"项目。该项目包括两个板块：第一个板块是生产体系的负责人对各个部门主管的跨级别辅导，第二个板块是各部门总监对部门主管或工程师的日常辅导。

在第一个板块，生产体系的负责人正常情况下每天下午4点到4点半会主动辅导一位部门主管，并将这一活动固定下来，了解这个人在工作过程中遇到的困惑并给予指导性的意见。起初，由于是和领导一对一、面对面交流，一些主管对"一对一辅导"有些胆怯，但经历过后都表示受益匪浅。一位部门主管在一次"一对一辅导"后表示，通过与领导的交流，他在日常管理工作中总觉得力不从心的困惑得到解决。他说在那次"一对一辅导"的过程中，领导耐心地帮他分析自身的不足，指出他需要改进的地方在于提升个人影响力。此后，生产体系的负责人又通过和他一起研讨，制订了相应的行动方案。具体包括：①每天提一个改进点，提高关注度；②在质量、安全、改进项目会议上勇于发言，积极表达自己的观点；③每周组织小组会议，进行组内交流，提升小组整体业绩；④开发并完成3—5项自动化改进项目，提高个人的工作能力；⑤坚持每天学习英语，提升英语口语能力。

在第二个板块，各部门总监会自行根据工作时间积极参与对下属主管及工程师的"一对一辅导"，而且特别强调辅导的持续性，旨在真正解决员工工作中遇到的困惑。通过"一对一辅导"的开展，制造体系的员工与领导的关系变得越来越融洽，对工作的热情也更加高涨，而这些正是员工愿意继续留在公司工作的基石。

除了生产制造体系，公司其他事业部及职能体系也都在积极开展有效的辅导工作。这种领导主动的关怀和支持不仅增进了上下级关系的融洽，而且通过辅导解决员工工作困惑的过程，让每一位员工都得到了快速的成长。

第四章
管家型人力资源管理实践

一家企业要想在激烈的市场竞争中脱颖而出,持续发展,就必须找到并留住一大批"对的人"。为了解决如何找到并留住这些"对的人"的问题,A.O.史密斯公司采取了管家型的人力资源管理实践,主要内容包括:①精准高效找到"对的人"。从招募和甄别两个环节,有针对性地开发和实施有效的制度、项目和活动,实现精准找到"对的人"和有效筛选"对的人"的目标。②伺候和服务好"对的人"。通过提供有市场竞争力的薪酬和福利、公平公正的成长机会,伺候和服务好这些"对的人",让员工满意,从而留住这些"对的人"。

第一节 精准高效找到"对的人"

如何通过人力资源管理实践来精准、有效地找对人?A.O.史密斯公司认为,第一步是清晰地界定"对的人"。"对的人"是指认同公司"四个满意"的价值观(Value Congruence, VC, 价值观认同)且富有创新精神和创新能力(Smart Creative, SC, 聪明爱创新)的员工(VC+SC)。只有那些具备"VC+SC"条件的员工,才是A.O.史密斯公司招聘的目标人群。第二步是通过人力资源管理实践，实现找对人的目标。具体包括：①选择招聘渠道。包括主打"口碑"宣传式推荐的校园招聘和采取"走出去"和"请进来"策略的社会招聘，吸引和招募到"对的人"。②确定筛选标准。以价值观认同和工作胜任能力为筛选标准，对应聘者的价值观念是否符合 A.O.史密斯公司"四个满意"的价值观，以及对应聘者的工作能力是否符合公司的员工素质模型（即 TRIPP 模型①）的要求做出判断，实现有效筛选的目标。

一、招募：精准定位

为了更加精准、有效地找到"对的人"，A.O.史密斯公司从社会招聘、校园招聘两个渠道，有针对性地开发出一套合适的制度、活动和流程。其中，在社会招聘中，主打"口碑"宣传式推荐，从在职员工、离职员工入手，开发出内部人才推荐制度、"前员工"联盟活动。在校园招聘中，采取"走出去"和"请进来"策略，开发出了粉"斯"体验营项目、江苏省校企交流论坛活动。

1. 社会招聘：主打"口碑"宣传式推荐

A.O.史密斯公司通过对历年使用的社会外招渠道的有效性分析，发现除传统招聘网站（包括智联、前程、51job 等）外，社会招聘最为有效的方式是熟人推荐。熟人推荐包括内部员工推荐和"前员工"推荐。为了让熟人推荐工作做得更为有效，A.O.史密斯公司开发出一套创新性的制度、活动和流程。通过这些制度、活动和流程，公司有效地发动"全员+"（包括在职人员和离职员工）参与，进行公司雇主品牌的"口碑式"宣传和推广，以实现精准、有效地找到"对的人"。

（1）内部员工推荐。A.O.史密斯公司认为，"不是一类人，不进一家门"。内部人才推荐是精准找对人的一个重要路径。通常情况下，内部员工进

---

① 见示例 4-2。

行人才推荐时，首先会按照公司"对的人"的标准进行初步的筛选，然后才会把那些符合标准的外部人才推荐给公司。

为了有效地激励员工争当"伯乐"和"猎头"，公司制定并推行了内部人才推荐激励制度。具体而言，当公司内部有岗位空缺时，人力资源部门会在第一时间通过公司微信企业号、公告栏向所有员工发布招聘启事，邀请员工向公司推荐自己认为合适的"人才"，同时，给予推荐成功者一定的物质奖励。目前，A.O.史密斯公司采取奖金和积分制的双激励政策，即公司规定推荐人在被推荐人才到岗后的第二个月，会获取推荐奖励额度30%的奖金；当被推荐人才试用期满正式聘用后，推荐人会获取剩余的70%的奖金及相应的人才贡献积分。此外，对于被推荐人才进入最终面试环节但未能通过最终面试的情况，公司也会给予推荐人一份精美的小礼品以表示感谢。

截至目前，内部人才推荐已经成为A.O.史密斯公司精准找到"对的人"的重要渠道之一。据2016年年底的数据统计，A.O.史密斯公司借助内部人才推荐渠道，精准找到所需岗位的外招人员122人（占年度外招人员渠道招聘总人数的34.37%）。正是通过内部人才推荐制度，A.O.史密斯公司有效地发动了全体在职人员，通过"口碑"宣传式推广，宣传公司的雇主品牌，实现精准、有效找到"对的人"的目标。

示例 4-1

A.O.史密斯公司的人才贡献奖激励政策

目的： 为鼓励员工积极参与和支持公司组织建设，激励员工向公司推荐外部人才，向其他部门输送内部人才，特制定本政策。

适用范围： 公司全体员工

执行部门： 人力资源部

政策内容：

1. 积分细则

（1）公司员工凡是成功推荐非公司员工应聘公司所规定的、可奖励的空缺职位，经过试用期考核合格，除了按照公司推荐奖励政策发放奖金外，将按所推荐成功之职位级别获得相应的人才贡献积分。但是，如若人力资源部在员工推荐人才之前已经获得了被推荐人员的资料，将不被列入员工推荐奖的范畴。

（2）公司管理人员（主管及以上）成功推荐直接下属（包括管理培训生）升任其他部门（指不存在直接和间接的领导和被领导关系，包括同体系的不同部门）更高级别的管理职位（主管及以上管理职位）时，此管理人员将获得与外部成功推荐相应职位同样的奖金及人才贡献积分。

2. 奖励细则

每年度对新增积分进行推荐人才奖励积分排名，给予推荐人才贡献奖励。

（1）第1—2名（新增积分保底10分）获得价值观美国总部当选奖项；

（2）第3—8名（新增积分保底6分）获得价值观南京总部当选奖项；

（3）第9—18名（新增积分保底4分）获得价值观南京总部入围奖项。

（2）建立"前员工"联盟。A.O.史密斯公司也将"前员工"（即离职员工）的人才推荐看作公司精准找到"对的人"的一个重要渠道。在A.O.史密斯公司看来，这些"前员工"虽然已经离开公司，但是由于在公司工作过，对公司的核心价值观、管理流程和工作内容比较熟悉，因此一旦得知公司拥有一些空缺的岗位，这些"前员工"就能够充当公司与外部人士联系的"桥梁"，为公司找到合适的人才牵线搭桥。同时，这些"前员工"对A.O.史密斯公司的"口碑"和评价也会直接影响公司的雇主品牌宣传与推广，对公司获取外部隐性的社会资源、精准找到所需要的人才产生重要影响。因此，为了加强与这些"前员工"之间的沟通和交流，寻找到合适的人才，A.O.史密斯公司针对这些"前员工"群体，开发出一些特色活动。

最为典型的活动是，针对以应届本科毕业生身份进入A.O.史密斯公司工作的群体而开发的"十年聚会活动"。自2014年开始，A.O.史密斯公司每年都会出资邀请所有十年前以应届本科毕业生身份进入公司工作但已离职的"前员工"到公司来，进行为期一天的参观、访问和深度交流。以 2016 年举办的"十年再聚首，难忘 AO 情"活动为例，公司的人力资源部门牵头并正式邀请 2006 年以应届本科毕业生身份进入公司工作但已离职的员工和在职员工，在 A.O. 史密斯公司参加为期一天的参观交流活动。参观交流活动包括三个方面的内容：①参观 A.O. 史密斯公司新工厂和新产品展厅。②进行专项的沟通、交流和研讨。为了提高沟通和交流的效果，A.O. 史密斯公司人力资源部人员会事先与这些参会者联系，收集他们感兴趣的问题。在具体的沟通和交流过程中，针对他们感兴趣的问题，一方面总裁丁威、人力资源部门负责人会与大家进行面对面的深度互动交流，另一方面与会人员也可以根据他们感兴趣的主题，各抒己见，进行专项的沟通、交流和研讨。③让离职员工重温以前的工作时光，体验和品尝公司的"内部餐"。

为了进一步提高活动的效果，秉持"持续改进"的理念，A.O. 史密斯公司每年都会对该活动的有效性进行回顾和研讨，在此基础上，对"十年聚会活动"进行相应的改进改善。以 2016 年为例，A.O. 史密斯公司对"十年聚会活动"的参与对象和活动形式进行了改变：①扩大了"前员工"联盟的群体成员范围。"前员工联盟"从原来只包括应届本科毕业生，扩大到应届硕士毕业生群体。借鉴针对应届本科毕业生"十年聚会"活动的做法，A.O. 史密斯公司邀请五年前以管理培训生身份进入公司工作的员工（包括离职员工和在职员工），以同样的活动形式，参与"管理培训生五年聚会活动"。②活动性质由"官方"式改为"赞助"式。2016 年，公司对活动的举办主体进行了调整。从以前"官方"式的正式邀请，改为以公司"赞助"形式的"离职员工的自我组织"。2016 年，A.O. 史密斯公司通过"前员工联盟"成员推荐，共成功招聘到 16 名员工，取得了较好的效果。目前，"前员工联盟"活动已经成为 A.O. 史密斯公司精准找对人的一个重要渠道。

2. 校园招聘："走出去"和"请进来"活动

如何通过校园招聘，实现精准、有效地"找对人"？A.O.史密斯公司采取的是主动"走出去"和"请进来"相结合的策略："走出去"是指公司主动走进校园，开展有针对性的项目和活动（如粉"斯"体验营项目），吸引优秀应届毕业生的加入；"请进来"是指公司主动搭建与目标院校的沟通平台（如校企交流论坛），加深校企间的互动和合作，提升各高校主管就业的部门和应届毕业生对A.O.史密斯公司的雇主品牌认知度，从而找出那些认同公司"四个满意"的价值观且富有创新精神和创新能力的职场新人。

（1）"走出去"。"走出去"是A.O.史密斯公司通过走进校园，精准、有效地找对职场新人的重要途径，也是公司进行雇主品牌推广的重要方式之一。所谓的"走出去"策略是指，A.O.史密斯公司主动选取某些特定的重点高校，采取定向、定位的特色招聘活动，主动建立同应届毕业生和在校大学生之间的双向沟通与交流，从而加深潜在候选人对A.O.史密斯公司雇主品牌的认知。A.O.史密斯公司的"走出去"策略采取的活动内容和形式是多种多样的，包括线上的"空中宣讲"活动、线下的宣讲会和粉"斯"体验营项目等。其中，粉"斯"体验营项目是A.O.史密斯公司采取"走出去"策略，精准找对人的典型代表。

粉"斯"体验营项目是指，A.O.史密斯公司通过提供为期一周的"营区生活"，向"90后"（即1990年以后出生）应届毕业生主动介绍公司的文化、价值观和运营的基本情况等，同时深入了解这些应届毕业生的综合能力和素质，提前精准地筛选、锁定和储备部分优秀人才。粉"斯"体验营项目分为三个环节：①A.O.史密斯公司到选定的目标院校进行宣传和推广，邀请对A.O.史密斯公司感兴趣的候选人，进行网上申请和系统测评，并提供一分钟的视频自我展示。②公司根据网上系统测评及视频展示中候选人的基本情况，对候选人进行面试，筛选出80—120位符合条件者，进入为期一周的"营区生活"。③在"营区生活"环节，A.O.史密斯公司通过设置"多重关卡"，包括工作情景模拟、做指定的课题、项目答辩等，让候选人以三人组队的竞赛方式进行参与，深度了解应聘岗位的工作要求，学习团队合作和开展项目的经验。在竞赛中获胜的候选人可以获得进入公司的"绿卡"。

此外，秉承"持续改进"的理念，A.O.史密斯公司每年都会对粉"斯"体验营项目的有效性进行回顾和研讨，并在此基础上，进行适当的调整和改善。2016年年底，为了更好地发挥粉"斯"体验营项目的作用，A.O.史密斯公司对该项目的活动形式和参与者申请岗位的结构进行了调整。①活动形式。由最初的"三人组队"改进为"单人竞赛"，减少随组搭便车的情况，进一步提高活动的公平性。②活动参与者。由最初的只是应聘生产制造岗位人员拓展为应聘研发、生产、商务岗位人员，参与者数量也同比例扩大。通过对粉"斯"体验营项目的持续改进改善，不仅极大地提高了该项目的有效性，而且使得该项目已经成为A.O.史密斯公司主动"走出去"，进行精准、有效的校园招聘的一个重要手段。2017年，参加粉"斯"体验营拿到"绿卡"的研发岗位人员比例是50%，参加制造营和商务营拿到"绿卡"的人员的比例各为40%。

（2）"请进来"。除了采取主动"走出去"的策略，主动"请进来"也是A.O.史密斯公司精准、有效地找对职场新人的重要途径。A.O.史密斯公司采取的"请进来"策略是，通过举办江苏省校企交流论坛，邀请目标高校的学生就业办公室负责人和相关院系负责人，到A.O.史密斯公司内部进行考察和深度交流，以提升他们对公司雇主品牌的认知和喜好。

2017年3月，A.O.史密斯公司有针对性地选取了南京航空航天大学、南京理工大学等江苏省重点高校，邀请这些目标学校的学生就业办公室负责人和相关院系负责人，到公司参加为期一天的校企交流论坛。论坛包括以下三个环节：①参观环节。A.O.史密斯公司会带领这些校企交流论坛的嘉宾，参观其新工厂和新产品展厅。②专题研讨和深度沟通环节。首先，由总裁丁威、人力资源部负责人介绍和分享公司的发展情况、大学生培养项目、校园招聘工作等内容。然后,请毕业于此次论坛目标院校的在职员工,作为优秀校友进行经验分享。最后,结合目前校园招聘面临的挑战,与参加论坛的目标院校负责人进行深度交流,加深他们对公司雇主品牌的理解,提升其好感度,从而有助于这些参与者积极推荐那些认同公司"四个满意"价值观且富有创新精神和创新能力的学生到 A. O. 史密斯公司工作。

除此之外,在整个校园招聘的过程中,A. O. 史密斯公司还会通过线上和线下相结合的方式,实施雇主品牌推广战略,着力提高找对人的有效性和精准度。线上推广方式,是指公司通过传统网站、微信公众号、目标院校的微信群、QQ 群、BBS、社团等,扩大雇主品牌的宣传与推广。线下推广运作,是指公司通过宣讲会、海报、宣传单页等方式,提高雇主品牌的口碑影响力,从而吸引并招揽那些认同公司"四个满意"的价值观且富有创新精神和创新能力的优秀人才。

二、甄别:有效筛选

如何快速、有效地筛选出"对的人"? A. O. 史密斯公司认为,必须围绕"对的人"的定义和核心要素做好人才的甄别与筛选工作。具体而言,A. O. 史密斯公司在甄选环节,针对候选人是否认同公司"四个满意"的价值观,以及候选人是否富有创新精神和创新能力,着重从价值理念判断、工作胜任能力两个方面,对候选人进行全面、综合的考察。

1. 价值理念的判断

A. O. 史密斯公司认为,"对的人"必须能够认同公司"四个满意"的价值观。因此,在甄选环节,A. O. 史密斯公司始终强调"愿为每一个感动于公司历史、认同 A. O. 史密斯公司文化和价值观的有识之士提供能发挥个人才能、获得成就感的工作职位"这一理念,并围绕这些核心的文化要素,设置相应的面试问题,与应聘者进行深度沟通和交流,从而着重考察和了解应聘者对"四个满意"价值观的认同和理解程度。

A.O.史密斯公司为了有效筛选那些认同公司"四个满意"价值观的员工，往往会在应聘环节中，要求应聘者回答以下问题：①请说说您欣赏的诚信经营的典范企业应该具备哪些核心要素。②请描述您以往工作中最有成就感的一件事。③您如何与别人分享信息？④您认为工作中哪些方面是至关重要的？……着重考察应聘者的价值理念是否与公司"四个满意"的价值观、"合规""诚信经营"等理念相一致，是否与公司"对的人"的基本要求相吻合。正如人力资源部负责人所说："我们公司非常强调'四个满意'，这是公司每个员工的行为指南。因此，在面试过程中，一经发现那些不认同这些原则的人，一概不予考虑和录用。"

2. 工作胜任能力的考察

除了对应聘者进行公司"四个满意"价值观认同的考察外，A.O.史密斯公司也非常强调对应聘者工作胜任能力的考察。为此，公司开发出了适合自己公司的员工胜任素质模型，简称TRIPP模型。其中，各个字母的含义是：T（Team-building/Team-work），团队建设/团队合作；R（Result-driven），结果导向；I（Innovation），创新能力；P（Professionalism），专业化；P（Passion），工作激情。

示例 4-2

A.O.史密斯公司 TRIPP 模型内涵

T（Team-building/Team-work）——团队建设/团队合作

T01：明确自己作为领导在团队中的角色，提供明确的方向或思路

T02：团队成员个人目标清晰，对部门目标理解到位

T03：认真听取和理解他人的意见及问题，公平公正地对待每个下属

T04：团队成员得以持续成长、发展

T05：正确评价员工的强项和发展需要，提供及时、具体的反馈意见和辅导

R（Result-driven）——结果导向

R01：个人目标明确，并努力超越

R02：能找到问题的关键，进而解决问题

R03：客户满意

R04：敢于在工作中承担责任，实现承诺

R05：运用时间管理、工作优先级等方法高效率地工作

I（Innovation）——创新

I01：有办法解决客户的问题

I02：致力于工作中流程与做事方法的持续改进，不固守现状

I03：探讨并实施创新的想法，敢于承担失败的风险

I04：坚持工作的高标准，不轻易放弃

I05：具有好奇心和探索欲

P（Professionalism）——专业化

P01：关注相关领域的最新技术、知识和发展趋势

P02：在专业领域具有一定的深度

P03：会合理利用公司内、外资源去解决问题

P04：具有系统思考问题的能力

P05：能做出及时、正确的决定

P（Passion）——激情

P01：喜欢挑战，享受工作成就

P02：以帮助客户解决问题为乐趣

P03：对工作难题有用之不竭的精力和时间

P04：有长远的个人愿景和追求

P05：以自己的乐观执着感染身边的同事和下属

那么，如何有效运用TRIPP模型快速、有效地筛选应聘人员？A. O.史密斯公司的做法是，将TRIPP模型中的每个核心要素，转变和细化为具体的面

试问题。以社会招聘为例，人力资源招聘经理通常会问应聘者：①最近一次做的项目是什么？②这个项目是您自己做的吗？③在整个项目中，有没有做得不一样的地方？④您认为工作中最有成就感的事情是什么？……通过分析应聘者对上述问题的回答情况，综合判断他们对目标是否清晰，以及他们在团队合作、创新、专业化、激情等方面的素质和能力。由于问的都是应聘者做过的事情，因此可以有效降低应聘者因紧张或个性内向不善于表达导致的发挥"失常"。如果应聘者在回答问题时偏题，谈希望、愿望、应该等非实际的做法，及时建议应聘者回到自己如何做或用真实发生的关键事件来说明，从而快速、有效地找到那些富有创新精神和创新能力的员工。

第二节 伺候和服务好"对的人"

寻找到那些认同公司"四个满意"的价值观且富有创新精神和创新能力的"对的人"进入公司，只是A.O.史密斯公司为开展创新管理迈出的第一步，公司接下来必须采取有效、落地的保障措施，伺候、服务好这些"对的人"，留住并激励这些员工持续开展自动、自发的创新工作，为公司创造价值。为此，A.O.史密斯公司为这些员工提供有市场竞争力的薪酬和福利，给予他们公平公正的成长机会，以满足他们的物质和精神需要，提升他们的工作满意度，从而实现留住"对的人"的目标。

一、有市场竞争力的薪酬和福利

A.O.史密斯公司认为，提供有市场竞争力的薪酬和福利，事关每位员工的切身利益，对留住"对的人"起着非常重要的作用。为了有效地留住公司需要的这些员工，经过管理层的不断研讨，A.O.史密斯公司已开发出了具有市场竞争力的薪酬和福利制度，保证"对的人"都有"钱"途，从而满足员工的物质需求，让这些员工满意。

1. 提供有市场竞争力的薪酬

为了确保公司提供的薪酬具有市场竞争力，A.O.史密斯公司每年都会委托国际薪酬调查公司，开展专门的薪酬调查。根据薪酬调查公司的调查报告，A.O.史密斯公司有针对性地对员工的薪酬进行合理调整，确保符合"对的人"条件的员工真正有"钱"途，以此满足员工的物质需要，实现"薪酬留人"。

A.O.史密斯公司的薪酬调查在每年4月份左右进行。国际薪酬调查公司会根据A.O.史密斯公司管理层提供的50家公司名单进行调查。50家被调查公司选择的标准包括三个方面：①行业可比，即被调查公司的业务必须与A.O.史密斯公司的业务相类似，而且被调查公司的价值链（调研—研发—生产制造—销售）与A.O.史密斯公司的价值链相似。②地区可比，即被调查公司所处地区的经济发展状况和物价水平必须与A.O.史密斯公司的情况具有可比性。③规模可比，即被调查公司的规模和员工人数必须与A.O.史密斯公司的情况具有可比性。国际薪酬调查公司对这些被调查公司的岗位薪酬水平进行调查，出具一份专门针对A.O.史密斯公司的薪酬调查定制报告。A.O.史密斯公司根据这份薪酬调查报告，结合公司以往的薪酬状况，确定公司下一年度各岗位的薪酬水平，为述职达到"高潜"[①] 水平的员工提供具有市场竞争力的薪酬，为一般员工（非高潜员工）提供市场水平的薪酬，满足员工的物质需求，留住"对的人"。

2. 提供超预期、全方位的员工福利

A.O.史密斯公司在员工福利方面，尽力做到超预期、全方位，以伺候、服务好"对的人"为目标，免除他们的后顾之忧，有效地实现留住"对的人"的目标。

（1）提供超预期的员工福利。为了让员工满意，留住"对的人"，A.O.

---

① 具体内容详见本章"年度述职制度"的相关内容。

史密斯公司在提供福利方面，尽力做到"超出员工预期"。在法定福利方面，公司不仅足额缴纳"五险一金"，而且还会根据员工所在的当地政策，给予"最高标准"。在公司福利方面，除了三大传统节日（春节、端午节和中秋节）发放高于市场水平的礼金以外，其他方面的公司福利也明显高于市场值。例如，南京市政府规定企业夏季高温津贴的补助时间为4个月，A.O.史密斯公司则为员工发放6个月的夏季高温津贴。

（2）提供全方位的员工福利。为了免除员工的后顾之忧，让他们全身心地投入到工作中去，A.O.史密斯公司通过各种沟通渠道，了解影响员工满意度的重要因素，并针对这些因素进行集体研讨，选出大家一致认定的导致员工不满意的因素，进行有针对性的改进改善。经过持续19年的改进改善，在"四个满意"价值观的指导下，A.O.史密斯公司开发出一系列较为完善的、全方位的员工福利制度（从上下班接送的班车服务、洗车服务，到食堂餐厅服务、医疗服务），不仅如此，公司还为其正式员工的子女、代理商公司正式员工的子女提供出国游学的机会，急员工所急，想员工所想，尽力伺候好、服务好这些员工，让他们满意，从而留住这些"对的人"。

二、公平公正的成长机会

在A.O.史密斯公司看来，要想真正地留住"对的人"，除了为员工提供有市场竞争力的薪酬和福利，还要为他们提供公平公正的成长机会，及时、正式地认可他们的贡献和价值，从而满足这些员工的成长和晋升需要。为此，A.O.史密斯公司有针对性地设计和开发出"年度述职""内部竞岗"等制度，从制度上保证所有员工都享有公平公正的考核和晋升机会，尽量伺候和服务好这些员工，从而实现留住"对的人"的目标。

1. 客观公正的考核——年度述职

在A.O.史密斯公司看来，要想真正留住"对的人"，必须做到及时、正式地认可他们的贡献和价值，给予他们客观公正的评价和考核，并要做到过程的公平公正性。为此,公司开发出了员工年度述职制度。该制度是由 A. O. 史密斯公司开发的,针对行政人员、管理人员、技术人员过去一年的工作业绩和发展潜力,进行年度评价和考核的制度。

为了保证整个述职过程的公平公正性,年度述职制度还对述职考评小组成员的构成和述职的流程进行了规定。①述职考评小组成员的构成。公司规定,述职考评小组的成员由述职员工所在部门的总监、与述职员工所在部门关系紧密的相关部门的一位领导以及人力资源部相关负责人三人组成。公司总裁有空时,欢迎参加。②述职流程。首先,参加述职的领导会要求述职人员结合过去一年的工作情况,回顾自己主导或参加过的一个或多个项目,或者做过的具体的、有成就感的案例。其次,参加述职的领导会根据述职员工的自我回顾,进行有针对性的提问,以进一步了解员工过去一年的工作情况,对员工的素质和能力做出客观评判,同时,指出员工在目前工作中所存在的不足,给予有效反馈。最后,参加述职的领导会结合员工的工作表现和项目完成情况,根据 TRIPP 模型的核心要素(包括团队合作/团队建设、结果导向、创新、专业和激情),从业绩(由高到低划分为 A、B、C 等级)和潜力(由高到低划分为 1、2、3 等级)两个维度(见图 4-1),对述职人员的工作绩效和胜任能力进行量化评价。为了保证评价结果的客观性,尽可能降低员工因个人表达能力差异造成的结果不公正性,参加述职的领导都会尽可能地引导述职人员阐述自己做的具体工作,特别是让自己有成就感的工作,做到"就事论事",客观公正地对述职人员进行评价。

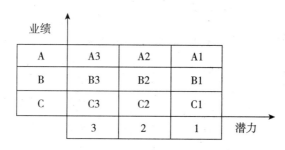

图 4-1　A. O. 史密斯公司人力资源矩阵

A.O.史密斯公司规定，述职评价结果处在人力资源矩阵A1、A2和B1位置的员工，就是公司的高潜员工。这些高潜员工在下一年度，会比非高潜员工享受到更多优厚的待遇，包括优先接受培训，直接进入"公司继任计划的人才库"，获得更大的薪酬涨幅，拿到具有市场竞争力的薪酬，拥有优先的晋升机会等。同时，针对那些述职结果处于C3位置的员工，公司规定，他们必须接受培训、辅导、反馈等岗位帮助计划，或者转岗。此外，为了体现述职的有效性和公平性，公司规定述职周期为一年，即一个员工被评为高潜员工，其有效期是一年。如果在下一年度的述职中，评价结果不在A1、A2和B1的位置上，那么该员工也就不再是高潜员工，与高潜员工匹配的薪酬、福利待遇等也随之失去。

通过年度述职工作，A.O.史密斯公司从制度上保证了"能者上，庸者下，劣者汰"的良性用人机制，也做到了正式、客观地肯定这些优秀人才的贡献和价值，为他们提供公平公正的考核和晋升机会，激励他们贡献自己的力量，投入到公司的创新实践中去，从而有效地实现"留对人"的目标。

2. 公平公正的晋升——内部竞岗

内部竞岗制度是A.O.史密斯公司的一项重要的晋升制度，也是"留对人"的重要举措。所谓内部竞岗制度，是指公司根据内部出现的空缺岗位，从自愿报名的员工中选拔最适合从事该岗位工作的员工。正如制造体系人力资源高级经理所说："有些员工由于性格或者爱好的原因，发现自己不太适合目前的工作岗位，而更希望去从事一些自己比较喜欢的其他岗位的工作。通过设计和开发出内部竞岗制度，A.O.史密斯公司提供了一个公平公正的竞岗机会，有效地降低了员工的工作不满意度，有助于完成公司'留对人'的目标。"

内部竞岗流程为：①广而告之。当公司有岗位出现人员空缺时，空岗部门会将相应的岗位信息上报给人力资源部。人力资源部会将该部门空缺的岗位信息通过公司微信企业号、邮件和公告栏张贴等形式广而告之。②申请、筛选和面试。公司任何员工都可以对自己感兴趣的空缺岗位，按公司规定提交相应的申请材料，进行竞岗申请。公司人力资源部会根据申请人提供的材料，进行初步的筛选工作，并将结果予以公示。通过初步筛选的申请人，可以参加由人力资源部组织的笔试和面试，最后人力资源部门与岗位空缺部门共同根据笔试和面试结果的综合评估，确定竞岗成功者。

为了进一步提高内部竞岗过程中的公平公正性，让每一位员工都享有平等的机会，A.O.史密斯公司的人力资源部对内部竞岗制度进行持续改进，不断完善。例如，针对员工提出的存在部门经理内定空缺岗位人员录用名单的质疑，A.O.史密斯公司增加了投诉热线，加强对违规行为的举报和投诉。同时，通过采取公开的办法，对竞岗录用名单予以公示，降低部门经理内定的暗箱操作的可能性。通过不断地改进改善，A.O.史密斯公司努力确保内部竞岗过程的公开和公平性以及结果的公正性，让每位优秀员工都能够拥有公平公正的换岗机会，让他们觉得在公司中有"奔头"，从而有效地留住这些"对的人"。

年度述职制度和内部竞岗制度为全体员工提供了公平公正的成长机会。除此之外，A.O.史密斯公司还结合不同岗位的特点，针对不同的员工群体，开发出具有A.O.史密斯公司特色的晋升通道：针对研发工程师群体，公司开发了"双晋升通道"制度①；针对一线班组长，公司开发了"民主选举制度（见附录1）"和"一线班组长的能力提升"制度②等。正是通过这些有效制度和活动的开发，A.O.史密斯公司向员工传达出这样的信息，即公司重视每位员工的职业发展需要，并尽最大努力满足每位员工公平公正的成长和晋升需要，从而有效地留住了这些"对的人"。

---

① 详见第八章。

② 详见第九章。

第五章
员工需求导向型沟通

沟通在提升员工满意度方面发挥着重要作用。首先，沟通有利于信息的快速传达，方便员工及时接收和处理工作信息，提升员工的工作效率；其次，沟通使员工的意见、建议得到充分的重视，增强了员工在公司中的参与感；最后，员工之间通过多样的沟通活动实现情感交流，增强了其对公司的归属感。本章对A.O.史密斯公司通过建立员工需求导向型沟通，提升员工满意度，留住"对的人"进行了介绍。具体内容包括：①沟通满足工作需要。公司通过ASTAR项目和公司微信企业号，提高各部门之间的沟通与服务水平，提升员工的工作效率。②沟通提供"发声"渠道。公司通过内部沟通会议和第三方访谈，让员工有机会充分表达心声，及时解决员工在工作中遇到的困难与问题。③沟通增强情感交流。公司通过工作团队活动和员工俱乐部活动，增强员工和同事间的沟通与联系，满足员工的情感交流需求，提升员工对公司的满意度。

第一节 沟通满足工作需要

为了更好地满足员工的工作需要，提升员工的工作效率，A.O.史密斯公司积极为员工搭建特色沟通平台，包括ASTAR项目和"A.O.史密斯"微信企业号。其中，ASTAR 项目提升部门之间的沟通与服务水平，使员工在办理业务时能够获得良好的工作体验，受到应有的尊重，让员工感受到公司对其工作的支持。公司微信企业号使员工方便快捷地接收、处理并传达公司信息，为员工的工作提供了便利，增强了员工对公司的满意度。

一、ASTAR：改善服务质量

ASTAR 项目的产生源自员工对部门沟通与服务质量的不满。A.O. 史密斯公司有众多的驻外员工，由于工作原因，需要和 A.O. 史密斯公司内的相关部门接洽，办理业务。然而驻外员工在办理业务的过程中，常常遇到有些部门沟通态度不佳、相互推卸责任的问题，因此向公司管理层进行投诉。公司管理层经过分析，认为这些投诉反映出部门间的沟通与服务存在问题。这些问题会产生两方面的不利影响：一方面使员工在工作中遇到的问题不能得到很好的解决，让员工感到自己不够被尊重，容易产生负面情绪；另一方面不利于公司各项工作的顺利开展，从而对公司的经营发展产生不利的影响。

为了改善部门间的沟通与服务质量，公司管理层和人力资源部经过反复研讨，于 2002 年推出 ASTAR 项目，即构建以市场为导向的内部客户服务体系。ASTAR 项目是基于下一道工序的承担者是"客户"的理念而提出的，以 ASTAR 作为评价指标（①Attention，关注；②Speed，速度；③Trustworthiness，可靠；④Accuracy，准确；⑤Resourcefulness，有能力），量化考核各部门的服务水平，提升各部门员工对"内部客户"的服务意识。为了更好地开展 ASTAR 项目，A.O. 史密斯公司围绕 ASTAR 内部客户如何确立、ASTAR 评价指标、ASTAR 评价实施以及 ASTAR 评价结果反馈进行了规定。

（1）ASTAR 内部客户的确立。要想建立内部客户服务体系，改善公司各部门的沟通和服务质量，首先需要明确什么是"内部客户"，什么是服务与被服务关系。A.O. 史密斯公司认为，在围绕公司销售目标达成的工作过程中，部门与部门之间存在业务往来，就会产生服务与被服务的关系，其中被服务的部门/部门员工就称为"内部客户"。为了清晰地界定部门之间服务与被服务的关系，公司依据各部门不同的工作内容和工作职责，绘制公司内部客户服务网络图（见图5-1）。在内部客户服务网络图中，从外至内依次为第1层至第5层。其中，第1层至第4层构成公司的内部客户服务体系，第5层为外部客户（代理商和终端消费者）。具体而言，在第1层至第4层的内部客户服务体系中，相邻的两层中外层的部门服务内层的部门，即内层部门是外层部门的内部客户；同一层中的部门相互服务，互为内部客户。外部客户在最中心，表示内部客户服务体系是以市场为导向，最终所有部门提供的服务都是为了向外部客户提供优质的服务，从而支持公司销售目标的达成。

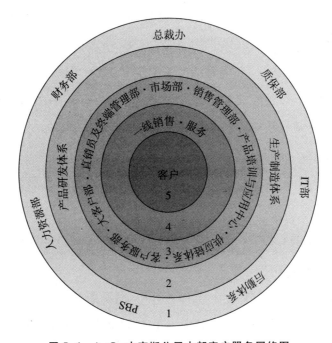

图5-1　A.O.史密斯公司内部客户服务网络图

（2）ASTAR评价指标。为了切实提升公司各部门的沟通与服务质量，使内部客户体验到优质的服务，公司管理层经过多次研讨，确定了ASTAR评价指标，包括以下五个方面：A（Attention）——关注，S（Speed）——速度，T（Trustworthiness）——可靠，A（Accuracy）——准确，R（Resourcefulness）——

有能力,简称为"ASTAR"。具体而言,关注是指对内部客户进行服务时,必须重视他们,并十分珍惜为他们提供服务的机会;速度是指要对内部客户提供及时的服务,进行快速的响应;可靠是指能够信守承诺,对内部客户提供专业的服务;准确是指首次提供的服务就能让内部客户满意;有能力是指能够快速、高效地解决内部客户的问题。在确立好 ASTAR 评价指标后,A.O. 史密斯公司进一步将 ASTAR 评价指标分解为可以进行量化评估的行为标准。

(3) ASTAR 评价实施。每年年底,公司人力资源部都将抽取各部门符合条件的员工,对提供服务的部门进行 ASTAR 评价。为了保证 ASTAR 评价的客观、公正和有效,公司对 ASTAR 评价的形式和员工参与评价的条件进行了规定:①采用纸质匿名问卷评价的形式,以便让员工放心地根据真实感受进行评价。②要求参与 ASTAR 评价的员工至少加入公司半年。因为员工只有在公司工作一段时间,熟悉公司情况,才能真正结合自身的工作体验,对提供服务的部门进行有效评价。

(4) ASTAR 评价结果反馈。在员工对提供服务的部门进行 ASTAR 评价后,人力资源部会统计出每个部门的 ASTAR 得分,并根据得分的分值对各部门进行排名,得出各部门的 ASTAR 评价结果。各部门的 ASTAR 评价结果将在公司内公开公示,既提醒各部门重视提升内部服务水平,又方便员工监督 ASTAR 评价结果是否公平公正。A.O. 史密斯公司规定,每年都要根据 ASTAR 评价结果对各部门进行 ASTAR 考核,要求排名在最后五位的部门必须将"ASTAR 得分改进"作为本部门下一年度的工作考核目标之一,并赋予相应的权重。如果某部门在下一年度的考核中没有实现"ASTAR 得分改进"的工作目标,该部门就无法获得相应的奖金。

自 2002 年 ASTAR 项目开展以来,A.O. 史密斯公司总体的 ASTAR 得分不断提高(见图 5-2)。在 ASTAR 项目持续改善的过程中,A.O. 史密斯公司始终坚持"绝不弄虚作假"的原则,要求 ASTAR 评价必须做到客观、公正、有效。例如 2004 年,A.O. 史密斯公司根据员工提出的改进改善建议,首次尝试将 ASTAR 评价的形式由纸质问卷评价改为网上在线评价，以便提升工作效率，减少印刷问卷的纸张浪费。但公司在实践的过程中发现，由于员工需要登录个人账号后才能进行评价，因而有所顾忌，不愿意表达心中的真实想法，造成 2004 年公司的 ASTAR 得分"虚高"，无法反映真实情况。因此从 2005 年起，ASTAR 评价重新恢复成纸质匿名问卷的形式，以保证 ASTAR 评价能真实地反映各部门的沟通与服务水平。ASTAR 项目的开展使公司各部门之间的配合和协作越来越默契，既提升了员工的工作效率，又让员工在和各部门同事接洽、办理业务时感受到应有的尊重，从而提升员工对公司的满意度与信任感，使员工愿意留在公司，贡献自己的力量。

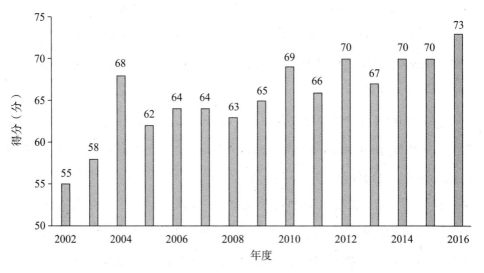

图 5-2　2002—2016 年公司总体的 ASTAR 得分

二、公司微信企业号：提升工作效率

在 A.O. 史密斯公司看来，无论是电话、邮件等传统沟通方式，还是微信等新兴沟通工具，只要能提升公司的沟通水平，提高员工的工作效率，公司都会将其运用在员工沟通中。因此随着微信的盛行，A.O. 史密斯公司发现借助微信方便、快捷的优势，能为员工提供优质、便捷的沟通交流平台，便适时推出"A.O.史密斯"微信企业号(简称"公司微信企业号")。

公司微信企业号经历了由信息技术部"单独开发"到人力资源部和信息技术部"协作开发"的过程。2015年10月,在公司信息技术部的主导下,公司微信企业号1.0版本正式上线,包括"CI在线""公司门户""投票调研""我的消息"和"员工举报"几个模块。公司微信企业号1.0版本的上线,虽然在提升公司内部沟通速度和效率方面起到重要作用,但是在挖掘员工潜在需求、提升员工沟通水平方面存在一定的不足。为了使公司微信企业号能更好地服务员工,公司决定由人力资源部负责公司微信企业号的内容开发,由信息技术部负责技术实现。具体而言,人力资源部根据和员工沟通时了解的情况,整理出员工的需求,并将其提供给信息技术部,再由信息技术部在公司微信企业号上设计开发出能够满足员工需求的功能模块。在人力资源部和信息技术部的共同协作下,2016年7月,公司微信企业号2.0版本上线,包括"首页""待办""栏目""应用""我的"几大模块。其中,"首页"模块包括各大媒体对公司的宣传新闻和公司内重大活动的报道。"待办"模块包括员工通过公司微信企业号所提交的待办事项和需要由员工本人进行审批的事项。"栏目"模块将公司的各类信息进行汇总分类,包括"企业文化""道德合规""CI课堂"和"代理商支持"等内容。"应用"模块是为员工提供的各项在线服务,包括"CI在线""价值观提名""员工举报""班车查询""证明预约"等内容。"我的"模块包括员工的个人信息、发送和接收的消息等。

作为公司的特色沟通平台,公司微信企业号的建立和改进从以下两个方面提升了员工的工作效率,使员工获得了良好的工作体验。

(1)方便、快捷地获取信息。在公司微信企业号开通之前,员工主要通过传统的信息交流渠道,如公告栏、公司官网、OA系统(Office Automation System,办公自动化系统)、《A.O.史密斯通讯》等,获取和了解公司的时事新闻、政策资讯、活动通知等信息。这些渠道虽然起到了信息传达的作用,但在客观上也存在一定的不足。例如,员工有时忙于工作,无法及时查看公司信息，就有可能错过公司的重要通知，造成沟通不畅、信息传达不到位等问题，对员工的工作产生影响。而在公司微信企业号开通之后，员工可以利用零星的空隙时间或在闲暇时通过手机查看公司的各项信息和资讯，省去专门去公共栏查看的时间。这样既为员工了解和获取公司的最新信息提供了便利，又有效地提升了公司信息上传下达的速度，从而有助于员工工作效率的提升。

（2）高效、优质的在线服务。在公司微信企业号开通之前，员工提交CI提案、价值观推动活动提名时，主要通过填写纸质报名表、发送电子邮件、登录公司网站等方式。而在公司微信企业号开通之后，员工可以直接通过微信企业号中的"CI在线""价值观提名"两项应用，在线提交提案。提案提交后，员工还可以方便地查看自己所提交项目的审核情况。这种借助手机微信提交提案的方式，既节省了员工的时间和精力，又便于公司进行管理，有效地提升了员工的满意度。公司微信企业号还在生活方面为员工提供优质、高效的服务。例如在班车服务方面，以前员工需要登录公司网站，或去专门的班车线路公示点才能查看公司班车各条线路的经停站点。公司微信企业号的"班车查询"应用上线后，员工可以直接通过该应用，查询到各个班车的线路和经停站点，还能够查询到班车车长的联系方式，方便员工在需要时了解班车情况，使员工更好地享受班车服务给工作、生活带来的便利。此外，为了节约员工办理证明的等待时间，公司微信企业号还推出"预约证明"应用。员工可以通过该应用在线上预约申请在职证明、收入证明、公积金证明等，一旦预约的"证明"开好，员工便能收到消息提醒，告知其按照指定的时间、地点领取"证明"，极大地节省了员工的时间。

截至2017年6月，公司微信企业号已获得包括公司员工、代理商在内的18 000多人的关注，每天平均超过5 000人阅读公司微信企业号文章。公司微信企业号的开通，一方面为员工在线实时、快速地浏览公司资讯提供了方便、快捷的渠道；另一方面其中所搭载的各项应用能够为员工提供高效、优质的在线服务。员工通过这些服务，能够提升工作效率，获得良好的工作体验，感受到来自公司的关心、重视和尊重,从而更加愿意留在公司里。

第二节 沟通提供"发声"渠道

A. O. 史密斯公司认为,员工作为具有积极性和主动性的个体,不仅有了解公司经营发展状况的需求,而且有充分表达意见的权利和诉求。为此,公司积极搭建管理层和基层员工的沟通平台,通过提供内部沟通会议和第三方访谈这两个"发声"渠道,让员工不仅"能说话""说真话",而且提出的意见、建议能得到有效反馈,从而使员工在与管理层的沟通交流中增强对公司的理解和信任,使员工对公司产生更多的认同感,从心理上视自己为公司的一分子。

一、内部沟通会议:鼓励员工"发声"

在 A. O. 史密斯公司看来,要想真正满足员工的"发声"需求,就必须为其提供多样的沟通渠道,并针对员工的意见、建议及时做出回应,为员工创造出"能说话、说真话、有反馈"的沟通环境。A. O. 史密斯公司通过组织多种类型的内部沟通会议,如员工沟通大会、跨级别交流会等,使管理层和员工能面对面沟通,满足员工了解公司信息、表达自身意见的需求,提升员工的参与感,从而增强员工对公司的满意度。

1. 员工沟通大会

A. O. 史密斯公司自1998年成立以来,就一直重视员工沟通,并将员工沟通大会作为一种为员工提供"发声"机会的正式沟通渠道,由人力资源部负责员工沟通大会的筹备、组织与会议记录工作。A. O. 史密斯公司每年举行7次员工沟通大会,包括6次生产一线员工沟通大会和1次行政、管理、技术人员沟通大会。其中,生产一线员工沟通大会每年举办3届(分别在第二、第三、第四季度举行),每届会议分为新、老工厂两个场次,以便照顾到分布在新、老工厂的生产一线员工,使员工沟通大会能取得更好的效果。为了提醒生产一线员工按时参加沟通大会，公司提前两周在生产车间的大屏上播放会议通知。行政、管理、技术人员沟通大会在每年第四季度举行，公司提前两周向每位行政、管理、技术人员发送有关会议信息的电子邮件，通知他们按时参会。

A.O.史密斯公司的员工沟通大会分为三个环节：①公司管理层分享环节。由公司管理层成员（即各事业部和职能部门负责人），针对本部门上一阶段的工作情况、工作中存在的不足与下一阶段的工作计划，向参会员工进行"汇报"。这种管理层向员工"述职"的方式，能帮助员工更好地了解公司的经营管理情况，让员工感受到公司对自己的重视与尊重，提升员工对公司的满意度。②CI明星表彰环节。在生产一线员工沟通大会上，公司将对获得上一季度"CI季度明星"的员工进行表彰（第四季度"CI季度明星"的表彰在公司年末举办的春节联欢晚会上进行），以激励生产一线员工在未来的工作中再接再厉，继续为公司做出贡献（行政、管理、技术人员沟通大会无此环节）。③现场问答与交流环节。为了了解员工对公司经营发展的意见和建议，增加员工表达观点和诉求的机会，员工沟通大会专门设置现场问答和交流环节。员工可以在现场就自己关心的问题向管理层提问，请管理层当场做出回答。为了提升沟通效果，管理层在回答问题时，不仅"就事论事"，认真解答具体问题，还会向员工阐述公司决策背后的思路，加深员工对公司的理解与信任。如果发现员工的提问不够"接地气"，公司管理层会主动要求员工多提一些"关乎切身利益、实实在在的问题"。如果员工提出的问题现场一时难以解决，公司会要求该问题涉及的职能部门在沟通大会结束后立刻着手处理，给予员工满意的答复。例如，有生产一线员工反映工作岗位的噪音太大，影响正常工作，公司在沟通大会后便立刻组织相关人员成立项目小组，开展调研，研讨解决方案。经过项目小组成员的共同努力，最终在计划时间内完成了对产生噪音机器的改造，降低了相关工位的噪音，让员工感受到公司对自己的关怀与重视。

员工沟通大会结束后，人力资源部负责整理出会议内容、员工所提的问题和公司对这些问题的答复，通过公司微信企业号和公告栏两种方式反馈给员工。具体而言，在员工沟通大会结束后的当天晚上，公司微信企业号及时发布员工沟通大会的举办情况，包括各环节的具体内容和管理层对员工所提问题的现场答复，方便员工了解员工沟通大会。在员工沟通大会结束后的一周之内，公司公告栏张贴员工沟通大会的会议记录（见图5-3），包括员工沟通大会的基本信息、会议内容、管理层对员工所提问题的现场答复、公司对员工所提问题的跟踪反馈等，让员工看到自己提出的问题能得到公司的及时反馈。

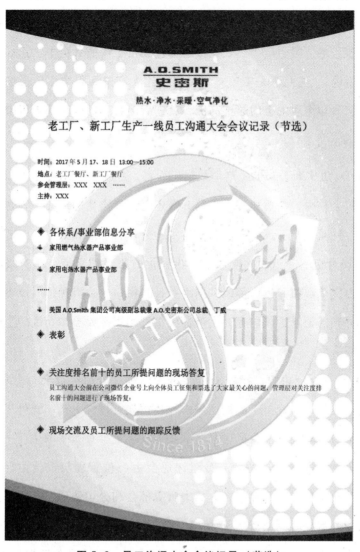

图5-3 员工沟通大会会议记录（节选）

为了充分调动员工的参会积极性，提高沟通效率和沟通质量，公司人力资源部不断创新会议模式、改进会议流程，使员工满意度得到提升。例如，在A.O.史密斯公司"2017年第一届老工厂生产一线员工沟通大会"上，公司特别邀请生产一线员工担任会议主持人，同时通过公司微信企业号向员工推送沟通大会的消息，提前向全体员工征集和票选大家最关心的问题，请管理层对关注度排名前十的问题进行现场答复，并邀请员工在现场问答与交流环节通过微信留言继续向公司管理层提出问题。这种极具互动性的沟通形式，有效地增强了员工的参与感，吸引员工更加积极地参加到员工沟通大会中。正如员工在微信留言中所说："主持人是生产一线员工，让大家感到很亲切！会场里挤满了同事，大家参加沟通大会的热情高涨，就连后面站着的同事都听得特别认真。"

2. 跨级别交流会

对A.O.史密斯公司的生产一线员工而言，他们在日常工作中和公司管理层交流的机会较少，希望能有更多的和管理层进行沟通的机会，表达自己的意见和建议。针对生产一线员工的这一诉求，公司管理层和人力资源部研讨后决定，自2015年起，正式设立制度化、流程化的跨级别交流会。跨级别交流会由公司人力资源部门和生产部门共同组织，其中，人力资源部门负责确定参会员工名单并现场记录会议内容，生产部门负责组织需要参加会议的生产一线员工按时到场参会。

A.O.史密斯公司的跨级别交流会分为两种：分组沟通会与专项研讨会。为了满足每位生产一线员工的沟通需求，公司规定每位生产一线员工每年必须参加一次分组沟通会或专项研讨会，并要求每年至少有50%的生产一线员工参加分组沟通会。①分组沟通会。分组沟通会由一位管理层成员主持，20—30位生产一线员工参加。每年年初，人力资源部会和公司管理层进行沟通，拟定大致的会议次数与时间安排，例如2017年预计进行20场管理层和生产一线员工的分组沟通会。分组沟通会的时长为1个小时，形式和员工沟通大会类似，即管理层成员分享公司近期的工作进展情况,接受员工的现场提问。分组沟通会结束后,人力资源部会整理出员工所提的问题,并通过公司微信企业号和公告栏两种方式,将公司对员工所提问题的答复反馈给员工。②专项研讨会。专项研讨会同样由20—30位员工参加,会议的主持人依据每次研讨会的主题确定。每年年初,人力资源部会和生产部门进行沟通,大致商讨出本年度专项研讨会的会议次数与时间安排。专项研讨会主要针对员工关心的热点问题及公司的重大项目进行沟通研讨,每次会议都需确定一个主题,如"岗位评估""交叉岗位培训""班车服务"等。跨级别交流会使生产一线员工有更多的机会和管理层进行深度沟通,表达自身的观点和诉求,体现出公司鼓励员工"发声"、倾听员工心声的沟通理念。

A.O.史密斯公司通过定期召开员工沟通大会和跨级别交流会,实现管理层和员工面对面的沟通,不仅加深了员工对公司文化和经营方针的了解,而且为员工充分表达意见、建议提供机会。通过内部沟通会议,员工了解公司信息、表达自身意见的需求得到满足,反映的问题得以解决,使员工能够感受到公司对自己的关注、尊重和重视,从而更愿意留在公司。正如公司人力资源部负责人在接受我们访谈时所说:"在一次以沟通为主题的业内经验交流会①上,参会的企业在了解到A.O.史密斯公司多样化的内部沟通渠道之后,都认为我们公司积极召开沟通大会,让管理层直面基层员工现场提问,鼓励员工'发声'的做法令他们非常敬佩,很值得他们学习。"

二、第三方访谈:倾听员工心声

A.O.史密斯公司内部多种形式的沟通会议在倾听员工心声、提升员工沟

---

① 2015年8月14日,A.O.史密斯公司和怡安·翰威特公司联合举办南京圆桌系列会议,来自南京逾20家大型制造型企业的人力资源和生产一线管理人员齐聚A.O.史密斯公司,开展以"高效的生产一线员工沟通"为主题的交流活动。

通满意度、营造良好的沟通氛围方面起到重要作用。然而公司管理层在和员工进行沟通的过程中了解到，这种通过召开正式会议的沟通形式也存在两个方面的不足。其一，虽然公司竭力创造一个宽松、自由、平等的沟通氛围，但由于这些沟通会议都是在公司内部开展，员工在面对自己的领导、同事发言时，多少会有所顾虑，因此还是存在不愿意表达内心真实想法的情况。其二，受到每次会议规模和时间的限制，员工在沟通会议上发言的时间与次数有限，也会影响员工所提意见的质量与数量。这些不足在一定程度上影响了沟通会议的实际效果，也在无形中降低了员工的沟通积极性，对员工满意度造成不利影响。

为了弥补内部沟通会议的不足，使公司能通过深入了解员工的真实想法找出对公司发展有重要影响的问题，A.O.史密斯公司管理层经过研讨，在2012年年底推出第三方访谈项目。该项目通过聘请独立的第三方公司，对A.O.史密斯公司员工及代理商进行一对一访谈，收集员工及代理商对公司经营发展的想法和建议，为公司的决策提供参考信息，帮助公司在决策时做到股东、客户、员工和社会四方满意，实现公司的良性发展。

开展第三方访谈项目，首先需要找到专业的第三方团队，这样才能保证第三方访谈的可信度与有效性，使第三方访谈项目能够真正倾听到员工的心声、挖掘出公司潜在的问题。A.O.史密斯公司认为，专业的第三方团队需要满足三个方面的要求：①了解A.O.史密斯公司文化，并能获取员工信任。这样才能更好地和员工进行互动、交流，促使员工积极放心地表达对公司发展的意见和建议，从而使访谈内容更具可信度。②具备扎实的人力资源管理专业素质和丰富的员工沟通工作经验。这样才能和公司不同类别的员工进行有效访谈，准确识别出员工的真实意见。③身份独立，必须为A.O.史密斯公司外部人员。这样才能让员工放下沟通、交流过程中可能存在的戒备和顾虑，表达内心的真实想法。基于以上考虑，A.O.史密斯公司在2012年与南京麦斯顿企业管理咨询有限公司（以下简称"麦斯顿公司"）达成第三方访谈项目的合作。麦斯顿公司的总经理曾在A.O.史密斯公司工作11年，并曾担任公司人力资源部负责人,因此十分了解A.O.史密斯公司的内部沟通情况,和公司管理层、员工、代理商等较为熟识,这为第三方访谈项目的有效开展打下了基础。

为了使第三方访谈能真正倾听到员工的心声,A.O.史密斯公司管理层和麦斯顿公司负责人经过多次研讨,对第三方访谈项目的沟通对象、沟通内容、沟通结果反馈方面进行了详细规定。

(1) 沟通对象。A.O.史密斯公司从沟通对象的总体类别、各类别人员数量和受访人员名单三个方面进行了考虑。①总体类别。A.O.史密斯公司认为,第三方访谈项目的沟通对象要能覆盖到公司不同层面、不同类别的员工,这样才能结合公司的实际需求和管理重点,全面而深入地了解员工对A.O.史密斯公司的意见与建议。为此,A.O.史密斯公司管理层和麦斯顿公司负责人经过研讨,确定了六个类别的沟通对象,分别为:公司管理层;中基层行政、管理、技术人员;生产一线员工;促销员;服务安装工;代理商。②各类别人员数量。每次第三方访谈开始前,A.O.史密斯公司管理层都将根据公司下一阶段的工作重点,和麦斯顿公司负责人共同拟定此次访谈中各类别人员的大致数量与所占比例。其中,每次访谈一般会邀请A.O.史密斯公司2/3的管理层和30位左右销售额达到一定级别的代理商,其他四类人员的数量则根据公司的不同需求进行调整。③受访人员名单。受访的公司管理层和代理商人员名单由麦斯顿公司总经理根据A.O.史密斯公司的需求予以确定,访谈也由他自己负责。其他类别人员的访谈名单则由A.O.史密斯公司人力资源部按照公司需求确定。对于中基层行政、管理、技术人员和生产一线员工,公司更希望通过他们了解公司经营管理中存在的问题,因此尽量选择那些爱琢磨,对公司经营管理有想法、有见解的员工。对于促销员和服务安装工,公司更希望通过他们了解有关市场和消费者方面的问题,因此强调人员分布的广泛性。例如在选择受访谈的促销员时,既要有优秀的促销员,又要有业绩欠佳的促销员;既要有来自经济发达地区的促销员,又要有来自经济欠发达地区的促销员。

(2) 沟通内容。为了保证第三方访谈项目的有效性,在每次项目开始前,麦斯顿公司负责人会和A.O.史密斯公司管理层进行充分的沟通和研讨，根据A.O.史密斯公司的需求，商议本次访谈的重点及着重想了解的大致内容。在访谈过程中，对公司管理层和代理商的沟通一般不受既定提纲的限制，而是请他们畅谈对A.O.史密斯公司现阶段问题与未来发展方向的看法和建议。对其他类别人员的沟通则会根据访谈提纲的内容展开，主要包括以下问题："你认为A.O.史密斯公司有哪些吸引你的地方？你认为A.O.史密斯公司有哪些不足？你在工作中遇到了哪些问题？针对这些问题，你会给公司管理层提出什么建议？你对公司的未来有哪些担心？"为了打消员工顾虑，鼓励员工表达真实心声，在每次访谈时，负责访谈的麦斯顿公司工作人员会向A.O.史密斯公司的受访员工出示保密承诺书，郑重承诺本次访谈的独立性和匿名性，让员工能够敞开心扉，表达对公司的真实想法。

（3）沟通结果反馈。沟通结束后，麦斯顿公司会对访谈记录等资料进行汇总整理，并对访谈中所提到的问题进行识别和归纳。这个过程的重点、难点便是从繁杂的访谈记录中，识别出对A.O.史密斯公司有价值的核心问题。比如，有些问题虽然在访谈中提到的频率较高，但可能只是表面现象，需要进一步分析挖掘出现象背后的深层问题。有些问题或许只是无意间提到，目前看起来无伤大雅，但这些问题如果得不到很好的解决，未来可能成为公司的巨大隐患。整理好访谈资料后，麦斯顿公司会撰写一份访谈报告，将访谈结果反馈给A.O.史密斯公司管理层。访谈报告分为两个部分：①重点反馈信息的总结报告。内容为该次第三方访谈的项目概述和公司员工、代理商在访谈中反馈的重点信息（包括公司现阶段的核心问题和核心优势）。②所有反馈信息的整理汇总报告。内容为各类别受访谈人员在访谈中反馈的所有信息，反馈信息根据人员类别进行整理汇总。反馈信息均为匿名呈现，既让A.O.史密斯公司管理层充分了解员工和代理商的意见，也保护受访谈人员的隐私，使其能够安心、放心地表达心声。

从2012年至2016年，第三方访谈项目已访谈了1 200多位A.O.史密斯公司的员工及代理商，在公司倾听员工心声方面起到重要作用。为了保证每次第三方访谈整理出来的问题具有代表性，能够对公司的正确决策起到辅助作用，同时考虑到人员时间安排等客观问题，A.O.史密斯公司管理层经过研讨，决定自2016年起，第三方访谈项目由一年两次调整为一年一次。第三方访谈项目凭借其独立性和匿名性，不仅使员工放下心中的顾虑，放心地向公司提出自己的想法和自身对公司的见解，更让员工看到公司致力于满足员工"发声"的需求，提升员工满意度，从而增强了员工对公司的理解与信任，使员工愿意留在公司，为公司建言献策。

第三节 沟通增强情感交流

A.O.史密斯公司通过鼓励员工积极参加团队活动，为员工提供和同事进行情感交流的机会，从而增强了员工对组织和团队的认同感与归属感。在A.O.史密斯公司，团队活动所指的"团队"分为两种：工作团队和兴趣团队。工作团队是指员工因工作而联系在一起的团队，如部门、项目组等。员工在参加工作团队活动的过程中，可以和同事共同庆祝工作的阶段性成果，分享成功的喜悦。兴趣团队，即员工俱乐部，是指员工因兴趣爱好而联系在一起的团队。员工在参加员工俱乐部活动的过程中，可以找到兴趣相投的朋友，扩大人际交往范围，同时也能在繁忙的工作中得到休息。

一、工作团队活动：庆祝工作成果

A.O.史密斯公司认为，要想使工作团队的成员围绕团队目标，实现紧密协作，互为一体，其中一个有效的措施就是加强团队内部的沟通与情感维系。为此，公司鼓励工作团队成员参加多种类型的团队活动，并根据团队活动的不同需求提供不同额度的经费支持，使员工通过团队活动来共同庆祝工作中取得的阶段性成果，和同事进行充分的情感交流与互动，提高工作团队的凝聚力和合作水平。根据活动申请对象的不同，A.O.史密斯公司的工作团队活动分为两类：员工自发申请的CI团队活动和以部门为单位申请的团队活动。

（1）CI团队活动。A.O.史密斯公司的所有员工，如果所开展的某项工作取得标志性进展，就可以自行向公司申请CI团队活动经费支持，和同事一起组织阶段性庆祝活动。CI团队的活动经费为80元/人，实报实销。但在经费报销时，申请人需要提交一份《团队活动CI提案》，并由CI经理签字确认，以便向公司证明所申请的CI团队活动是有效果的。员工在参加CI团队活动的过程中，不仅能通过相互之间的沟通互动，和同事一起分享阶段性成功的喜悦，实现情感交流，而且能通过提交CI提案，为公司的经营发展建言献策。

（2）部门团队活动。部门团队活动包括年度团队活动、旅游团队活动和销售体系专项团队活动。①年度团队活动。每个部门一年有两次组织年度团队活动的机会，一般在每年年中和年末进行。活动经费包括150元/人的用餐经费（每人每年限两次）和50元/人的抽奖礼品经费（仅限年终申请一次）。年度团队活动通常以部门聚餐的形式开展，让部门成员在一种轻松愉快的气氛下相互沟通交流，总结上一阶段工作中的收获和不足，探讨下一阶段的工作目标与改善方案，从而在沟通中增强彼此的信任与合作。②旅游团队活动。每个部门一年有一次组织旅游团队活动的机会，经费标准为800元/人。员工通过旅游团队活动，在享受旅途风光、放松身心的同时，和身边的同事畅谈各种话题，以自然豁达的心态和他人沟通，增加员工间的情感交流。③销售体系专项团队活动。销售体系专项团队活动的经费来源于公司对员工销售业绩提升的经费奖励。A.O.史密斯公司规定，驻外办事处每年可以申请两次销售体系专项团队活动经费，申请条件分为两类：①驻外办事处所在地区本年度产品销售额的市场占有率较上一年度有所提升，且受到公司认可，该驻外办事处可申请300元/人的经费奖励；②驻外办事处因销售业绩突出，被公司评为优秀先进机构，则该驻外办事处可申请300元/人或500元/人的经费奖励。员工在参加销售体系专项团队活动的过程中，沟通交流有关销售业务的成功经验，互相探讨如何提高自身的业务水平，更好地为顾客服务。

A. O. 史密斯公司通过开展各种类型的工作团队活动，为工作团队成员提供多样化的沟通交流机会，不仅增进了工作团队成员彼此之间的信赖、团结和协作，提升了工作团队的凝聚力与合作水平，而且让员工在与同事建立良好的人际关系的过程中获得积极情绪、实现情感沟通，提升员工满意度，使员工更加愿意留在公司。正如 A. O. 史密斯公司电热水器产品事业部的研发总监在接受我们的访谈时感慨的那样："在参加工作团队活动以及和部门员工沟通交流的过程中，我了解到他们的很多情况，这让我能在平常的工作、生活中给予他们更多的关心和帮助，让他们对公司更有归属感，愿意和公司共同发展。"

二、员工俱乐部：促进兴趣沟通

加强工作团队的内部沟通和情感维系有利于增强工作团队成员之间的合作与信任，提高工作团队的凝聚力。那么，如何促进公司不同工作团队、不同部门员工之间的交流与联系，提升整个公司的凝聚力？A. O. 史密斯公司认为，围绕员工的兴趣爱好开展丰富多彩的文体活动，能够为兴趣相投的员工提供交流和互动机会，满足不同工作团队、不同部门员工之间的情感沟通需求。为此，公司人力资源部经过研讨，于2016年正式成立员工俱乐部，由专人负责策划、组织丰富多彩的文体活动。员工俱乐部的成立改变了原先由员工自发组织文体活动、公司仅提供场地支持的状态，在公司的统一组织下，文体活动的宣传力度不断加大，活动规模越来越大，使员工在多样的文体活动中获得更多交流与互动的机会。这种人际互动有利于促进员工之间的相互信任、尊重和互惠，从而提升员工满意度。

A. O. 史密斯公司的员工俱乐部活动包括日常文体活动、特色文体活动和公司年度赛事。①日常文体活动。日常文体活动包括羽毛球、篮球、足球、瑜伽等运动，每周由专人安排时间，在固定的地点开展。员工可以选择自己感兴趣的运动参与其中，既能扩大自身的"朋友圈"，和兴趣相投的同事交流健身运动方面的话题，促进员工之间的情感交流，又能在和同事一起参加活动的过程中享受运动的乐趣。②特色文体活动。特色文体活动包括主题摄影活动、主题健走活动、户外瑜伽活动等，一般每季度举办一次。每次活动都会设置特别的主题，例如2017年3月19日举办的"公益健康行"就是以公益为主题的一次植树和健走活动（如示例5-1所示）。此次活动通过公益植树和特色健走，让员工和来自公司各个部门的同事共度休闲时光，畅谈工作、生活中的奇趣见闻，从而加强了员工之间的沟通与交流。③公司年度赛事。公司年度赛事包括羽毛球联赛、足球联赛和篮球联赛，每年各举办一次，每次比赛以公司各个体系为单位。此外，2017年5月28日，A.O.史密斯公司还参加了南京市外商投资企业协会龙舟邀请赛，并取得了良好的成绩。在比赛的过程中，参赛队员们全心投入，奋力拼搏，充分展现出团队合作精神。这种团体竞赛的形式，使员工在训练和比赛的过程中有机会结识更多其他部门的同事，为员工能够和兴趣相投的同事进行情感沟通提供了良好的平台。

示例 5-1

"公益健康行"助力沟通

2017年3月19日，A.O.史密斯公司的150名员工及家属在公司总裁办的组织下，来到南京市高淳区，开展A.O.史密斯公司2017年"公益健康行"活动。

本次"公益健康行"活动分为公益植树和特色健走两个环节。在公益植树环节，员工和家属来到A.O.史密斯高淳博爱小学（由A.O.史密斯公司于2009年在原高淳丹湖小学基础上捐资兴建），在绵绵细雨中进行公益植树活动。员工时而和子女沟通互动，向他们传递公益与环保理念，强化亲子关系；时而和同事畅谈公司发展与子女教育，增强同事之间的沟通和交流。公益植树活动结束后，员工和家属来到高淳国际慢城——桠溪生态风光带，参加公司特色健走活动。大家放松心情，欣赏沿途的风景，交流彼此的见闻，在一路的欢声笑语中增进对彼此的了解与信任。

A.O.史密斯公司的"公益健康行"活动在员工之间搭建了一个相互了解、增强沟通的平台，让员工在紧张的工作之余走进自然，参与互动，满足员工和子女、同事的情感沟通的需求。

A.O.史密斯公司通过成立员工俱乐部，吸引员工参加丰富多彩的文体活动和年度体育赛事，为员工能和兴趣相投的同事进行沟通互动、实现情感交流提供了机会与条件。对于公司而言，员工俱乐部的成立拓宽了员工之间的沟通渠道，提升了公司内部的沟通水平。对于员工而言，员工俱乐部活动扩大了员工的人际交往范围，帮助员工结识公司内不同部门的同事，方便员工在日常工作中和其他部门的同事更好地进行业务交流与合作。不仅如此，多样化的文体活动还能让员工从繁忙的日常工作中走出来，得到放松和休息，从而促进员工的身心健康，提升员工满意度。员工的情感沟通需求得到满足，对公司的满意度提升，也会更加愿意留在公司工作。

第六章
凝心聚力型氛围

积极向上的氛围是公司留住员工的重要因素。公司营造并保持良好的氛围，一方面，能赢得员工的认同与尊重，增强员工的归属感；另一方面，员工在良好氛围的影响下不断调整自身行为，使自身行为满足公司的要求和期望，也有利于员工提升工作绩效，从而在为公司做出贡献的同时实现自我价值。本章介绍 A.O. 史密斯公司通过营造凝心聚力型氛围，使"对的人"愿意留在公司。具体内容包括：①诚信合规赢得尊重。公司通过道德与合规计划和内部审计，强化员工的诚信意识，引导员工的行为合规，为员工营造出诚信合规的氛围，从而赢得员工的认可与尊重。②价值观落地强化认同。公司通过价值观推动活动和每日价值观活动，对员工符合价值观的行为进行表彰与奖励，在公司内营造出积极向上的文化氛围，让"四个满意"的价值观不断深入员工内心，增强员工对公司的认同感与归属感。③表彰激发成就感。公司通过专利技术表彰和 CI 活动奖励，认可员工的工作成果，营造出快乐工作的氛围，激发员工的成就感。

第一节 诚信合规赢得尊重

坚持诚实守信和厚德经营，做有社会责任感的企业公民，是美国 A.O.

Smith 集团公司一贯的价值理念。正是对诚信经营的坚守使得该公司自 1874 年创立以来，在所涉足的市场中始终享有杰出的声誉。A. O. 史密斯公司继承并发扬了美国 A. O. Smith 集团公司的诚信经营理念，通过开展道德与合规计划、内部审计，要求每一位员工做到诚信合规，从而营造出诚信合规的良好氛围，使员工愿意在这样一家诚信的公司中工作。

一、道德与合规计划：强化诚信意识

A. O. 史密斯公司坚持诚实守信和厚德经营，要求每一位员工都要在思想上重视诚信合规，在行为上自觉遵守合规政策，将诚信合规融入日常工作中。为此，公司法务部在全公司范围内推行包括政策制定、合规培训、举报调查在内的一系列道德与合规计划，向员工传递公司"坚守商业道德"的理念，加深员工对诚信合规的理解。

1. 政策制定

要想更好地引导员工在日常工作中做到诚信合规，首先需要出台制度，明确标准，做到"有法可依"，让员工清晰地了解到在公司哪些行为是被允许的，哪些行为是严令禁止的，违反公司政策有什么后果。为此，A. O. 史密斯公司在美国 A. O. Smith 集团公司合规政策的基础上，结合中国的实际情况，出台了更为细致严格的合规政策。例如，A. O. 史密斯公司认为在商务接待中，接受礼品是出于礼貌和礼仪，而不是为了获得物质利益。因此，公司在《礼品政策》中详细规定了礼品接受原则，规范员工在商务接待中处理礼品的行为。具体而言，公司规定礼品金额小于人民币 200 元时，员工可以接受但需报告其主管；礼品金额在 200—1 000 元或价值不明时，员工需立即上缴进行登记处理；礼品金额大于 1 000 元时，员工不得接受，若情况特殊一时无法退还，员工必须及时汇报并上缴。这些政策让员工对日常行为规范有了清晰的了解，为公司坚守商业道德提供了制度保障。

2. 合规培训

在政策制定的基础上，为了让员工更加深入地理解"坚守商业道德"理念，将公司的合规政策熟记于心，A.O.史密斯公司定期对员工进行合规培训，通过政策解读、案例分享等方式，让员工了解在日常工作中应该如何保证行为合规。合规培训重点针对新员工、业务部门员工和驻外机构员工这三类员工。①新员工合规培训。为了帮助刚进公司的新员工更好地理解公司的合规要求，公司在新员工培训中安排了专门的合规培训课程。在合规培训课程上，每位新员工会收到一本《道德与合规指导原则》（见附录2），里面详细介绍了A.O.史密斯公司的合规政策、举报途径和示例问答，使员工一进入公司便对诚信合规留下了深刻印象。②业务部门员工合规培训。考虑到公司销售、服务等业务部门容易出现商业贿赂、利益冲突之类的风险点，公司对上述业务部门的员工进行合规专题培训，提醒员工在日常工作中重视行为合规。③驻外机构员工合规培训。由于驻外销售体系的员工是公司面对外部客户的直接窗口，他们的行为是否合规对公司的口碑与声誉具有重要影响，因此，公司在驻外员工回南京述职时，为他们安排专门的合规培训，以提升驻外员工对合规的认识水平。这些合规培训强化了员工对公司"坚守商业道德"理念的认同，促使员工发自内心地认可公司、信任公司，愿意留在公司。

3. 举报调查

为了进一步强化员工的诚信合规意识，提醒员工自觉遵守合规性要求，公司法务部会根据员工的举报展开严肃调查，并按规定对发现的不合规问题进行及时处理，让员工感受到公司对坚守商业道德、维护良好声誉的重视。员工可以通过美国A.O.Smith集团公司设置的正直援助热线和A.O.史密斯公司微信企业号的"举报平台"等多种渠道，反映其在公司看到的不合规现象。"一旦收到涉及不合规的举报信息，法务部便会介入调查。无论是管理层还是基层员工，有不合规行为都会按程序处理，处理结果会同时反馈给公司管理层和相关部门。"公司首席合规官在接受我们访谈时介绍道。A.O.史密斯公司通过多种渠道收集并及时处理员工的举报信息,一方面有效维护了公司利益,使公司"坚守商业道德"的理念真正落地;另一方面让员工看到公司在诚信合规方面言行一致,即不仅口头倡导诚信合规,在行动上也及时处理公司内的不合规问题,从而使员工发自内心地认同公司、尊重公司。

A.O.史密斯公司通过推行道德与合规计划,强化员工的诚信意识,引导员工行为合规,为员工营造出诚信合规的良好氛围。对于公司而言,如果每位员工都能在日常工作中坚守商业道德、做到诚信合规,公司便会获得良好的口碑与声誉,吸引更多的外部客户,从而促进公司的良性发展。对于员工而言,"对的人"自身具有道德追求,希望在一家坚守商业道德、具有良好声誉的公司中工作。A.O.史密斯公司对商业道德的坚守,不仅能赢得员工的认可和尊重,而且使员工因为公司的良好口碑与声誉产生由衷的自豪感,从而更加愿意留在这样的公司中。

二、内部审计:引导行为合规

A.O.史密斯公司除了通过道德与合规计划增强员工的诚信意识、引导员工行为合规,还通过内部审计监督公司的各项经营活动是否符合合规性要求,及时发现并处理公司经营中"不道德""不合规"的问题,保证公司在经营管理中坚守商业道德,从而为员工营造一个诚信合规的氛围,增强员工对公司的认同和尊重。根据审计工作的特点,A.O.史密斯公司的内部审计工作主要可以分为常规审计工作和重点审计工作两个方面。

1. 常规审计工作

常规审计工作是指公司审计团队每年按计划对A.O.史密斯公司以及驻外机构进行的例行审计工作。A.O.史密斯公司认为,要想在全公司范围内真正做到诚信合规,就必须将每年的常规审计工作落实到位,不仅对A.O.史密斯公司的经营管理工作进行审计,更坚持对公司在全国各地的驻外机构进行审计。为此,公司审计团队每年都会制订详细的年度审计计划,对A.O.史密斯公司以及驻外机构的经营活动展开细致审查,以确保各项工作都符合合规性要求。例如,为了加强对驻外机构的合规管理,监督公司销售门店的管理工作是否严格遵守销售体系的"红七条"规定①,公司管理层与审计团队经过研讨,决定从2013年开始,加强对终端(即销售门店)管理情况的审计,重点关注销售门店的展台情况和服务质量。2016年,审计团队通过"明察+暗访"的形式,共检查并严格审计了6 961家门店,处理违纪事件300多例,处分销售人员100多人。这不仅有效规范了员工的行为,维护了公司的良好形象,同时也体现出公司对商业道德的坚守,从而赢得了员工对公司的认可与尊重。

2. 重点审计工作

A.O.史密斯公司开展的重点审计工作包括核心流程建立的审计和专项审计调查等。在公司看来,这些审计工作不仅能帮助公司及时发现并处理经营过程中的重大风险点,保障公司利益,而且有利于营造出诚信合规的良好氛围,让员工体会到公司对诚信合规的重视,加深员工对公司的认可与尊重。以核心流程建立为例,审计团队在2016年针对公司供应链体系的核心流程审计中发现,由于公司报废物料和退换货的机型管理存在漏洞,出现个别员工私自偷拿物料的情况,既损害了公司利益,又对公司的诚信氛围造成负面影响。为此,公司立即对当事人进行了严肃处理,并依据团队的审计建议,针对管理漏洞设立账外资产盘点、仓库管理人员轮岗、出入库机器扫码等制度。这样不仅提升了公司管理水平,保护了公司财产,而且让员工看到公司对不合规现象的"零容忍",让有贪念的员工不敢做出损害公司利益的不合规行为,让诚信合

---

① A.O.史密斯公司销售体系内部制定的关于门店管理的合规性要求,规定了门店销售时严格禁止的七个违规行为,分别为:各种违规"乱卖"行为,各种窜货行为,在A.O.史密斯展台陈列竞品,促销员销售竞品,"拼厅",服务安装工私留客户电话,弄虚作假套取公司资源,简称"红七条"。

规的员工不觉得吃亏，从而使员工对公司产生由衷的敬意。正如一位审计高级经理所说："公司处理有问题的员工并不断完善合规制度，其他坚守诚信、行为合规的员工就会觉得公平，愿意留在公司。"

A. O. 史密斯公司通过内部审计，检查公司的内部控制是否存在疏漏，监督员工的行为是否合规，一方面，有利于防范经营风险，提升经营效益，促进公司的良性发展；另一方面，公司通过及时发现并处理员工的不合规行为，为员工营造出诚信合规的良好工作氛围，赢得员工的认可、尊重与支持，使员工更加愿意留在公司，为公司做出贡献。正如总裁丁威在接受我们访谈时说的那样："A. O. 史密斯公司之所以反复强调坚守商业道德，不是在进行自我包装和自我宣传，而是确确实实地感受到坚持诚信经营对公司的长期经营和发展有益处。"

第二节 价值观落地强化认同

公司价值观是在公司创始人的倡导和不断宣传下，为员工所接受的共同信念。员工对所在公司价值观的认同程度影响着员工的工作行为和对公司的认同度。当员工对公司价值观的认同度较高时，不仅会主动践行公司价值观，而且会对公司产生较高的认同感与归属感，降低离职意愿。因此，A. O. 史密斯公司坚持开展浓墨重彩的价值观推动活动和深入车间一线的每日价值观活动，对员工符合价值观的行为进行表彰与奖励，为员工营造出积极向上的文化氛围，让"四个满意"的价值观真正落地，强化员工对公司的认同。

一、价值观推动活动：践行"四个满意"

为了将价值观真正融入到员工的日常工作中，鼓励员工采取更积极主动的行动来体现公司价值观，传承并发扬公司的优良传统，美国 A. O. Smith 集团公司在 1995 年发起了价值观推动活动。价值观推动活动共设置客户满意奖、产品创新奖、环保贡献奖、公益活动参与奖、管理流程改进奖、生产流程改进奖、工作场所安全奖七个奖项（见附录3），旨在奖励过去一年中把公司价值观很好地融入到工作或生活中去的个人和团队。

2002年，A.O.史密斯公司借鉴美国A.O.Smith集团公司的管理经验，引入价值观推动活动，在每年年底举办一次A.O.史密斯公司年度价值观推动活动。在继承和借鉴的基础上，为了进一步激发员工的参与热情，更好地引导员工做出符合"四个满意"价值观的行为，A.O.史密斯公司根据中国的实际情况，对价值观推动活动进行了本土化改进：①在"美国A.O.Smith集团公司价值观当选奖"（公司内部称为"美国总部价值观当选奖"）的基础上，A.O.史密斯公司的年度价值观推动活动增设"A.O.史密斯公司年度价值观当选奖"（公司内部称为"南京总部年度价值观当选奖"）和"A.O.史密斯公司年度价值观入围奖"（公司内部称为"南京总部年度价值观入围奖"），并从获得"A.O.史密斯公司年度价值观当选奖"的项目中选取优秀项目参加"美国A.O.Smith集团公司价值观当选奖"的评选。②自2010年起，A.O.史密斯公司的价值观推动活动发展为一年两次，公司内部称为A.O.史密斯公司季度价值观推动活动和A.O.史密斯公司年度价值观推动活动。其中，A.O.史密斯公司季度价值观推动活动在每年5月和6月举行，5月为提名阶段，6月为评选阶段，设置"A.O.史密斯公司季度价值观当选奖"（公司内部称为"南京总部季度价值观当选奖"）和"A.O.史密斯公司季度价值观入围奖"（公司内部称为"南京总部季度价值观入围奖"）。A.O.史密斯公司年度价值观推动活动在每年10月和11月举行，10月为提名阶段，11月为评选阶段。获得A.O.史密斯公司季度价值观推动活动当选奖和入围奖的项目可以继续参加本年度A.O.史密斯公司年度价值观推动活动奖项的评选。（A.O.史密斯公司价值观推动活动的活动流程、奖项设置、历年获奖名单见附录4）

A.O.史密斯公司对价值观推动活动的本土化改进，不仅增加了活动的参与人数和获奖人数，提高了价值观推动活动在员工中的认知度和影响力，而且使员工在参加价值观推动活动的过程中,不断加深对"四个满意"价值观的理解与认同,从而强化对公司的认同感与归属感。为了使价值观推动活动获得更好的效果,营造出积极向上的文化氛围,A. O. 史密斯公司围绕活动宣传、活动开展、活动奖励制订了详细的活动计划。

(1)活动宣传营造浓厚氛围。为了扩大价值观推动活动的影响力,使更多的员工参加到活动中来,A. O. 史密斯公司通过线上线下多种宣传渠道,向员工充分展示价值观推动活动的举办流程和效果。在线上,公司微信企业号及时向员工推送价值观推动活动的最新资讯,吸引员工积极关注价值观推动活动,激发员工的参与热情。在线下,公司向每位员工发放价值观推动活动宣传手册,方便员工了解"四个满意"价值观的内涵和价值观推动活动的报名方式,加深员工对公司价值观的了解。在工作场所通往食堂的走廊上,公司将整面墙布置成荣誉墙,介绍历年价值观推动活动的获奖人与获奖项目,既是对获奖员工的正向激励,也为其他员工树立了学习的榜样。

(2)活动开展体现公平公正。在价值观推动活动的开展过程中,A. O. 史密斯公司严格遵循"广申请、严评选"的原则,让真正优秀的项目获得应有的奖励,使参加活动的员工感受到提名与评选阶段的公开、公平和公正,增强员工对公司的认可与信任。在提名阶段,公司为员工提供多种方便快捷的提名方式,如使用公司微信企业号中的"价值观提名"应用、填写书面提名表格、通过电子邮件进行提名等,鼓励员工积极参加价值观推动活动项目提名,使公司能够更加广泛地收集员工践行价值观的项目提案。在评选阶段,为了保证评选过程的公平公正,公司规定由管理层成员组成专门的评审委员会,严格遵循评选流程,对所申请的项目进行评选。评审委员会的评审投票时,当场唱票,当场公布结果,并由内部审计人员现场监督,保证评选过程公开透明、公平公正,使真正有价值的项目获得奖励。

(3)活动奖励鼓励员工参与。A. O. 史密斯公司鼓励员工参加价值观推动活动,所有员工都可以提名自己所认为的有价值的项目。如果提名有效,该员工即可获得一个微信红包①作为奖励。此外，为了表达对员工积极践行价值观的认可与赞赏，公司为获得价值观推动活动当选奖、价值观推动活动入围奖等奖项的员工提供丰厚的奖励，包括 CI 积分奖励、精美礼品、亚洲游、美国游等。多样的奖励形式一方面吸引员工主动参加价值观推动活动，帮助员工更加深入地了解公司价值观，理解价值观在公司发展中的重要作用，增强员工对"四个满意"的价值观的认同；另一方面，员工看到自己为公司所做出的贡献能够获得公司的肯定与认可，也会更加认同公司价值观，增加对公司的归属感，从而愿意和公司携手共进。

A.O.史密斯公司的价值观推动活动自 2002 年开展以来，经过 16 年的发展，已经成为公司最具影响力和最受欢迎的特色活动之一，是公司向员工传递"四个满意"的价值观、营造积极向上文化氛围的重要途径。在 A.O.史密斯公司的大力宣传与持续改进下，每年参加公司价值观推动活动的员工不断增多，项目提案数量逐年增长（见图 6-1）。2016 年公司微信企业号的"价值观提名"应用上线后，员工可以通过该应用实现快速提交，并可方便地查看自己所提交项目的审核情况，提名成功的奖励也由一份小礼品变为 10 元的微信红包，大大提高了员工参与的积极性，使得当年的提案数量显著增加。在参加价值观推动活动的过程中，员工不断加深对公司"四个满意"价值观的理解，增强对公司的认可，从而对公司产生强烈的认同感与归属感，愿意留在公司继续发展。

二、每日价值观活动：深入车间一线

浓墨重彩的价值观推动活动，在加深员工对公司价值观的理解与认同、鼓

---

① A.O.史密斯公司价值观推动活动的提名奖励也在不断改进改善。2002—2015 年，公司价值观推动活动的提名奖励为一份小礼品，需要员工自行去总裁办领取或者由内勤统一发放。随着公司微信企业号的开发，自 2016 年起，公司价值观推动活动的提名奖励改为金额为 10 元的微信红包一个，不仅节省了公司的人力、物力，而且有利于调动员工的参与积极性。

第六章 凝心聚力型氛围

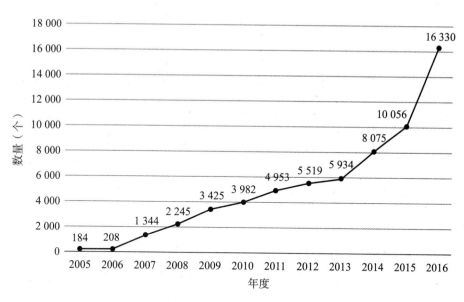

图 6-1　2005—2016 年度价值观推动活动提案数量

励员工积极践行价值观以及营造积极向上的文化氛围方面起到了重要作用。然而，A. O. 史密斯公司管理层在和生产一线员工的沟通过程中了解到，虽然生产一线员工非常愿意参加公司的价值观推动活动，希望得到公司的认可与奖励，但由于价值观推动活动主要表彰对公司做出突出贡献的重大项目，生产一线员工由于工作内容等条件的限制，获奖的可能性不大。因此，如何让生产一线员工积极践行价值观的行为也能够得到奖励，在生产车间营造出积极向上、持续改进的文化氛围，成为公司管理层关注并思考的问题。

为了解决这一问题，使公司价值观能在生产车间有效落地，公司管理层经过多次研讨，决定自 2013 年起推出每日价值观活动，对生产一线员工当天所做出的符合公司"四个满意"的价值观并超出期望的优秀行为进行及时奖励。每日价值观活动一方面完善了对生产一线员工的奖励制度，提高了员工的工作热情；另一方面进一步加深了生产一线员工对"四个满意"价值观的理解和认同，增强了他们对公司的认同感。为了保证每日价值观活动能够顺利开展，A. O. 史密斯公司围绕活动的提案与审核、表彰与奖励进行了规定。

从驱动创新到实践创新
A.O.史密斯公司的创新管理

（1）提案与审核环节。A.O.史密斯公司认为，员工在参加每日价值观活动时，十分在意每日价值观活动提案的审核与评选是否公平公正。因此公司规定，每天由员工向所在班组的班组长汇报自己主动践行价值观的行为，班组长根据员工所汇报的符合公司"四个满意"的价值观并超出期望的优秀行为，在每日价值观活动当选感谢卡上填写每日价值观活动提案，并交由部门经理负责审核。部门经理在审核时，根据公司规定的评审标准（见附录7），按不超过申请每日价值观活动提案数量的10%的比例，评选出本部门的每日价值观活动当选奖，并在每日价值观活动当选感谢卡（见图6-2右侧）背面写上评语并签字。这样既能广泛地收集生产一线员工积极践行价值观的行为事迹，又能客观评价员工行为，使得每日价值观活动提案能如实反映出生产一线员工践行价值观的优秀行为，从而增强他们对公司的认可与信任。

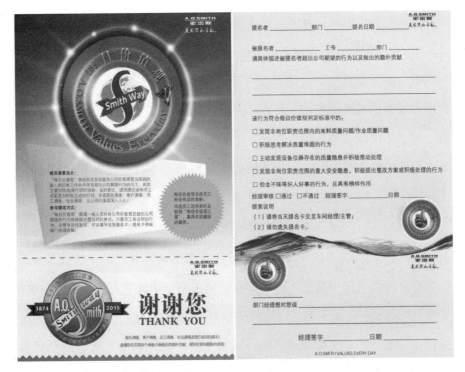

图6-2 每日价值观活动当选感谢卡

（2）表彰与奖励环节。为了充分激发生产一线员工的参与热情，鼓励他们将公司价值观融入到日常工作中，公司为获得每日价值观活动当选奖的员工设置了物质和精神的双重奖励。物质奖励方面，生产一线员工每获得一张每日价值观活动当选感谢卡，就能获得10元的微信红包奖励①（由公司每周统一发放），使他感受到只要为公司做出贡献，就会有回报。精神奖励方面，每天晨会时，部门经理向获得每日价值观活动当选奖的生产一线员工发放每日价值观活动当选感谢卡，获奖员工的姓名、照片、受表彰行为从获奖之日起在车间的大型滚动显示屏上滚动播放三个工作日。这种公开表彰的形式不仅增强了员工获奖时的自豪感与荣誉感，激励员工继续做出符合公司价值观的行为，而且通过公开公示，方便员工互相监督，保证活动的公平性。此外，每个月公司还根据生产一线员工累计获得每日价值观活动当选感谢卡的张数，评选出10名月度"每日价值观之星"，这些获奖员工的姓名、照片、受表彰行为从获奖之日起在车间的大型滚动显示屏上表彰一个月，增强生产一线员工的荣誉感，使他们更加积极地参加每日价值观活动。

每日价值观活动鼓励生产一线员工在日常的生产工作中主动发现问题、解决问题，在生产车间内营造出积极向上、持续改进、关注产品质量、注重生产安全的文化氛围，使生产一线员工对公司价值观的理解进一步深化，增强了员工对"四个满意"价值观的认同，从而使员工更加愿意在公司中努力工作。正如一位车间经理所感慨的："因为每日价值观活动有表彰和奖励，所以员工都愿意在工作中主动留意产品的质量及安全风险，发现可能有安全与质量问题的苗头时及时向班组长汇报，填写每日价值观活动提案，以便进行预防和改进，从而提升了员工的工作积极性和主动性，让员工干劲十足地在公司工作。"

---

① 为了提升员工的参与积极性，A.O.史密斯公司每日价值观活动的奖励形式不断进行改进改善。2013—2015年，员工每获得一张每日价值观当选感谢卡，将有10元的现金奖励，由公司统一在下个月与工资一起发放。2016年公司微信企业号"每日价值观"应用上线后，10元的现金奖励变为10元的微信红包奖励。微信红包的形式使员工更能体验到获得奖励时的荣誉感与自豪感。

第三节 表彰激发成就感

A.O.史密斯公司经过对"快乐工作"内涵的多年研讨,认为员工快乐的源泉是完成富有挑战性的工作并得到认可时发自内心的成就感。因此,公司不仅鼓励员工主动承担富有挑战性的工作,让每一位员工都能在努力完成挑战性工作的过程中提升个人能力、创造良好业绩,还通过专利技术表彰、CI 活动奖励等,表达公司对员工的认可与赞赏,从而使员工获得发自内心的成就感,实现快乐工作。

一、专利技术表彰:承认员工价值

解决行业技术难题、提供行业领先的技术解决方案是 A.O.史密斯公司始终坚持的目标。要想实现这一目标,就需要在公司中营造快乐工作的良好氛围,充分调动员工的主动性,激发员工的创新活力,使员工围绕行业难题不断研发出应对的技术。为此,A.O.史密斯公司为工程师提供多种支持和奖励政策,专利技术表彰便是其中颇具特色的一项。A.O.史密斯公司对专利技术的表彰可以分为两个步骤:①进行内部技术评估。所有需要申请专利的技术必须首先通过公司的内部评估,获得公司的认可后才能代表公司上报至国家专利管理部门进行专利申请。②举办专利技术表彰大会。公司每年对获得专利的技术进行公开表彰,让员工在为公司创造价值的同时体验到成就感与自豪感。正如总裁丁威在接受我们的访谈时介绍的那样:"A.O.史密斯公司要打造一个远远领先于行业的研发队伍,就是要找到热爱研发的工程师,对他们高标准、严要求,重视对他们的正向激励,促使他们把工作做得与众不同,做成行业标杆,做到卓越。"

1. 内部技术评估

在 A.O.史密斯公司,进行专利技术表彰的第一步是要明确技术的"含金量",评估该技术是否有足够的可以被称为一项"专利"的价值含量,以便选出真正有价值、可以代表公司去申请国家专利的、值得公司表彰的技术。为此,公司设立严格的内部技术评估制度,只有同时具备核心技术价值和商业价值的技术,才能获得公司的认可,代表公司上报至国家专利管理部门进行专利申请,并在通过国家专利申请后获得公司相应的表彰与奖励。

A. O. 史密斯公司的内部技术评估每个月举行一次,分为提交申请和组织评估两个环节。在提交申请环节,工程师在公司各类产品的研发过程中,如果认为自己的技术有价值,都可以向公司提交专利申请前的内部技术评估申请。在组织评估环节,公司为了严格把控待申请专利技术的价值含量,成立了专门的内部评估委员会,依据技术价值和商业价值这两条标准,对待申请专利技术进行评估,判断其是否有价值、有必要申请专利,以筛选出真正有价值、值得申请国家专利的技术。内部评估委员会成员由公司内了解技术研发、具有技术研发背景的高管组成,从而保证了技术评估的专业性、公正性和公平性。

内部技术评估体现出 A. O. 史密斯公司对技术研发质量的"高标准、严要求"。对于公司而言,提高对技术研发质量的要求能够促使员工主动寻找符合公司要求、受到公司认可的研发项目进行立项,在技术研发工作中围绕行业难题,攻克技术难关,提供优良的技术解决方案,从而不断为公司创造价值,研发出真正有价值的技术。对于具有创新精神的员工而言,敢于挑战行业难题,研发出高质量、高价值、走在行业前沿的技术,是他们获得成就感和实现自我价值的关键。因此,提高对技术研发质量的要求就是提高员工工作任务的挑战性,有利于激发他们的主动性和创新活力,增强员工完成挑战性工作后的成就感。正如公司产品工程部负责人感慨的那样:"作为一名研发工程师,追求技术进步,不断创新,是我们的共识。只有通过全身心地投入到高质量的研发工作中,创造出有价值的专利技术,才能真正激发员工内心的成就感。"

2. 专利技术表彰大会

在筛选出真正有价值、值得公司表彰的技术后,下一步就是对研发出创新技术并获得专利的员工进行公开表彰，肯定他们的研发贡献，进一步激发他们的成就感与创新活力。因此，自 2008 年起，A.O.史密斯公司每年都会举办隆重的专利技术表彰大会，表彰在过去 12 个月里荣获专利的员工，表达公司对他们的认可和赞赏，激励员工不断为公司研发出解决行业难题的技术和具有高商业价值的产品。A.O.史密斯公司的专利技术表彰大会上，美国 A.O.Smith 集团公司董事长和技术高管都会亲临现场，为获得专利的员工颁奖。

A.O.史密斯公司的专利技术表彰大会主要分为三个环节：①开场致辞环节。通过介绍 A.O.史密斯公司本年度的重点创新项目和员工的创新专利技术，表达公司对员工创新成果的感谢，让员工体验到公司对自己研发创新的认可。②颁奖环节。按照获得专利数量由少到多的顺序，对员工进行隆重表彰，激励员工不断创新。颁奖环节中，会场的大屏幕上播放员工的专利介绍，美国 A.O.Smith 集团公司和 A.O.史密斯公司的技术高管亲自为获奖员工颁奖并与其合影留念，使员工产生强烈的自豪感与荣誉感。③管理层现场沟通环节。由公司管理层对现场员工的提问做出解答，满足员工表达意见的诉求，增强员工对公司的理解与认同。值得一提的是，每年 A.O.史密斯公司管理层的成员都会出现在专利技术的表彰名单之中，让员工看到公司管理层不仅口头上强调研发创新，而且以身作则，实践研发创新。例如在 2016 年的专利技术表彰大会上，公司总裁凭借获得三项专利受到表彰，产品工程部负责人凭借获得四项专利受到表彰。公司副总裁兼家用燃气产品事业部负责人凭借获得八项专利受到表彰，并且他是该次专利技术表彰大会上获得专利数量最多的人。

此外，A.O.史密斯公司在会场内专门设置了一面大型"专利墙"，展示每位获专利员工的姓名、照片和所获得的专利，并依据员工当年所获得的专利个数，在员工姓名下方显示出不同的"星级"。员工在"专利墙"上看到自己的姓名和专利介绍，充分感受到公司对自己的认可，继而发自内心地产生成就感。

自 2008 年至 2016 年，A.O.史密斯公司的专利技术表彰大会共表彰获得专利的员工438人次和专利313项。这些创新性的专利技术帮助A.O.史密斯公司获得行业的尊重和消费者的信赖,不仅强化了公司在中国市场上的竞争优势,而且有利于激发员工的技术自信和创新热情。2017年,公司还设置了"核心技术创新奖",对产品上市三年以上、给公司带来巨大经济效益的专利技术进行表彰和奖励。A.O.史密斯公司通过隆重的专利技术表彰大会,让员工感受到公司对自己的认可与赞赏,使员工在接受公开表彰的过程中增强自我实现的成就感与自豪感,实现留住"对的人"的目标。正如一位研发工程师在接受我们访谈时所感慨的:"如果你能够为A.O.史密斯公司创造价值,就能得到认可,你就会发自内心地产生成就感,更有动力投身到技术研发工作中。"

二、CI活动奖励:褒奖员工贡献

A.O.史密斯公司认为,创新机会无处不在、无时不有。为了激发员工的主动性与创新活力,促使员工积极参加公司的持续改进改善工作,A.O.史密斯公司从2004年开始正式推行CI活动。CI活动鼓励员工主动发现公司在安全、质量、服务、设计、采购、生产、销售等各个环节中的可改进之处,通过提交CI提案向公司提出自己的改进建议。在提案通过审核后,员工可获得CI提案积分,并成立相关的攻关改进小组,依据提案内容,确立改进项目。改进项目结束后,公司安排专门的评估委员会对CI提案进行评估,给予提案人、实施人相应的CI实施积分作为奖励。

A.O.史密斯公司的CI活动经历了两个发展阶段,第一阶段:由制造体系负责,主要面向制造体系员工;第二阶段:由专门的CI项目组负责,面向全公司员工。CI活动推行之初,主要面向公司的生产制造环节,由公司制造体系负责推动。随着CI活动的开展,公司发现CI活动在调动员工积极性、培养员工主动性、促进公司良性发展方面发挥着较好的作用,不仅能激发员工创新活力,帮助公司营造快乐工作的良好氛围,而且使公司在持续改进的过程中不断优化资源配置,提高生产效率。因此,公司管理层经过研讨,决定将CI活动的范围扩展至全公司,要求公司的各个部门都要参加到CI活动中来,实现真正的"全员参与"。为了使CI活动的实施和管理更加规范,公司还于2012年创新性地成立了专门的CI项目组,负责CI活动的推动工作,方便CI活动在全公司范围内的深入开展。

为了更好地发挥CI活动奖励对员工的激励作用,使员工充分感受到为公司做出贡献的成就感,公司十分重视活动的宣传、开展和奖励工作。

(1) 多种渠道宣传"CI明星"。A. O. 史密斯公司通过多种宣传渠道,向员工介绍在CI活动中表现突出并受到公司表彰的"CI明星",展示他们积极参加CI活动、为公司创造价值的行为事迹,不仅方便员工了解CI活动,吸引越来越多的员工参与,而且让这些"CI明星"们感受到公司对他们的精神鼓励,增强他们参加CI活动、获得CI活动奖励的荣誉感与成就感。例如,公司专门制作CI项目展示手册(分为生产制造篇和行政、管理、技术篇),详细介绍由员工提出提案并实施完成的优秀CI项目以及这些CI项目为公司带来的经济效益。在公司工作场所通往食堂的走廊上,张贴着"CI明星"们的宣传照片。不仅如此,公司的内部刊物《A. O. 史密斯通讯》及公司微信企业号上还设有CI专栏,分享"CI明星"们参加CI活动的获奖情况和经验感悟。

(2) 活动开展体现公平公正。要想使CI活动奖励真正发挥正面激励作用,不仅需要在全公司范围内持续宣传员工积极参加CI活动、为公司创造价值的行为事迹,还需要保障CI活动开展过程中的公平公正,从而使CI活动最终的奖励结果能够被员工认可和接受。为此,A. O. 史密斯公司严格遵循CI活动流程(见附录8),力图在提案、实施和评估的每个环节都能让员工感受到高效便捷与公平公正。在提案环节,公司为员工设立多种提交CI提案的方式,如填写纸质提案表、使用公司微信企业号"CI在线"应用、通过生产车间的终端机网上提交等,广泛收集员工的CI提案。在实施环节,公司CI项目组和各部门制订计划,每月跟进CI项目的完成情况,并组织开展各部门的CI月度回顾会，保证员工有价值的 CI 提案能够及时实施，从而保持员工的参与热情。在评估环节，公司确定可操作的量化指标（见附录9）评估 CI 提案的改进效果，依据不同的财务指标和关键绩效指标，将 CI 积分分为 A、B、C 三个级别，清楚地计算出员工的 CI 提案能为公司带来多少实际效益，方便公司根据员工的贡献进行奖励，从而让员工信服和认可最终的 CI 活动奖励结果。

（3）多重奖励体现 CI 贡献。A.O. 史密斯公司认为，员工参加 CI 活动不仅仅是为了获得物质奖励，更是为了在发现问题、解决问题、为公司创造价值的过程中获得自我实现的成就感。为此，公司通过多种奖励和表彰方式，肯定员工对公司的贡献，提升员工的成就感与荣誉感，营造快乐工作的良好氛围。例如，为了保持员工参加 CI 活动的积极性，公司根据 CI 提案的评估结果，给予员工不同的 CI 积分作为奖励。员工可以通过 CI 积分查询系统，查询个人和部门的 CI 积分排名，还可以凭借其积累的 CI 积分，在苏宁易购、京东商城等购物网站的自营平台上兑换相应价值的产品。为了提升员工获得 CI 积分时的自豪感与荣誉感，公司还会定期评选月度"CI 明星"、月度"CI 明星班组"、季度"CI 明星"和年度"CI 明星"，并在全公司宣传员工的获奖情况和经验感悟。此外，CI 积分还会作为员工工作考核和晋升的重要参考标准，体现出公司对员工参加 CI 活动的认可与鼓励，进一步激发员工的主动性和创新活力。

A.O. 史密斯公司通过不断改进改善 CI 活动的开展形式与奖励措施，使得参加 CI 活动的员工逐年增多，提案完成数量逐年增加，为公司带来的经济效益持续提升（见图6-3、图6-4）。例如，公司在2014年创新性地开设"CI 伴我行"微信订阅号，为员工提供微信在线提交 CI 提案的新方式；在2016年对公司微信企业号的"CI 在线"应用进行功能优化，方便员工快速提交 CI 提案，随时查看 CI 的实施进度，这些举措使得当年的 CI 提案数量有显著的增加。同时，公司在2016年推出 A、B 级 CI 项目分级激励政策，提升高价值感的 CI 项目的得分激励，也使得当年 A、B 级 CI 项目合计年效益有显著提升。

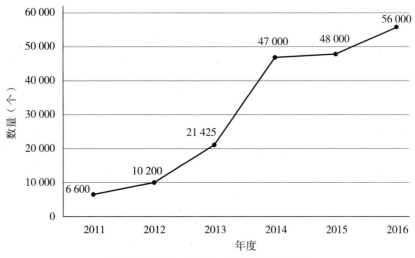

图 6-3　2011—2016 年 CI 活动提案数量

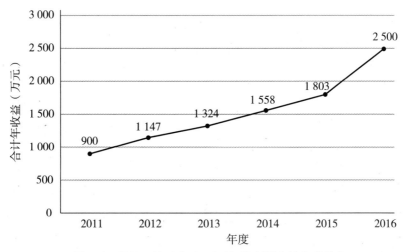

图 6-4　2011—2016 年 A、B 级 CI 项目合计年效益

持续开展的 CI 活动，已经成为 A.O. 史密斯公司员工发挥个人能力、实现自我价值的重要平台，也是公司为员工营造快乐工作氛围的重要举措之一。员工通过积极参加 CI 活动，主动发现工作中的问题点，寻找创新性的解决方案。一方面，帮助公司不断消除浪费、量化改进，提升公司的经营管理水平；另一方面，员工也在参与公司改进改善、获得 CI 活动奖励的过程中，满足自我实现的需求，发自内心地感受到成就感，从而愿意继续留在公司。

第三篇
创 新 之 行

企业在创新实践过程中，往往会遇到很多困难。有时，即使具备创新所需的资源，却依然无法真正在全流程中实践创新。对此，管理者们苦思冥想，如何有效开展创新实践？

A. O. 史密斯公司认为：秉承和发扬"工匠精神"，通过脚踏实地做调研、不惜代价做研发、精益求精做生产、真心诚意共销售，在全流程中，踏实本分、不偷工减料地精雕细琢每一个细节，打造精品，追求极致，才能够更好地开展创新实践。

统筹兼顾，稳扎稳打，实现全流程创新！

第七章
脚踏实地做调研

在产品方面，做精品是Ａ.Ｏ.史密斯公司一贯坚持的原则。秉承着"创新研发、打造精品"的理念，Ａ.Ｏ.史密斯公司主要从消费者调研和市场研究入手，寻找影响用户体验的行业难题，并通过技术创新提供解决方案，具体包括：①从消费者入手，通过寻找意见领袖和使用甄别问卷，挑选合适的调研对象，挖掘消费者的潜在需求，在此基础上，寻求能够解决用户"痛点"的技术方案。②在对市场环境和行业动态进行把握的基础上，梳理出行业难题，并通过专注于前瞻性技术，寻找能够解决行业难题的技术方案，引领消费观念，为消费者创造需求。③组建由工程师、市场调研人员组成的专业调研队伍，将调研活动落到实处，保证产品创意真正来源于市场。

第一节 精准定位调研对象

Ａ.Ｏ.史密斯公司认为，要真正实现"打造精品"，挖掘甚至是创造有价值的消费需求，就必须根据调研活动的目的，对调研对象进行精挑细选，精准、有效地筛选调研对象。只有这样，通过调研活动所得出的研究结论和产品立意才能真正用于精品开发，在满足消费者有价值消费需求的同时，为企业创造良好的经济效益。为了确保调研对象的准确性和代表性，A.O.史密斯公司一方面积极寻找意见领袖，提高调研对象的代表性，另一方面通过使用甄别问卷，快速筛选出符合要求的调研对象。

一、寻找意见领袖

在A.O.史密斯公司，产品调研人员会根据每个产品调研活动的目标，初步确定每个调研活动的调研对象。而为了提高调研对象的精准性和代表性，A.O.史密斯公司会在初步确定的调研对象中，寻找符合要求的意见领袖。意见领袖是指能够显著代表群体意见和消费需求的那部分消费者，其消费需求能够为产品开发提供启发和思路。全新性调研是A.O.史密斯公司为了对未来3—5年的产品进行规划和立项而开展的调研。在开展全新性调研时，A.O.史密斯公司会有针对性地寻找意见领袖，在对意见领袖的意见和消费需求进行准确了解和把握的基础上，继续深入挖掘，以获得较好的产品开发立意。2015年，A.O.史密斯公司开展了一项针对"85后"（即1985年之后出生）年轻人群热水需求的调研活动。由于该调研活动的目的是了解"85后"年轻人群在热水器方面所具有的不同于其他群体的消费需求，因而需要寻找比较有代表性和典型性的年轻人，即"意见领袖"。为了达到该调研活动的目的，A.O.史密斯公司结合产品的高端定位，将调研对象确定为生活在北京、上海、广州、深圳等经济发达地区的"85后"年轻人群。这样做的原因是生活在北京、上海、广州、深圳等经济发达地区的年轻人，相比中西部地区的年轻人，一方面拥有较好的经济基础，另一方面思想更加开放，观念更加新潮，接触新鲜事物和新思想更加频繁，拥有更加前卫的消费理念和消费需求。选择这些经济发达地区的年轻人作为意见领袖，能够提高A.O.史密斯公司产品开发的前瞻性和战略性，有利于促进产品后期在中西部地区的扩展和下沉，拉长产品的生命周期，为企业创造更高的利润。

二、使用甄别问卷

A.O.史密斯公司认为，仅仅通过寻找意见领袖的方式来确认调研对象是远远不够的，为了保证调研对象的精准性和代表性，市场调研人员还需要事先准备好甄别问卷。A.O.史密斯公司甄别问卷的主要内容包括：①了解调研对象的基本情况；②对调研对象进行个性测试。使用甄别问卷的目的是再次确认调研对象是否符合此次调研活动的要求，提高调研活动的有效性。

示例7-1是A.O.史密斯公司在进行某项产品调研活动时所使用的甄别问卷，通过询问调研对象的基本情况，例如性别、在本地的居住时间、过去6个月里是否接受过任何形式的市场调研、家庭月均收入以及是否决定家用电器的品牌等问题来判断该对象是否符合本次调研活动的要求，是否需要以及何时需要终止此次调研活动。例如，在回答"过去6个月里是否接受过任何形式的市场研究公司或市场调研公司的访问"这一问题时，如果调研对象选择"是"，则表明该对象不适合本次调研活动对调研对象的要求，需要立刻终止访谈。终止访谈主要是因为如果该对象接受过其他形式的市场研究或市场调研公司的访谈，一方面会十分了解调研活动的流程和目的，给出调研人员所希望得到的答案；另一方面，调研对象在接受其他公司的访谈时，也会受到其他公司市场调研人员的影响，从而使得调研对象给出的答案偏离真实答案，降低调研活动的有效性，因而需要立刻终止访谈。

使用甄别问卷是市场调研过程中的重要步骤，对于筛选合适的调研对象，提高调研结果的有效性起着重要作用。通过使用甄别问卷，A.O.史密斯公司的调研人员一方面能够快速寻找到合适的调研对象，节省筛选和甄别的成本；另一方面，调研对象的精准定位，也能够显著提高调研活动的质量，为后续的产品开发提供好的创意来源。

从驱动创新到实践创新
A.O.史密斯公司的创新管理

示例 7-1

×××××项目预约面访甄别问卷（节选）

先生/女士：

您好！我是 A.O.史密斯公司的访问员，我们正在进行一项有关家用电器的市场调研，请问我能打扰您几分钟问您几个问题吗？谢谢您的合作！

1. 记录被访者性别（单选）：

① 男　　　　　　　　　② 女　　　　　　　（男女比例定为 1∶1）

2. 请问您在本地居住的时间属于以下哪项？（单选）

① 一年以下（→终止访谈）　　② 2—3 年

③ 4—5 年　　　　　　　　　　④ 5 年及以上

3. 请问您在过去 6 个月里是否接受过任何形式的市场研究公司或市场调研公司的访问？（单选）

① 是（→终止访谈）　　　　② 否

4. 请问您的家庭月均收入？（单选）

① 10 000 元以下（→终止访谈）　② 10 001—12 000（含）元

③ 12 001—14 000（含）元　　　　④ 14 001—16 000（含）元

⑤ 16 001—20 000（含）元　　　　⑥ 20 001（含）以上

5. 请问您或您家的家用电器的品牌是由谁决定的？（单选）

① 完全由我决定　　　　② 完全由家里的其他人决定（→终止访谈）

③ 主要由我决定　　　　④ 主要由家里的其他人决定（→终止访谈）

我们公司最近有一个用户访谈。请问您是否愿意接受我们的访谈（时间在 30 分钟左右）？

万分感谢！

针对愿意接受访问的被访者，填写以下信息。

被访者姓名：_____　　联系方式：_____

约定访问的日期及时间：_____

约定访问的地点：_____

手机：_____ 电子信箱：_____

第二节 市场与技术并重

在 A.O. 史密斯公司看来，要实现打造精品的目的，产品调研就必须始终坚持市场和技术"两条腿走路"的原则，一方面通过各种形式的调研活动从消费者那里挖掘消费需求，寻找能够解决消费者需求的技术方案；另一方面积极关注行业动态，专注于前瞻性技术，挑战行业难题，在此基础上，寻求能够改善产品性能、更好满足消费者需求的产品创意方案，为消费者创造需求。在挖掘甚至是创造有价值的消费需求的基础上，A.O. 史密斯公司不断地打造精品，不仅满足了消费者的需求，同时也为公司赢得了持久的竞争力。

一、深度市场研究：挖掘需求

消费者是产品的直接使用者，他们在使用产品的过程中所遇到的各种问题、困难以及所拥有的改进建议对于企业开发新产品、改善产品性能以及提高用户体验具有极为重要的意义。A.O. 史密斯公司认为，践行"创新研发、打造精品"的理念，就必须始终把消费者有价值的需求放在首位，将消费者调研活动真正落到实处。依据不同的目的，A.O. 史密斯公司的产品调研活动分为常规性调研活动和全新性调研活动。

1. 常规性调研活动

常规性调研活动主要是指 A.O. 史密斯公司的调研人员在新产品上市后半年以内，针对个体消费者或者商用客户所做的一些反馈调研。常规性调研活动的目的主要是：①了解A.O.史密斯公司所开发出的新产品还有哪些需要改进改善的地方；②对于拥有新功能和新技术的产品，用户对这些新功能和新技术的感知及评价如何；③现有产品还不能解决的用户需求和用户"痛点"是什么。常规性调研活动的开展，不仅有利于了解现有产品存在的问题和不足，而且有利于了解消费者还有哪些未被满足的需求，因此能够为后续的产品改进和产品开发提供依据及方向。A.O.史密斯公司规定，常规性调研活动每年至少回访1 200户，平均下来每个产品品类需要回访200—300户。

2. 全新性调研活动

全新性调研活动主要是指在公司战略和发展方向的指导下，A.O.史密斯公司的调研人员为了对公司未来3—5年的产品进行规划和立项而开展的调研。在每年的年初，A.O.史密斯公司市场部的产品调研人员需要提交至少6个全新性的调研项目活动方案，供管理层进行审批。这些全新性调研项目的来源主要有：①常规性调研活动所发现的问题和产品创意；②产品调研部门每月组织开展的产品创意头脑风暴会；③对于竞品的分析；④新技术的推动。通过管理层的审批后，市场部的人员会对这些调研活动方案进行备案，并指定相应的负责人进行推进。同时，考虑到各个项目推行的难易程度和客观情况的不同，在每年年中，A.O.史密斯公司的管理层会同市场部的产品调研人员召开专门的回顾会，对全新性调研活动的进展情况和实施状况进行回顾。在回顾的基础上，A.O.史密斯公司的管理层会对每年年初确定下来的全新性产品调研活动进行适当的指导和调整。2015年，A.O.史密斯公司所确定的全新性产品调研活动主要有：智能产品用户对热水器的需求调研、母婴用户对热水器的需求调研、年轻女性对热水器的需求调研、"85后"年轻人对热水器的需求调研以及网络购物用户对热水器的需求调研。为了保证全新性调研活动的效果，A.O.史密斯公司规定，每个全新性调研活动都至少需要对20—40户用户进行调研。不同于常规性的产品调研活动，全新性产品调研活动主要是为公司的产品规划进行服务，并着眼于未来，明确公司在未来3—5年内的产品品类，对于公司未来获取竞争力具有重要意义。

二、专注于前瞻性技术：创造需求

虽然消费者的需求对于企业的新产品开发具有重要意义，但并不是所有好的产品创意都是来源于消费者。由于知识和经验的限制，消费者对产品的技术应用、运行原理以及生产过程等方面的了解十分有限，导致消费者在很多时候并不能很好地提供产品改进的建议和意见。针对这种情况，A.O.史密斯公司在重视消费者调研的同时，一方面通过不断投入，积累大量的技术优势，掌握和攻克行业难题；另一方面则是积极参加和举办各种行业展会，通过行业内交流，了解行业内的前瞻性技术和先进技术，将其应用在产品上。

1. 技术驱动，打造精品

消费者调研并不是产品开发创意的唯一来源，技术驱动也是产品创新的重要途径。工程师们通过不断追求技术进步，将更加先进的技术应用在产品之上，有利于更好地满足消费者的需求。正如A.O.史密斯公司总裁丁威所说的那样："很多媒体认为我们的技术驱动有点脱离市场的感觉，担心我们A.O.史密斯公司所生产的产品无法满足消费者的需求。但是，我们A.O.史密斯公司所强调的技术驱动，其实都是围绕消费者的需求开展的。我们的工程师不仅需要从消费者那里获取有价值的消费需求，更需要积极关注行业内前瞻性技术的发展。通过技术积累和技术研究，将先进技术应用在产品上，就能够实现引领消费需求……"

A.O.史密斯公司是这样说的，也是这样做的。在继承美国A.O.Smith集团公司注重研发、笃信技术优秀基因的基础上，A.O.史密斯公司也通过积极投入建设研发基地和实验室、招聘和培训众多认同公司"四个满意"的价值观且富有创新精神和创新能力的工程师等方式，掌握了许多专利技术（见图7-1），积累了大量的技术优势。截止到 2017 年 1 月，A.O.史密斯公司多次参与了相关产品和技术标准的制定，公司高级技术人员作为主要起草人，参与制定了 34 项国家标准；提交专利申请 334 项；授权且维持有效的专利 200 项，其中发明专利 42 项，实用新型专利 148 项，外观设计专利 10 项。

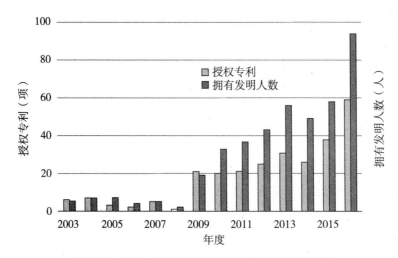

图 7-1　A.O.史密斯公司 2003—2016 年授权专利

利用这些专利技术，A.O.史密斯公司推出了许多具有超强竞争力的精品，例如防一氧化碳中毒的燃气采暖/热水两用炉，主要采用一氧化碳安全防护系统专利技术，不仅能够全天候监控一氧化碳，解除一氧化碳中毒的隐患，而且能够为用户带来冬季采暖和舒适洗浴热水的良好体验；超静音整体式热泵热水器，采用微通道换热专利技术，不仅使得机器的能效比达到了国家一级标准，而且使得机器的运行声音降低到了 40 分贝以下，较好地满足了用户的需求；高抗风压燃气热水器，配备了行业首创的超级高抗风压系统，该系统利用智能芯控制风压传感器，能够实时监控室外风压，同时根据最佳燃烧需求，指令风机始终保持最佳转速，有效抵御外部大风影响，保持最佳燃烧状态，能够让高层楼宇的用户也享受到真正的全天候恒温舒适热水。

技术创新是打造精品的基础，A.O.史密斯公司利用这些前瞻性的技术和发明专利不仅大大地提高了产品的质量和性能，使产品更好地满足消费者需求，而且积极推出新的产品品类，为企业带来了巨大的经济效益。

2. 行业展会，交流合作

A.O.史密斯公司认为，要想打造精品，仅仅局限于A.O.史密斯公司目前的产品品类是远远不够的，还必须加强与同行之间的交流，特别是需要了解竞争对手的产品品类和新技术的应用情况。因此，A.O.史密斯公司每年都会参加各种类型的行业展会，例如，中国家电及消费电子博览会（Appliance & Electronics World Expo，AWE）、中美韩国际净水市场峰会（Global Water Purification Summit，GWPS）、国际供热空调/卫生洁具及城建设备与技术展览会（China International Trade Fair for Sanitation，Heating & Air-Conditioning，ISH & China CIHE）等。通过参加行业展会，一方面，A.O.史密斯公司积极向同行宣传和推广产品，赢得同行的认同和良好的行业口碑；另一方面，A.O.史密斯公司可以从参加展会的其他企业那里，了解、学习同行业的先进经验和最新技术，有利于改进产品质量，开发出既符合市场需求，同时又具有良好性能的产品，增强产品和企业的竞争力，实现企业的持续发展（详见示例7-2）。

在A.O.史密斯公司，参加行业展会成为市场人员和研发工程师最热衷的活动。通过积极参加相关行业的展会，A.O.史密斯公司的市场人员和工程师能够了解、学习到行业内以及相关行业的前瞻性技术和工艺。在此基础上，通过将各种新技术和新工艺积极运用到产品开发上，A.O.史密斯公司研发出了大量的精品。例如，被称为"销售冠军"的防一氧化碳中毒燃气热水器，其成功问世就是得益于工程师在展会上看到锅炉房一氧化碳报警器，由此受到的启发。2006年年初，经过大量的市场调研，A.O.史密斯公司发现，很多燃气热水器用户都担心燃气热水器不安全，即存在一氧化碳中毒的问题。为了寻求技术解决方案，开发出满足用户需求的产品，A.O.史密斯公司的工程师们开始积极参加相关行业的展会，并最终在锅炉行业展会上寻找到了灵感。由于锅炉房是一个较为密闭的空间，很容易发生由于燃烧不充分而导致的一氧化碳中毒事故，因此，国家明确规定，锅炉房必须安装一氧化碳报警器。借鉴锅炉房一氧化碳报警器传感器的工作原理，A.O.史密斯公司经过技术改进和加工，最终成功研发出国内首款带一氧化碳报警器的燃气热水器，实现全天候24小时动态监控，解除一氧化碳中毒的隐患。

示例 7-2

市场导向，创新研发，141周年精品"技"压全场

2015年3月25日，美国A.O.Smith集团公司联合《直饮水时代》① 杂志，在上海浦西洲际酒店举行"下一个10年"首届中美韩国际净水市场峰会。在这次峰会上，A.O.史密斯公司的反渗透净水机引发了高度关注。

为了开发出满足消费者需求的净水机，A.O.史密斯公司始终坚持以满足消费者需求为核心，通过大量细致的消费者调研，发现目前消费者使用净水产品的"痛点"主要集中在"水质是否真正安全""换芯周期短、成本高""出水流量小""可否加热"和"体积大占空间"等问题上。为了解决这些问题，A.O.史密斯公司成功研发出长效反渗透膜，并将其应用于新品AR1300-F1，不仅使得净水机滤芯的使用寿命大幅度提升，而且其净水流量高达3升/分钟。在此基础上，A.O.史密斯公司还研发出可外置加热的净饮一体机AR75-Q1，该产品拥有智控水壶，即热即饮，同时可双水源接入，更加智能便捷；为了适应多种橱下空间，A.O.史密斯公司还开发出MINI版的反渗透净水机AR50-L1，其机身小巧、灵活，使用起来更加便捷。

通过参加此次展会，A.O.史密斯公司不仅向消费者和同行展示了其强大的研发力量和富有竞争力的净水产品，更为重要的是，了解到了行业的发展趋势和发展方向，为未来研发精品提供了方向。

---

① 《直饮水时代》杂志由北京蓝巢国际主办，是提供中国终端净水行业渠道信息的专业期刊。

第三节 分工协作开展调研

一、工程师助力

A.O.史密斯公司认为,要真正地做好市场研究和产品调研,保证产品创意真正满足消费者的需求,就必须组建专业的市场调研团队,来负责和推动各个调研活动的实施。由于 A.O.史密斯公司实行的是产品事业部制,因此,本着以产品品类为划分标准和分工明确的原则,一方面,A.O.史密斯公司每个产品事业部都配置有专门的产品企划人员,负责相应品类的产品调研工作,提高市场调研工作的效率和专业度;另一方面,为了加强各个事业部产品调研工作的交流,更好地推行产品调研活动,A.O.史密斯公司将每个事业部的产品企划人员召集到一起,成立了一个公司层面的产品创意组,为产品调研工作的顺利开展提供组织保障。产品创意组主要的工作职责就是通过各种形式的市场研究和产品调研活动,得出一些有助于改进产品或服务的研究结论和产品创意,为公司的产品规划提供好的思路和方向。

值得指出的是,A.O.史密斯公司产品创意组的人员不仅有市场调研人员,更重要的是有研发工程师参与其中,而且工程师的数量要远远超过市场调研人员的数量。目前,A.O.史密斯公司产品创意组共有 300 多位员工,包括 230 多名研发工程师以及 70 多名市场调研人员。

之所以需要将工程师纳入市场调研的过程中,主要是因为 A.O.史密斯公司认为,市场调研活动最主要的是与用户进行有效的沟通和交流,了解用户的需求和使用体验,工程师加入到调研团队中,能够对用户的困惑做出技术反馈,同时评估可能实现的技术解决方案。在谈到工程师参与消费者调研时,A.O.史密斯公司电热水器事业部的产品经理这样解释道:"在调研过程中,我们需要了解用户对热水的需求和潜在需求。当然,我们了解用户的需求并不是最终目的，最终目的是提供解决用户'痛点'或者改善用户体验的技术实现方案，甚至从中找出研发精品的灵感和线索，而这些都是需要工程师来共同参与和评估的……"

A.O.史密斯公司这种市场人员和工程师共同参与的市场调研方式，能够最大限度地保证需求信息真实、有效、快速地在公司内部进行传递，有效避免制造企业中常常出现的技术与市场脱节所造成的产品问题。通过市场人员和工程师的合作调研，市场部门能够及时了解公司应对消费者需求的技术解决方案和成本情况。产品研发部门也可以了解到消费者目前迫切需要解决的"痛点"是哪些，消费者还有哪些潜在的需求没有满足等问题，有利于以消费者需求为导向，集中研发资源，通过打造精品来赢得市场竞争力。

二、扎根市场，苦中作乐

A.O.史密斯公司认为，要想使市场调研活动真正发挥作用，为开发精品提供有益的指导，就必须确定规范的市场调研流程，实实在在地去做，通过和用户的完整沟通，来获得有前景和具备可行性的产品立意。A.O.史密斯公司产品调研活动的流程可以分为人员配备、制定调研问卷、入户调研和形成调研报告四个环节。

1. 人员配备

在A.O.史密斯公司，产品调研计划确定之后，产品经理一般都会按照调研项目所涉及的品类，指定一个专门的项目经理（通常会由市场部门的产品企划人员担任），由项目经理负责该调研项目的规划、协调和实施。在开始正式的调研活动之前，项目经理首先需要根据调研活动的目的，在产品创意组内选择合适的成员加入到调研项目组中。调研项目组既要有市场人员，更要有研发人员参加。之所以采取这种人员配置方式，主要是因为A.O.史密斯公司认为，要想从消费者那里挖掘真实、有效的需求信息，就必须保证在和用户进行交流的时候，不偏重某一个方面，因为一般情况下市场人员会偏重市场，研发人员会偏重技术解决方法。通过研发人员和市场人员的共同参与，从用户的角度去考虑，能够与用户进行一个完整的交流，真正挖掘到用户的需求和潜在需求。

2. 制定调研问卷

在调研项目人员配备之后，项目经理需要根据调研项目拟订具体的项目行动计划，并提交产品经理以及市场部领导审批。在获得审批之后，项目经理需要同项目组的其他成员一起，根据该调研项目的目的和要求，初步确定符合条件的调研对象。在调研对象初步确定之后，调研项目组人员需要遵循寻找意见领袖的原则，准备好甄别问卷，以进一步提高调研对象的精准性。在最终的调研对象确定之后，调研人员需要和调研对象进行预约，并同时准备好调研问卷。在A.O.史密斯公司，为了最大限度地挖掘消费者的需求信息，调研问卷中所涉及的问题一般都是开放性的，很少会出现回答"是"或者"否"的问题。此外，A.O.史密斯公司的访谈问卷不仅关注一些表面性的问题和特征，例如用户的购买方式以及使用习惯，而且会特别关注：用户为什么会有这种使用习惯？是出于怎样的考虑？现有产品能否满足其使用习惯和消费需求？还需要在哪些方面做出有针对性的改进（详见示例7-3）。通过这种开放性和深入式的访谈问题，不仅能够了解现有产品给用户所带来的"痛点"以及改善的迫切程度如何，最大限度地挖掘用户的消费需求，而且能够为产品研发人员改善产品性能提供有益的思路。

示例 7-3

储水式电热水器项目入户调研问卷（节选）

一、预热（5分钟）

1. 强调本次访谈的目的，并承诺对用户信息保密。

2. 强调访谈题目没有对错之分，请用户表达最真实的想法。

3. 请用户简单介绍一下年龄、职业、家庭结构以及平时生活中会有哪些娱乐活动。

二、用户购买决策过程研究（10分钟）

1.【购买储水式电热水器的主要原因】我们都知道热水器分为燃气热水器、电热水器、太阳能热水器、空气能热水器，您当初为什么选择了电热水器？又为什么选择了储水式电热水器？当初是如何考虑的？

2.【购买决策流程描述】请您详细描述下，在您的整个购买过程中，做了哪些事情？

（1）购买前：在购买之前您查询了哪些信息？您在计划购买的阶段主要会考虑哪些因素（价格、性价比、质量、品牌、容量、安装位置、外形、功能、耗电量、售后服务，等等）？这些因素当中，您最关注的是哪些？

（2）购买过程中：您在购买过程中实际考虑了哪些因素？与原来计划的是否一样？有没有哪些因素是您原来没有考虑到的，但是在购买的时候"促销员"向您推荐，您被吸引到了？

① 针对品牌因素提问：您在选购的时候都考虑过哪些品牌？最后哪几个品牌的电热水器进入您最终考虑的范围？是什么原因（促销活动、商场导购积极推荐、外观美观、功能优势）造成的？

② 针对功能因素提问：您在选购阶段，主要考虑产品的哪些功能呢？有哪些电热水器的功能点吸引到您？

③ 除了以上提到的品牌与功能因素之外，还有哪些因素在购买阶段吸引到您去关注的？

（3）购买后：综合上面提到的几点，我们和您一起总结下，在功能特点、外观、能耗、清洗方便性、售后服务等方面，哪些是促使您做出购买决定的关键因素？

3. 入户调研

在准备好访谈问卷之后，就进入到入户调研环节。为了提高调研活动的专业性和有效性，A.O.史密斯公司规定了入户调研的基本流程：①调研项目组的人员同调研对象进行预约，约定上门访谈的时间；②调研团队登门，说明来意并征得用户同意进入用户家中；③调研团队将事先准备好的、精致且实用的小礼物送给用户，并在用户允许的情况下，参观用户家中所使用的家电产品（热水器、空气净化器、净水机等），并拍照记录；④调研团队利用访谈问卷对用户进行访谈；⑤调研团队结束访谈，向用户表示感谢并离开。

A.O.史密斯公司入户调研的内容包括：①了解影响用户购买行为和购买决策的因素有哪些。②了解用户在使用热水器过程中，会出现哪些"痛点"，为什么会出现，以及出现的频率是多少。③了解用户希望改善"痛点"的迫切度有多大，用户有什么好的想法能够改进这个"痛点"，以及用户想要的解决方法是什么，等等。

值得强调的是，为了使得入户调研能够切实有效，A.O.史密斯公司非常注重与用户建立平等、友好的关系。A.O.史密斯公司要求调研项目组的人员忘记自己是一个研发人员或市场人员，甚至忘记自己是A.O.史密斯公司的员工，而是把自己当作一个聆听者。这样做的主要目的是希望通过这种客观、公正的调研或者访谈，从用户的角度，真正了解：用户为什么会有这种想法？用户为什么会这样使用？用户对热水的需求到底是什么？如何满足用户的需求？如何围绕着用户的需求去进行技术攻关或者提供技术实现方案？后续应该如何做产品设计和规划？也正是因为有严格规范的市场调研过程，无论是在家用领域还是在商用领域，针对每位用户的不同需求，A.O.史密斯公司总能为用户带来全新的热水享受，并同时创造更高的价值。

4. 形成调研报告

根据调研项目计划，在入户调研环节完成之后，调研项目组的成员会利用手中的访谈数据和访谈资料,整理并找出对每一户用户进行调研过程中所发现的问题点。在此基础上,通过对几十户甚至是几百户用户的调研情况进行归纳、分析和总结,概括此次调研活动的主要研究结论以及在此次调研过程中的发现和启示,并形成调研报告。

调研报告的内容有:①调研的基本情况。主要包括调研对象、调研地点、调研人员、调研时间等。②调研小结。主要是阐述在此次调研活动中的主要发现和研究结论,包括用户的购买行为分析、用户的使用效果以及用户的关注点和需求等内容。③用户案例详情。主要是对每一位用户的需求进行具体的分析,最大限度地还原和记录用户真实的消费需求信息(参见示例7-4)。

示例7-4

超静音/高能效热泵入户调研报告(节选)

调研目的: 深入挖掘A.O.史密斯公司超静音和高能效两款新品热泵用户的使用体验(购买行为/使用习惯/"痛点"/建议),挖掘用户的潜在需求,提炼产品改进升级创意

调研时间: 2015年8月

调研地点: 厦门、昆明、福州

调研人员: ×××、×××、×××

用户群体: 超静音和高能效热泵用户

调研汇总: 本次共调研有效样本25户,其中厦门8户,昆明8户,福州9户,选择的用户群体主要是使用超静音(14户)和高能效热泵三个月以上的用户(11户)。

(1)不满意点汇总。①体积大,占地方。不少用户认为目前的产品体积比较大,占地方,后续如果机器坏了,因为体积太大,需要拆窗户才能将机器弄出来,给维修和保养带来不便。因此,用户希望能够实现小体积的设计,但是产品仍然需要保证足够量的热水。②加热速度慢/热水不足。经过了解,对加

热速度不满意的用户都出现过断电关机,重新进行加热的情况,正常一直开机的用户并没有反映加热速度的问题。用户也提出担心冬季会有问题,因为冬天天气冷,气温低,热水的使用量大。

(2)用户建议汇总。①冷气可回收/处理。大部分用户的超静音热泵安装在类似户内阳台的地方,对南方的用户而言,一般冬季无地暖,基本也不开空调,所以南方的用户较为担心冬季机器往屋内吹冷风的问题,因此建议能够对超静音产品的冷风进行相应的回收和处理。②冷水段的问题。大多数用户都认为机器安装了循环泵,直接开龙头就应该有热水,而无须任何其他的操作。但是,超静音和高能效热泵还需要用户按照水流开关的控制方式再操作一遍,经过了解绝大多数用户并不清楚操作方法。针对这一点,用户提出的建议是实现循环泵的控制智能化(无须用户劳神),或者直接将水泵内置到机组里。

在形成产品调研报告之后,A.O.史密斯公司规定,该调研项目组成员还需要在一个月之内,针对该调研项目的主要发现和研究结论,在产品创意组中和大家进行分享。在分享完毕之后,产品创意组中的所有成员针对该调研项目的调研过程、调研报告以及主要的调研结论采用头脑风暴方式进行研讨,发表自己的观点和意见。最后,则由产品创意组的所有人员在综合考虑各类型意见和建议的基础上,进行充分的讨论,共同决策,推荐出初步可行的产品创意方案,为后续的产品开发提供指导和方向。

第八章
不惜代价做研发

无论是通过消费者调研，进行深度市场研究，挖掘消费需求，还是专注于前瞻性技术，通过技术积累，创造消费需求，都只是做精品的第一步。要想打造精品，还需要在挖掘和创造需求的基础上，通过技术研发，来寻找能够解决行业难题的技术方案。为此，A.O.史密斯公司在坚守美国 A.O. Smith 集团公司"笃信技术，重视研发"信念的基础上，投入大量资金和资源建设高规格的研发中心和实验室，并通过引导工程师积极挑战行业技术难题，打造精品，追求极致。

第一节 百年坚守的研发信念

技术研发是一项充满挑战性和风险性的工作，不仅需要有足够的资源和资金支持，更为重要的是，需要有足够强大的信念支撑。A.O.史密斯公司继承其母公司美国 A.O. Smith 集团公司强大的创新基因，在中国市场上，秉承"笃信技术，重视研发"的信念，不断进行技术研发和产品创新。

一、笃信技术，重视研发

美国 A.O. Smith 集团公司是一家拥有 144 年历史的跨国公司，总部位于美国威斯康星州密尔沃基市。纵观其144年的发展历程，它始终坚持将"笃信技术，创新研发"的信念融入企业的每一个发展阶段和每一个产品类别：①1874年，查尔斯·吉尔米亚·史密斯（Charles Jeremaiah Smith）以机械师的身份开始了创业，主要制造、经营婴儿车和马车的零部件。作为一家零件制造商，由于其精湛的技术和创造性地解决问题的能力，史密斯家族很快确立了自己的商誉。②1895年，史密斯家族通过技术创新，创造性地找到了一种焊接无缝钢管车架的技术，实现自行车车架生产领域的一大突破，依靠这项先进的焊接技术，史密斯家族成为美国最大的钢制自行车零件制造商。③1902年，史密斯家族将目光转向汽车行业，将利用金属薄板制成的压制钢件制造成汽车车架，凭借这项先进的技术，到1910年，该公司生产了11万个汽车车架，占整个行业需求量的2/3。④1936年，史密斯家族决定正式进入热水器生产领域，把用在输油管道上的防腐技术应用在热水器上，开始了"美国热水专家之路"。

美国A.O.Smith集团公司"笃信技术，重视研发"的信念不仅仅贯穿在公司发展的历程中，更体现在公司创立者史密斯家族对研发技术的笃信和重视上。也正是得益于这种对技术研究和产品研发与生俱来的痴迷与狂热，美国A.O.Smith集团公司在总部设立下属机构"公司技术中心"（Corporate Technology Center, CTC），主要负责在相关行业或者领域内寻找前沿课题和技术，并通过技术攻关，为美国A.O.Smith集团公司全球业务的开展提供竞争优势和长期的技术储备。

正如英文单词"Smith"直接翻译过来的意思是"工匠"一样，美国A.O.Smith集团公司就像一个工匠一样，凭借其对技术的热情，将所有的精力、心血倾注到技术攻关和产品研发之中。也正是凭借着对技术的热爱，才创造出一台热水器使用52年的奇迹。自1936年进入热水器行业以来，美国A.O.Smith集团公司依靠领先的技术、优质的产品和完善的服务，已成为北美最大的热水器生产企业，是美国纽约证券交易所上市公司（代码AOS）。2001年9月，美国A.O.Smith集团公司收购美国第三大热水器制造厂商——斯达特公司，进一步巩固了自己的市场领先地位。

二、绝不偷工减料

在中国市场，A.O.史密斯公司按照美国A.O.Smith集团公司的要求，始终将"笃信技术，重视研发"的信念，融入在血液中，体现在行动上。通过重视技术，创新研发，A.O.史密斯公司在电热水器、燃气热水器、净水机、空气净化器、空气能热泵热水器、燃气采暖/热水两用炉、保湿洗脸软水机等领域，不断推出高性能、高科技的创新精品。例如，面对工业化造成的重金属水污染，A.O.史密斯公司研发出长效反渗透净水机，有效滤除重金属，为消费者提供更安全的饮水；为应对雾霾和日益严重的空气污染，A.O.史密斯公司研发设计出空气净化器，不仅能够有效去除甲醛和甲苯等污染颗粒物，迅速改善空气质量，而且能够实现PM2.5的精确探测与显示，提供良好的用户体验。2017年5月8日，A.O.史密斯公司凭借"低噪音热泵热水器技术"（专利号：ZL201420084155.3），获得了由中国国家知识产权局颁发的"2016年度中国专利优秀奖"，成为热水器行业唯一一家获此殊荣的公司。

不仅如此，在坚守美国A.O.Smith集团公司"笃信技术，重视研发"信念的基础上，A.O.史密斯公司始终坚持"绝不偷工减料"的原则，并将其作为基本红线，贯穿于产品研发的各个环节。在A.O.史密斯公司，"绝不偷工减料"的原则不是一句空话，也不是一句口号，而是被真正应用于产品研发的过程之中。1998年，A.O.史密斯公司成立不久，计划在中国市场推出首款电热水器产品。而在这款产品的研发过程中，公司内部出现了两种不同的意见：一种意见认为按照美国的产品标准，在中国市场上推出40—80升的壁挂式产品，产品的保温层厚度需要达到1英寸；而另一种意见认为，中国主流市场产品的保温层厚度都没有达到1英寸，这种做法也符合国家标准。同时，如果增加保温层的厚度，势必会影响产品的外观，让产品看起来更加笨重。围绕着是沿用美国标准还是遵循中国标准，是坚持还是减薄1英寸保温层厚度，A.O.史密斯公司内部进行了激烈的研讨。最终，在美国 A.O. Smith 集团公司"笃信技术，重视研发"的信念和"绝不偷工减料"原则的指导下，A.O.史密斯公司最终决定产品的保温层厚度沿用美国标准，达到1英寸。正如总裁丁威所说的那样："沿用美国标准，虽然增加了成本，但是却保证了产品拥有优异的保温性能。"

坚守美国 A.O. Smith 集团公司强大的研发信念，在"绝不偷工减料"原则的指导下，A.O.史密斯公司自1998年在南京成立以来，始终坚持"笃信技术，重视研发"的信念，投入大量资源建立研发中心和实验室，并通过引导工程师攻克行业难题，为公司发展赢得了巨大的竞争优势。

第二节 有钱就建研发基地

研发基地包括研发中心和实验室，是研发人员进行科学研究和产品研发的主要活动场所。为了搭建一流的产品研发平台，A.O.史密斯公司在进入中国市场之后，秉承母公司美国 A.O. Smith 集团公司"笃信技术，重视研发"的优秀传统，持续投入大量资金和资源，着力建设研发中心和实验室，引进关键的实验设备和仪器，提供良好的研发环境。

一、"高大上"的研发中心

144年来，秉承着对技术的笃信，美国 A.O. Smith 集团公司在全球范围内（包括北美、荷兰、中国、印度、墨西哥等地）共建立了21个研发中心，专职从事研发工作的工程师共有500多人。不仅如此，美国 A.O. Smith 集团公司还在其总部所在地——美国威斯康星州的密尔沃基建立了隶属总部的"公司技术中心"。该技术中心已经拥有上百年的历史，所属人员均是具有博士学位的高级专家学者。这些专家学者只研究前沿且极具潜力的技术课题，没有任何具体的产品研发任务。虽然这些前沿且极具潜力的技术课题与企业产品有一定的相关性，但并不是百分之百相关。A.O.史密斯公司总裁丁威在介绍公司技术中心时强调道："我们总部的公司技术中心主要是在全球范围内寻找具有发展潜力的新技术和新产品，并通过反复的测试和实验，突破技术难题，将其运用在未来的产品上，实现商业化。以壁挂炉采暖产品为例，有很多时髦的理念，比如把汽车发动机的燃烧控制方法应用在燃气采暖设备上，这项技术可能在五年内很难看到它实现商业化，但我们还是要提前研究。"

进入中国市场之后，美国A.O.Smith集团公司始终恪守其"笃信技术，重视研发"的优良传统，并将这一优秀传统融入A.O.史密斯公司的发展过程之中。自1998年A.O.史密斯公司在南京新港开发区成立之日起，持续投入大量资金和资源，着力建设研发中心就成为A.O.史密斯公司一直在做的事情。

1998年，美国A.O.Smith集团公司投资3 000万美元，在中国建立了完善的热水器研发中心（A.O.史密斯内部称之为老工厂），为A.O.史密斯公司的技术研发和产品创新提供良好的研发资源及硬件设施。

2004年，美国A.O.Smith集团公司在成立130周年之际，宣布在中国南京成立全球工程研发中心（Global Engineering Center，GEC），2005年3月该中心正式落成启用。该中心是美国A.O.Smith集团公司在全球范围内设立的三大研发中心之一。全球工程研发中心的主要任务是为面向中国消费者及全球消费者的产品研发、技术应用提供技术资源和技术支持。全球工程研发中心拥有两个中心实验室，配备了前沿领先技术的计算机处理测试设备，包括兼有监控热水器性能与高速宽带数据传输能力的专利试验台，使得中国与美国的工程师可以共享实验数据。该中心的成立提升了美国A.O.Smith集团公司在全球范围内的热水器设计和测试能力，进而促进了其全球业务的拓展，也进一步巩固了美国A.O.Smith集团公司在行业内所处的领先地位。

2011年，在节能、低碳和环保成为未来消费趋势的情况下，美国A.O.

Smith 集团公司又投资 5 亿元人民币，打造低碳、节能研发中心（A.O.史密斯内部称之为新工厂）。随着该中心的正式启用，A.O.史密斯公司实现了研发实力翻番。该中心可以协同美国 A.O. Smith 集团公司在全球的研发人员，24 小时不间断地对产品进行测试及分析，不仅能够进一步引领热水行业节能低碳的产业升级，而且巩固了 A.O.史密斯公司在热水器行业创新、节能、环保的领先地位。

2013 年，美国 A.O. Smith 集团公司在南京投资成立全球超级研发中心（A.O.史密斯内部称之为溧水工厂）。该中心配备了世界最前沿的计算机处理设备及测试产品性能的专利试验台，为 A.O.史密斯所有家用/商用热水、采暖、水处理及空气净化产品的各项试验提供技术支持。

截至 2017 年，A.O.史密斯公司已经拥有四个研发中心，分别是电热水器研发中心、燃气热水器研发中心、水产品研发中心和全球工程中心，专职从事研发工作的工程师达 400 多人。随着各个研发中心的建成和投入使用，A.O.史密斯公司的研发实力得到极大的提高，为打造精品积蓄了强大的技术研发力量，进一步巩固了其行业领导者的市场地位。

二、"高精尖"的实验室

建立研发中心之后，更为重要的是，还需要引进关键的实验设备和仪器，只有这样，才能对产品进行各种类型的测试，收集产品特征进行分析和技术改进。为了提高公司的研发实力，A.O.史密斯公司采取内部自建和外部合作的方式，一方面进行巨额投资，建立实验室，购置大量的实验设备；另一方面，对于目前尚不具备的实验条件，A.O.史密斯公司采取合作的方式，与相关科研院所、国家实验室签订协议，借助外部条件，为公司内部的产品研发工作寻找到便利的实验条件，大大增强了公司的研发实力。

1. 内部自建

在 A.O.史密斯公司内部，依托各个研发中心，还建立了多个实验室：壁挂炉实验室、燃气实验室、电热实验室、热泵实验室、净水实验室、软水实验室、空气净化实验室以及电控实验室等。这些实验室都配备了先进的设备和技术仪器，建立了多个试验台，能够不间断地对产品进行分析测试，在行业内处于领先地位。以新工厂的壁挂炉实验室为例，该实验室在建立之初，就充分考虑到了自动化的设计原则。一台产品放上去，全部的实验都是自动完成的，实验员只需要在操作室里进行操作，数据的收集和分析很快就能自动完成。目前，该实验室拥有的实验台的数量远远超过其他实验室，但是实验员的数量却比其他实验室要少一半左右。不仅如此，壁挂炉实验室内部建立的环境实验室，可通过将温度调至零下40℃，来测试壁挂炉产品在极端气温和环境下的性能状况。这种通过模拟极端环境进行产品测试的方式，能够帮助了解产品抗低温的性能，保证产品的质量，在行业内也是首开先河。

2. 外部合作

除了在公司内部的实验室进行有关项目的测试外，A.O.史密斯公司还会聘请第三方测试机构对产品进行测试。如果内部测试数据和第三方测试机构的数据不一致，A.O.史密斯公司基于严谨、认真的考虑，往往会选择最差的测试数据，并在此基础上进行技术改进。此外，虽然A.O.史密斯公司引进了大量先进的实验设备和仪器，但对于一些价格昂贵使用率却不高的大型实验设备，A.O.史密斯公司主要还是采取外部合作的方式，与东南大学、南京工业大学、同济大学、南京大学等高等院校签订协议，为产品测试提供必要的测试条件和实验设备，更好地满足产品研发的任务。

第三节 有钱就招工程师

企业的发展依赖于能够打造出经过市场检验的精品，而研发精品与工程师的工作密不可分。A.O.史密斯公司重视科研，不断创新，积极挑战行业难题的理念,不仅体现在投入大量资金建设研发中心和实验室上,还体现在招聘大量"对的工程师"上。"对的工程师"是指认同公司"四个满意"的价值观且富有创新精神和创新能力的工程师。在寻找"对的工程师"的基础上,通过赋予工程师富有挑战性的机会,向工程师提供具有市场竞争力的薪酬和公平公正的职业成长通道,来点燃工程师的创新热情,为A.O.史密斯公司挑战行业难题、研发精品提供技术保证。

一、寻找"对的工程师"

目前,A.O.史密斯公司共有四个研发中心、400多名工程师,高级工程师占20%,资深工程师占25%,初级工程师占35%,实验技术员占20%。当然,拥有大量的工程师,只是A.O.史密斯公司研发团队实力强大的一个方面,超越于数量,A.O.史密斯公司更希望寻找到"对的工程师"。基于此,A.O.史密斯公司在考察工程师对"四个满意"价值观认同的基础上,特别重视工程师们的创新精神和创新能力,并通过积极寻找和招聘"对的工程师",为公司的发展提供大量的技术人员储备。

在谈到A.O.史密斯公司挑选工程师的标准时,丁威这样说道:"每次有人问我这个问题的时候,我都会给他们举个例子,我曾经看到过一篇对美国国家实验室管理者的采访报道,在问及如何对美国国家实验室科研人员的科研成果进行定量考核以及如何对科研人员进行管理时,美国国家实验室的管理者说:'我觉得最好的方式并不是有多么先进的管理方式或者制度,而是真正选择了那些热爱科研,热爱创新,具有创新基因和热情的人,这种人,天天琢磨技术难题,主动做各种实验,一天不做研发就难受。'对于我们的企业来讲,最优秀的工程师往往就是那种具有创新精神和创新能力的人……"

为了寻找和挑选到"对的工程师",A.O.史密斯公司经过多年的不断探索和持续改进,已经在工程师的招聘、甄选工作中形成了一系列行之有效的措施和做法。

从驱动创新到实践创新
A.O.史密斯公司的创新管理

1. 工程师招聘

为了寻找到认同"四个满意"的价值观且富有创新精神和创新能力的工程师，A.O.史密斯公司探索出合适的招聘方式：①"口碑"宣传式社会招聘。一方面，通过建立内部人才推荐激励机制，激励员工争当"伯乐"和"猎头"，为公司的空缺岗位推荐合适的外部人才；另一方面，通过建立"前员工"联盟，引导"前员工"将合适的人才推荐到A.O.史密斯公司。这种"口碑宣传"式的社会招聘方式能够使公司找到认同"四个满意"的价值观，同时又富有创新精神和创新能力的工程师。②"走出去"和"请进来"式校园招聘。一方面采取"走出去"策略，通过举办粉"斯"体验营项目，吸引认同公司价值观且富有较强创新精神和创新能力的应届毕业生参加；另一方面采取"请进来"策略，通过举行江苏省校企交流论坛，加深目标院校毕业生对A.O.史密斯公司的认识和了解。之所以注重校园招聘，主要是因为A.O.史密斯公司认为，应届毕业生较少接触到社会上的不良风气，又较少受到社会上的负面影响，"一张白纸好画图"。因此，更加容易沉下心来，潜心投入到A.O.史密斯公司所涉及的相关行业或者领域的技术研发之中。

2. 工程师甄选

A.O.史密斯公司认为，一个好的工程师既需要认同公司"四个满意"的价值观，又需要具有较强的创新精神和创新能力。基于此，A.O.史密斯公司在面试的过程中十分注重对工程师的价值观念、创新能力进行评估和考察。

（1）以价值观认同为原则。在面试过程中，为了了解候选人对"四个满意"价值观的认同状况，A.O.史密斯公司会设置相应的面试问题，着重考察候选人的价值观念是否与"四个满意"相吻合。

（2）以创新能力为准绳。在面试过程中，为了充分了解应聘工程师岗位候选人的创新能力和创新精神，A.O.史密斯公司往往会：①通过要求候选人列举其做过的最有成就感或印象最深刻的具体事例，来判断该候选人是否具有创新意识。②通过询问候选人在之前的工作或学习经历之中，有无参与到重要的实验课题或者技术项目的经验，来了解该候选人的技术背景。③通过询问候选人是否取得一些能够代表自身创新能力和创新精神的成就，例如技术专利的情况，来了解该候选人是否具有创新能力。

通过对以上情况的综合分析判断，A.O.史密斯公司的面试官就可以对应聘工程师岗位候选人的价值观念和创新能力做出较为客观的评估，并决定是否录用。

二、赋予工程师富有挑战性的机会

寻找"对的工程师"往往只是第一步，要想让工程师充分地发挥其主观能动性，还需要向他们提供一系列富有挑战性的工作任务和工作机会，激发工程师们创新的内在动机，只有这样，才能让他们充分发挥其聪明才智，为企业的创新提供适宜的土壤。

1. 挑战行业难题

正因为 A.O.史密斯公司是一个重视研发，并将产品创新看作成功之道的企业，A.O.史密斯公司工程师们承担的工作任务注定是极具挑战性的。在谈到这个问题时，A.O.史密斯公司总裁丁威是这样描述的："A.O.史密斯公司的工程师们解决的课题一定是行业难题，这也是解决消费者'痛点'的关键。只有从技术上突破目前的行业难题，并将其成功应用在产品上，我们的产品才能比竞争对手的产品更有生命力，也才更能满足消费者的需求……"

在 A.O.史密斯公司，产品研发任务主要分为新产品开发和新技术研究两大类。其中，新产品开发的主要目标是在规定时间内开发出能够上市销售的产品；而新技术研究的目的是进行新技术的突破，为公司未来的发展提供技术储备。为了兼顾产品开发和基础的技术研究，A.O.史密斯公司四个研发中心的工程师们进行了有效的分工和协作：电热水器研发中心、燃气热水器研发中心、水产品研发中心的工程师主要从事新产品开发；而全球工程研发中心的研发人员在配合A.O.史密斯公司的各个事业部做好新产品开发任务的基础上，同时承担新技术研究的任务。

（1）新产品开发。新产品开发是指A.O.史密斯公司的研发人员，为了保证产品能够在规定的时间内开发出来并能够上市销售所开展的研发工作。新产品开发就是对上市销售的产品进行研发，拥有明确的立项时间、完成期限、考核标准。A.O.史密斯公司实行事业部制的组织架构，为了充分提高各个事业部的产品研发实力，公司在每个产品品类都设立了研发中心，负责进行相应品类的新产品开发工作。例如，电热水器研发中心主要承担电热水器的新产品开发任务；燃气热水器研发中心主要承担燃气热水器的新产品开发任务；水产品研发中心则承担净水和软水产品的新产品开发任务。

新产品开发任务清单的确定并不是工程师闭门造车想出来的，而是研发工程师和市场部人员在对用户进行调研之后所形成的。具体而言，主要包括以下步骤：①由研发工程师和市场调研人员组成调研团队，对用户进行实地调研后，完成产品调研报告，将研究结论罗列出来。②调研团队将调研结论在公司层面的产品创意组进行分享，并通过研讨的方式，确定行业难题和产品拟立项清单。③在列出行业难题和产品拟立项清单之后，A.O.史密斯公司的市场部和研发部门会召开专门的产品立项会议，在听取市场部对产品立项的缘由和应用前景分析的基础上，由研发工程师按照重要性，对行业难题进行排序，从而确定新产品开发的任务清单。

这种基于消费者需求确定新产品开发任务清单的方式，能够保证A.O.史密斯公司的工程师们所开发出来的新产品，可以带来良好的用户体验，较好地满足消费者的需求。例如，近些年来，面对冬季国内雾霾的肆虐，A.O.史密斯公司推出了重污染速净型空气净化器，这款空气净化器的洁净空气量高达750立方米/小时，即使室外重度雾霾，也能迅速去除甲醛和甲苯等污染颗粒物，快速洁净空气；针对目前市场上净水产品"换芯周期短、成本高""出水流量小"等问题，A.O.史密斯公司成功研发出专利 MAX5.0 长效反渗透技术，从而使得净水机滤芯的使用寿命提高到 5 年，净水流量达到 3 升/分钟，为消费者提供了良好的用户体验。

（2）新技术研究。新技术研究是指 A.O. 史密斯公司为了赢取未来的竞争优势所进行的技术积累和技术储备研究。与新产品开发不同，新技术研究与 A.O. 史密斯公司的产品虽具有一定的相关性，但并非百分之百相关，有的研究课题可能 20 年都实现不了。A.O. 史密斯公司认为，虽然有些新技术研究的课题并不能带来短期的经济效益，但却能够为公司现有产品品类的创新和未来新业务的开拓提供技术方向及技术储备，为公司的长期持续发展积累优势。例如，以壁挂炉采暖产品为例，有很多先进的理念，比如把汽车发动机的燃烧控制方法应用在燃气采暖设备上，这项技术虽然现在还没有办法实现商业化，但长远来看，却是壁挂炉采暖产品技术发展的方向，能够为壁挂炉采暖产品创新提供技术方向，可能具有极大的商业价值。

在 A.O. 史密斯公司，新技术研究任务主要由全球工程研发中心的工程师来完成。全球工程研发中心的工程师，一方面，需要为 A.O. 史密斯公司内部各个事业部的产品开发工作提供技术支撑，配合好各事业部的产品研发人员，做好新产品的开发工作，在保证产品质量的同时，确保新产品能够准时、顺利上市；另一方面，还需要按照美国 A.O. Smith 集团公司下属机构"公司技术中心"的安排，进行技术攻关，为 A.O. 史密斯公司未来的发展进行技术积累和储备。

无论是新产品开发还是新技术研究，都是在围绕着解决行业技术难题这个基本点，让工程师们投身到极具挑战性的工作任务和工作项目之中，既能充分激发工程师们的创新精神和创新能力，也能为企业的长久发展提供坚实的技术保证。

2. SE 项目

SE 项目的全称是 A.O. 史密斯公司研发工程师培训生项目（Smith Engineer

Trainee Program），该项目是 A. O. 史密斯公司为了未来在行业内始终保持产品技术领先优势而进行的研发人才储备计划，旨在通过为期两年的各类挑战性项目，着力培养研发工程师们包括质量意识、科研创新、团队工作等在内的多维能力，使之能够成为一名优秀的技术研发工程师。为了保证 A. O. 史密斯公司 SE 项目的顺利推进，人力资源部同研发部门共同制定了该项目的目标、培养范围、培养周期、培养流程、项目考核以及项目奖励。

（1）项目目标：每期 SE 项目的所有参加者通过年终述职，成为高潜工程师（A1，A2，B1）或成为项目经理的人数占该期 SE 项目总人数的比例不低于 60%。

（2）项目的培养范围：毕业两年内且具有硕士及以上学历的研发工程师。

（3）项目培养周期：两年。

（4）项目培养流程：①自主申请。毕业两年内且具有硕士及以上学历的研发工程师可以根据自身情况，自主申请加入 SE 项目。②导师制。A. O. 史密斯公司人力资源部通过与研发部门进行协商，邀请公司具有较强技术能力和专业背景的高管组成研发导师组。加入 SE 项目的每一位研发工程师，采取和导师进行双向选择的方式，从导师组挑选导师。在导师同意后，加入 SE 项目的工程师需要与导师进行充分的沟通和交流，并确定一项具有挑战性的项目。该项目的目标设置，必须符合 SMART 原则，导师和项目一经确定，必须由人力资源部进行备案，明确导师和项目完成时间。③项目周报。加入 SE 项目的研发工程师按照导师的要求和指导，对项目予以实施和推进，并按照要求，每周撰写项目周报，项目周报抄送至公司管理层和研发导师组的每位导师，并在研发部门内进行周回顾。④月度回顾。导师每月需要同其指导的研发工程师一起，对开展的项目进行回顾，了解项目的进展状况。同时，导师还需要针对项目持续推进过程中存在及可能存在的问题提出意见和建议，进行有针对性的辅导和反馈。⑤季度回顾。为了保证各个项目的有效推进，由人力资源部每季度组织导师组的各位导师，对其指导的项目进行逐一回顾，并针对每个项目给出明确的项目反馈和建议。

（5）项目考核：加入 SE 项目的研发工程师的考核方式为年度述职。年度述职小组由来自研发导师组的至少两位不同部门的导师、人力资源部负责人以及本部门的导师组成。在培养周期内年度述职成为高潜工程师（A1，A2，B1）或项目经理，即为培养成功。

（6）项目奖励：培养成功的高潜工程师或项目经理，享受行业内具有竞争力的薪酬水平，同时按照 A. O. 史密斯公司专业技术晋升通道获得提升；对导师，主要以自选礼品的方式进行激励，每培养成功一名，即奖励价值10 000元的礼品；对于相关的人力资源部门的人员，同样以自选礼品的方式进行激励，每培养成功一名，即奖励价值2 000元的礼品。

三、解除工程师的后顾之忧

A. O. 史密斯公司认为，在寻找到"对的工程师"，赋予其挑战行业难题机会的基础上，要想使研发工程师能够心无旁骛、专心致志地攻克行业难题，必须为工程师们提供良好的创新条件和创新环境，照顾和伺候好他们，解决他们的后顾之忧。只有这样，才能调动工程师们的积极性和主动性，让他们"不待扬鞭自奋蹄"地参与到公司的技术研发和产品创新之中。为此，A. O. 史密斯公司为工程师们提供了有市场竞争力的薪酬、多样化的培训机会、公平公正的技术晋升通道以及舒适的工作环境，解除他们的后顾之忧。

1. 有市场竞争力的薪酬

A. O. 史密斯公司作为一家美资企业，对于薪酬具有一套与市场接轨的标准和制度。特别是对研发工程师，A. O. 史密斯公司一直注重为他们提供具有市场竞争力的薪酬，在此基础上，A. O. 史密斯公司会向考核合格的研发工程师每年发放16个月的薪酬并提供良好的福利待遇。

2. 多样化的培训机会

A. O. 史密斯公司认为，每一位进入到公司的工程师绝不会仅仅把工作看作生存的方式,更重要的是希望在公司能够有所发展,在工作中实现自己的人生价值。对于产品研发人员来讲,要想出色地完成自己的本职工作,并取得良好的职业生涯发展机会,最为重要的是需要拥有过硬的专业技术。为此,A.O.史密斯公司为研发工程师提供了以下两种形式的培训:①课程培训。由公司人力资源部聘请专业技术背景出身、拥有较强研发能力的高管担任讲师,为研发工程师们讲授"研发与质量""研发与创新"等课程。②干中学。技术研发是一项实践性很强的工作,仅仅依靠课程培训的方式是远远不够的。为了帮助和培养年轻的工程师,使他们能够迅速地成长起来,A.O.史密斯公司在确定每个挑战性项目的人员时,会充分考虑每个工程师的背景、资历和能力情况,实现每个项目的人员配置都是"老""中""青"相结合,既有资深专家,又有一般工程师以及新入职的研究人员。这种阶梯式的人员配置方式,使得年轻工程师在做挑战性项目或者攻克行业技术难题的过程中,能够拥有更多的机会和资深的工程师进行交流,向其学习,从而实现自身的快速成长。

3. 公平公正的技术晋升通道

A.O.史密斯公司为员工设立了管理类和技术类双晋升通道。其中,管理类晋升通道主要面向从事行政管理类工作的员工,其晋升通道一般为:专员、主管、经理、总监、副总经理、总经理;技术类晋升通道主要面向从事技术研发工作的工程师,其晋升通道一般为:工程师一级、工程师二级、资深工程师一级、资深工程师二级、高级工程师以及首席工程师。为了给研发工程师提供公平公正的晋升机会,每年研发部门的人力资源经理会邀请A.O.史密斯公司的技术专家对提出晋升要求的工程师们进行技术方面的考核,了解他们在过去一年中所承担的主要工作任务、挑战性项目所取得的突破和进展以及所获得的专利技术的情况。如果考核通过,该工程师则会实现顺利晋升,并享受相应岗位上的薪酬福利待遇。这种在管理类晋升通道之外,专门为工程师开辟技术晋升通道的做法,充分显示了A.O.史密斯公司"笃信技术,重视研发"的信念，同时也有利于培育、保留这些优秀的工程师，为 A.O. 史密斯公司不断打造精品提供人才储备和技术力量。

4. 良好的工作环境

研发工程师所从事的是创新类的工作，工作压力和工作挑战性比较大。为了减轻研发工程师的工作压力，A.O. 史密斯公司一方面为研发工程师提供舒适、轻松的工作环境；另一方面创造便利条件，为研发工程师提供多样化的沟通和交流机会，帮助工程师们更好地完成工作任务。例如，A.O. 史密斯公司在办公区域专门设立了 Think 1+1>2 工作室和咖啡室，为研发人员开展头脑风暴、思维碰撞和沟通交流提供舒适的空间。

第九章
精益求精做生产

根据市场研究以及对消费者需求进行挖掘，在对产品进行研发设计的基础上，要想真正地将产品商业化，还需要投入必要的生产人员、生产原材料，将产品按照规定的生产过程制造出来。A.O.史密斯公司十分重视对产品生产过程的控制，并逐渐探索出一种符合 A.O.史密斯公司实际情况的生产方式。A.O.史密斯公司生产方式的主要准则是：①全员参与。通过对班组长进行能力提升培训以及对一线员工进行交叉岗位培训，积极动员和引导员工参与到全员生产维护（Total Productive Maintenance，TPM）和全面质量控制中，发挥全体员工的智慧和力量。②持续改进。通过建立和不断完善持续改进（Continual Improvement，CI）和纠正/预防措施要求表（Corrective/Preventive Action Request，CAR 表）的相关制度，积极促进改进改善。③杜绝一切浪费。为了降低工厂生产中常出现的八大浪费，A.O.史密斯公司通过召开降低成本大会、对供应商进行有效管理以及引进自动化设备，杜绝生产过程中的浪费，提高产品质量和生产效率。

第一节　全员参与

产品生产过程的核心和关键是员工，员工的智慧和创造力是企业发展的原动力。A.O.史密斯公司认为,产品生产过程仅仅依靠部分员工是做不好的,只有重视全体员工的力量,动员全体员工积极参与改进改善活动,才能不断解决企业生产中的各项问题,保证和提高产品质量。A.O.史密斯公司全员参与的生产准则主要体现在以下三个方面:①全员培训。主要包括一线班组长能力提升培训和一线员工交叉岗位培训。②全员生产维护。动员全体员工积极参与到全员生产维护之中。③全面质量控制。通过开展QC(质量控制)小组、作业观察和品质关卡等活动,确保全员参与到产品质量的保证和改进改善之中。

一、全员培训

在A.O.史密斯公司看来,生产一线员工的能力和素质是保障生产过程安全、高效进行的关键。因此,要想使生产过程安全、高效的运行,产品质量得以保证和提高,一方面需要建立防呆措施①,让一线员工在生产操作中无法出错;另一方面则需要通过各项能力提升培训,提高生产一线员工的能力,促进他们更好地进行改进改善。A.O.史密斯公司提供了形式多样的培训,包括新员工培训、在职培训和网络自主培训等,这些培训极大地提高了员工素质和技能。特别是一线班组长能力提升培训和一线员工交叉岗位培训最具典型性,对于一线班组长和生产一线员工能力的提升起到了较为显著的作用。

1. 一线班组长能力提升培训

一线班组长是生产车间的基层管理者,是一线员工的直接领导。他们工作的好坏,直接决定着生产一线的员工能否按照生产要求,通过规范化的操作步骤将产品生产出来。A.O.史密斯公司考虑到目前生产一线的班组长大多是从一线员工成长起来的,管理方法和技能也只是通过日常的学习积累下来,较少接受系统的理念指导和技能培训。在管理和指导一线员工的过程中,一线班组

---

① 是一种预防矫正的行为约束手段,运用避免产生错误的限制方法,让操作者不需要花费注意力,也不需要经验与专业知识即可直接无误地完成正确的操作。

长由于自身知识和经验的局限，往往会存在很多的困惑和不解。针对这个问题，A.O.史密斯公司生产部门和人力资源部组织开展了"一线班组长能力提升"培训项目。该项目主要包括召开一线班组长沟通会和课程培训两个方面的内容。

(1) 召开一线班组长沟通会。一线班组长沟通会由工厂经理主持，每季度组织一次。一线班组长沟通会的主要内容包括：①分享环节。工厂经理将公司近期的运营状况、工厂近期的重点工作内容以及工厂年度目标完成情况与参会的一线班组长进行分享。②交流环节。参会的一线班组长们就自己工作过程中遇到的问题及困惑与大家进行交流，听取工厂经理和其他班组长的意见、建议。例如，曾经有一位一线班组长，其所在车间的人均CI积分较低，一直找不到有效的解决措施，通过在沟通会上和工厂经理以及当选月度"CI明星班组"的班组长进行沟通，该班组长认识到应该鼓励一线员工多找工程师交流，与工程师进行合作，共同寻找一些A类和B类的CI项目，并通过参与实施这些项目，来提高班组的人均CI积分。一线班组长沟通会不仅向一线班组长传达了公司经营发展的重要信息，起到信息传达的作用；更重要的是，一线班组长能够通过沟通会上优秀班组长的经验分享，相互学习，找到正确解决问题的方式方法，有助于更好地从事生产一线的管理工作。

(2) 课程培训。课程培训包括以下两种形式：①内部培训。为了提升一线班组长的管理水平，A.O.史密斯公司生产部门同人力资源部进行了多次研讨。通过研讨，确定了一线班组长课程培训的七大模块：一线班组长工作职责、安全管理、目标管理、精益生产基础知识、生产一线管理案例分享、生产流程分析以及质量管理培训。②外出培训。除了公司内部所确定的培训课程外，A.O.史密斯公司人力资源部还安排班组长外出，参加麦斯顿企业管理咨询有限公司提供的行动领导力培训。行动领导力培训为期一周，能够增强一线班组长的自我认知，提升一线班组长的沟通技巧和行为领导力。

2. 一线员工交叉岗位培训

在A.O.史密斯公司，交叉岗位培训是指在员工熟练掌握自己本岗位技能后，使其获得其他岗位操作技能的培训方式。A.O.史密斯公司认为，交叉岗位培训可以使员工掌握多项技能，成为多面手，以保证任何一个岗位出现缺人或者多人的情况时，都可以灵活调配、增减岗位人员，最大限度地节约人力，减少人力浪费，使整个生产体系既降低人工成本，又能保证工作可以高效率地完成。

A.O.史密斯公司一直注重对一线员工进行交叉岗位培训，并在每个车间的管理看板上设立一线员工的技能状况专区，由班组长每周对一线员工的技能状况进行更新。但是，这种一线员工交叉岗位培训也存在一些不足，例如对一线员工的培训不够标准，考核不够严谨；针对一线员工的技能培训，没有保留可以查阅的书面资料，流程不够规范。2015年6月，在公司召开的员工沟通大会上，A.O.史密斯公司管理层通过与一线员工进行沟通和交流，发现必须对原有的一线员工交叉岗位培训进行完善，并确定以项目制的形式进行推动，进一步提高一线员工交叉岗位培训的规范化和体系化。

2015年7月，A.O.史密斯公司成立了"一线员工交叉岗位培训"项目组，并对一线员工交叉岗位培训存在的问题及如何解决这些问题进行调研和研讨。通过研讨，确立了一线员工交叉岗位培训的形式、培训的教材以及考核标准，明确了一线员工交叉岗位培训的实施思路。

项目组确立的一线员工交叉岗位培训的实施步骤主要包括三个方面：首先，对班组长进行培训，让班组长明确一线员工交叉岗位培训的实施目标与方法；其次，由班组长对一线员工进行培训，让一线员工逐步掌握其他岗位的操作方法；最后，召开一线员工交叉岗位培训沟通会，及时了解在一线员工交叉培训过程中所遇到的问题。

（1）对班组长进行培训。班组长是一线管理者，要想成功实施一线员工交叉岗位培训，就必须让班组长明白：公司为什么要进行一线员工交叉岗位培训？进行一线员工交叉岗位培训具有什么意义？如何进行一线员工的交叉岗位培训？针对这些，A.O.史密斯公司生产管理部和人力资源部在2015年12月共开展了四场培训，对100多名班组长围绕一线员工交叉岗位培训的目标、意义、形式以及对员工技能进行考核的标准等方面进行了培训。

（2）班组长对一线员工进行培训。在对班组长进行培训之后，班组长就需要负责推动每个班组一线员工的交叉岗位培训，主要可以分为以下五个步骤：①班组长与员工讨论确定《岗位操作指导》。为了发扬全员参与的精神，促进员工对每个生产岗位工作内容的了解，班组长需要与员工讨论确定班组内所有岗位的《岗位操作指导》。该指导书主要是明确该岗位有关安全、质量、设备维护以及操作等方面的关键点。②员工学习《岗位操作指导》。在进行交叉岗位培训时，员工首先需要学习新岗位的《岗位操作指导》，对新岗位有一个最清晰、最直观的了解。③师傅讲解。员工在完成对新岗位的了解之后，由该岗位的熟练工人担任"师傅"，向员工现场示范操作步骤并进行讲解，员工在旁进行观察和学习。④员工试操作。在听完讲解之后，员工需要按照师傅的要求进行操作，由师傅在旁进行指导，及时纠正员工在操作过程中出现的错误。⑤员工独立操作。在师傅的帮助和指导下，员工需要进行反复的尝试和学习，如果员工较好地掌握了该岗位的技能，并实现独立操作，那么该员工就能通过考核（即考核合格），可以继续学习新的岗位技能。

（3）一线员工交叉岗位培训沟通会。为了更加及时地了解在一线员工交叉岗位培训过程中所出现的问题，更好地推行一线员工交叉岗位培训，一线员工交叉岗位培训项目组每周都会召开沟通会，积极寻求一线员工和班组长的反馈意见，推动交叉岗位培训制度的持续改善。

2015年12月，A.O.史密斯公司制定了交叉岗位培训的目标：100%的员工掌握5个岗位技能（通过岗位培训考核），100%的岗位有3人掌握其岗位技能。目标制定之后，生产部门将目标分解至各个车间，并形成每周汇报的机制。2017年1月，项目的整体进展是：100%的员工掌握5个岗位技能，100%的岗位有3人掌握其岗位技能。通过对一线员工进行交叉岗位培训，使员工成为多面手，不仅能够极大地提高一线生产和管理人员的综合素质，拓宽员工个人的职业发展道路，促进其职业成功，而且对A.O.史密斯公司来讲，员工都能掌握5个岗位技能，或者所有的岗位都有3名员工掌握其岗位技能，这样就可以方便、容易地对员工的工作进行调度安排，充分利用员工的工作时间，减少人力浪费，提高生产效率和效益。

二、全员生产维护

实现精益并高效的生产是A.O.史密斯公司始终追求的目标。而要实现这一目标，就必须拥有性能良好的机器设备。同时，拥有良好的工作环境，使用的机器设备性能优良，作业方式简单和操作轻松也是一线员工的追求。为了提高生产效率，实现精益生产，A.O.史密斯公司开展了轰轰烈烈的全员生产维护（TPM）活动。

为了保障TPM活动的顺利开展，2015年1月，A.O.史密斯公司成立了专门的项目组，负责TPM项目的推进。TPM活动的实施分为如下四个阶段：

（1）全员参与，培训考核。为了提高各车间生产员工对TPM活动的重视，增进一线员工对设备维护的了解，A.O.史密斯公司TPM项目组对车间员工、班组长、工段长、车间主管等共计860人分批进行了专场培训。在培训结束之后，为了能够量化评估员工对TPM知识的掌握情况，TPM项目组还对每位参加培训的员工进行了笔试。考核结果显示，参加培训员工的平均分在90分以上（笔试成绩，满分为100分），说明他们较好地掌握了设备维护的相关知识。

（2）建立TPM样板站。TPM项目组认识到，要实施TPM活动，仅仅停留在对员工进行理论性的培训是远远不够的，还必须提高员工的实际操作能力。为了促进员工将学习到的TPM知识运用到A.O.史密斯公司的生产设备维护中，2015年3月，TPM项目组专门成立了8人TPM样板站活动小组，在商用车间建立了第一个TPM样板站。通过建立TPM样板站，一方面可以为各生产一线员工实施TPM活动提供标准的学习模板，有利于将TPM从理论落实到实践上，另一方面则为在全公司范围内实施TPM活动积累了经验。

（3）实施阶段。在样板站建立之后，2015年5月，A.O.史密斯公司生产部门选定150个工作站作为挑战目标，主要涉及内胆、冲压、组装一车间、组装二车间、试制、新能源、商用以及壁挂炉等车间。被选定的150个TPM工作站，以已建立的TPM样板站为榜样，按既定规范开展TPM活动。A.O.史密斯公司的TPM活动包括多项内容，其中，在设备维护方面，主要实行"分级维护保养制"，主要包括：①日常维护保养。每班的操作工人在上班前5分钟和下班前5分钟认真检查机器设备，擦拭机器设备的各个部位，并加注润滑油，使机器设备经常保持清洁、润滑、安全，做到"漆见本色铁见光"。②一级维护保养。操作工人在维修人员的辅导下，按设备维护计划对机器设备进行局部拆卸和检查，清洗零件，疏通管路，更换磨损的零件，调整机器设备各部位的配合间隙，紧固设备的各个部件。③二级维护保养。维修人员在操作工人的配合下，对设备进行部分拆卸检查和修理，更换或修磨零件，清洗，换油，检查修理电气部分，使设备的技术状况达到完好的要求。此外，为了使TPM活动的效果最大化，及时应对突发的问题，A.O.史密斯公司每周还组织开展"TPM回顾例会"，对每周的TPM活动成果进行汇报式共享，并及时解决出现的问题。

（4）建立TPM实施成果巡查制度。为了将TPM活动的成果继续深入推动下去，A.O.史密斯公司在TPM活动进行一段时间后，还建立了TPM实施成果巡查制度。该制度主要是由TPM项目组的人员对所有的TPM工作站进行巡查和参观，指出各TPM工作站的亮点、存在的不足及需要改进之处，并针对TPM工作站每周的进展情况，进行量化回顾。这种方式有助于巩固TPM活动的成果，真正在生产过程中发挥作用。

这种动员全体员工积极参与TPM活动的做法，不仅能够为TPM活动的顺利实施提供充足的人手,保证机器设备的正常运转,而且能够使得全体员工在参与 TPM 活动的过程中,深入了解和掌握有关 TPM 活动的相关知识,有利于深入和持续推动 TPM 活动。

三、全面质量控制

A. O. 史密斯公司自 1998 年成立以来,始终坚持高质量战略,强调通过注重研发,打造精品,成为行业领导者。因此,对 A. O. 史密斯公司来讲,产品质量是重中之重,关系到高质量战略能否实现。为了保证产品质量,在生产阶段,A. O. 史密斯公司一方面通过建立防呆措施,确保生产一线员工严格按照规范进行操作,保证产品质量,防止发生质量问题。另一方面,A. O. 史密斯公司认为,要保证甚至提高产品质量,仅仅依靠管理层的智慧和经验是不够的,还必须充分发挥生产一线员工的智慧和力量,这是因为生产一线员工每天都在与产品、机器打交道,拥有丰富的操作经验,最清楚产品可能在哪些地方存在问题或可能出现缺陷。基于此,A. O. 史密斯公司一直关注生产一线员工在提高产品质量方面所起的重要作用,并利用各种激励措施和活动,为一线员工参与质量改进活动提供平台,提高一线员工在质量改进方面的参与度。

1. QC 小组活动

QC(Quality Control,质量控制)小组,是企业开展群众性质量管理活动的一种有效的管理方式。在 A. O. 史密斯公司,QC 小组主要是指由来自车间、研发、工艺、品质管理等部门的员工所组成,通过运用质量管理的工具和手段,发现生产现场和生产过程中可能出现的质量问题,并寻找质量改进措施的一种全员参与的组织形式。由于生产一线员工提出或发现的质量问题多种多样,有的质量问题能够立刻得到解决,有的质量问题涉及不同的部门,需要协调多方面的资源,必须经过一定的时间才能解决。针对这种情况,A. O. 史密斯公司将 QC 小组活动分为正式活动和非正式活动两种:

（1）正式的 QC 小组活动。正式的 QC 小组活动主要是为了解决一些比较重大的，需要统筹和协调不同部门人员共同解决的质量问题。为了充分发挥 QC 小组在改善产品质量方面的重要作用，A.O.史密斯公司规定，正式的 QC 小组活动每周必须开展两次，针对生产一线员工在生产线操作过程中所发现和提出的可能存在的质量隐患，协调研发、工艺以及供应链等相关部门，调动相关资源，商讨解决质量问题或防止质量隐患的行动方案，并明确整改措施、责任人和完成时间。

（2）非正式的 QC 小组活动。非正式的 QC 小组活动主要是为了解决一些由生产一线员工所提出来的临时的、比较微小的质量问题。生产一线员工在操作过程中如果发现质量问题，必须立即向班组长进行汇报。班组长则根据该质量问题，召集质控部门或者工艺部门的相关人员，与现场的生产一线员工一起讨论，共同寻找解决问题的措施，随时发现，随时解决。这种以 QC 小组活动开展质量管理的形式，鼓励生产一线员工积极寻找在产品生产过程中可能存在的质量隐患，并组织资源针对该质量问题进行整改，在鼓励全员参与质量管理活动的基础上，促进了产品质量的提高。

2. 作业观察

作业观察是指以标准作业指导书为基础，将员工的实际操作与标准作业指导书中的规定进行比较，以判断员工操作是否异常的一种质量管理手段。在 A.O.史密斯公司，作业观察的主要目的是为生产一线员工的操作提供明确的指导标准，严格控制生产过程中的异常操作，能够预防和减少由于错误操作所造成的产品质量问题，为公司实现高质量战略打下坚实的基础。

也正是由于标准作业指导书的重要作用，A.O.史密斯公司为每一个操作岗位都制定了标准作业指导书，用以指导员工在生产线上的实际操作。然而，由于生产技术和机器设备的更新换代速度较快，对于某些新的机器设备的运行原理和操作步骤，工艺、质控部门的员工虽然了解，但因为没有实际操作过，或仅仅是在设备购买进来后操作过一两次,故在编写和修订各个岗位标准作业指导书的过程中,难免会存在一些不足。而生产一线员工由于拥有多年的岗位操作经验,对机器设备十分了解,因而能够发现岗位标准作业指导书中存在的疏漏之处。生产一线员工在发现某个岗位的标准作业指导书中存在问题或者不合适之处时,需立即向班组长汇报。由班组长确认相关问题之后,及时向工艺、质控等部门进行反映。工艺、质控等部门的人员在核实该问题之后,会对标准作业指导书中的内容进行适当的更新和调整,并及时发布新的标准作业指导书,为该岗位的生产操作提供正确指导。

生产一线员工针对标准作业指导书所提出的改善性建议,一方面有利于完善标准作业指导书,使其更好地指导生产一线员工的生产操作,持续改进,提高产品质量;另一方面也充分发挥了生产一线员工的智慧和力量,体现了全员参与质量改进的思想和理念。

3. 品质关卡

为了对生产过程中的产品质量进行严格把控,A.O.史密斯公司除了在关键岗位设立质量控制点,通过绘制质量控制图,用统计方法进行质量控制,还在生产线上增设了多个质量控制点,鼓励全员参与质量控制,将质量隐患扼杀在萌芽状态。

品质关卡是在流水线上各工序中增设的多个质量控制点,其目的是收集数据,对整条流水线开展过程质量控制。当产品由前段工序流经后段工序时,后段工序的员工在生产操作前,会详细地检查前段工序的产品,并根据产品是否存在质量隐患以及具体的质量隐患状况,填写《品质关卡质量隐患记录表》,如实记录产品的相关数据。当某类质量隐患数量大于或等于一定标准时(如质量隐患数$\geq n$台/时),该品质关卡岗位上的员工需向班组长进行汇报。由班组长与前段工序的人员进行分析,寻找原因并采取相关措施。如果这样操作之后质量隐患仍未得到有效控制,则由班组长组织质控、工艺和设备部门的人员进行现场分析，采取措施。对于品质关卡所反映出的较大的质量问题，该品质关卡岗位上的员工会立即将相关问题和数据记录反馈给班组长和车间主管，并立即停线。由班组长和车间主管组织相关人员查找原因并进行整改，及时反馈，及时解决。

品质关卡的设立，要求一线班组成员在生产环节中，自己查找质量隐患，一方面为生产一线员工参与质量改进改善提供了路径，有利于充分发挥生产一线员工和一线班组在保证及提升产品质量方面的重要作用，体现全员参与质量管理的理念；另一方面，这种将质量控制转化为班组内部管理活动的做法，有利于在生产过程中，一线班组成员针对质量问题进行及时反馈和沟通，提升产品的品质。

第二节　持续改进

在A.O.史密斯公司，持续改进不是一个空的口号，而是公司自1998年在南京成立以来，一直都在坚持做的事情。为了充分发挥全体员工的力量，鼓励员工积极参与改进改善的活动，A.O.史密斯公司一方面开展持续改进（CI）活动，鼓励员工通过填写CI提案的方式，提出改进改善建议；另一方面则将纠正/预防措施要求表（CAR表）作为解决质量问题的绿色通道，不断推动公司各项工作的持续改进。

一、全员参与的持续改进：CI活动

自2004年A.O.史密斯公司开始推广CI活动起，到2017年已经是第14个年头了。在这14年的时间里，A.O.史密斯公司围绕着CI活动，不断建立、完善相关的行为规范和政策制度，使得CI活动在改善公司的日常经营管理以及不断保持竞争优势方面发挥了重要的作用。不仅如此，A.O.史密斯公司还采取了建立车间CI辅导员、多样化CI提案提交方式以及评选"CI明星"等

措施，以充分发挥一线员工的智慧和力量，推动广大一线员工积极参与到 CI 活动之中。

1. CI 活动

在 A. O. 史密斯公司，CI 活动鼓励员工在全公司范围内积极寻找生产、销售、服务、管理等各个生产经营管理环节中的可改进之处，并通过填写提案的方式提出自己的改进建议。为了更好地进行改进改善，使得 CI 活动能够落到实处，A. O. 史密斯公司确定了规范化的制度，对 CI 流程、CI 评估、CI 奖励进行了规定。

（1）CI 流程。在员工提交 CI 提案之后，A. O. 史密斯公司的 CI 项目组会按照 CI 的处理流程进行跟踪（见附录8），在提案通过评估后成立相关的攻关改进小组，制订详细的行动方案。改进项目结束后，会有专门的评估委员会进行评分，提出建议和实施项目的员工均能够根据改进成果获得积分奖励，并且 CI 积分可以兑换礼品。

（2）CI 评估。为了明确 CI 活动的效果和重要性程度，A. O. 史密斯公司制定了细致的量化指标来评估 CI 提案。量化指标可以分为财务指标和关键绩效指标两类。就财务指标而言，年效益 100 000 元（含）以上的 CI 提案为 A 级；年效益 3 300—100 000 元的为 B 级；年效益 3 300 元（含）以下的为 C 级。关键绩效指标主要包括质量指标、安全指标和流程指标（见附录9）。

（3）CI 奖励。在 CI 评估结果的基础上，A. O. 史密斯公司建立了 CI 积分的奖励政策：A 级项目奖励 CI 积分 15 000 分（含）以上；B 级项目奖励 CI 积分 500（含）—15 000 分；C 级项目奖励 CI 积分 500 分以下。员工手中积累的 CI 积分，可以在苏宁、京东等购物网站的自营平台兑换商品，同时还可以用 CI 积分换取洗车服务。

2. 车间 CI

A. O. 史密斯公司一贯强调"全员参与"的原则，在 CI 活动方面也不例外。A.O.史密斯公司认为生产一线员工是产品的制造者,直接参与产品的生产过程,对产品和生产过程中存在的问题有最为清楚的认识,也最容易提出一些改进的思路和方法。因此,生产一线员工的参与度直接决定了CI活动能否达到目标,取得好的效果。为了鼓励生产一线员工积极参与到CI活动之中,A.O.史密斯公司在各个生产车间设立了CI辅导员,推出了多样化的CI提案提交方式,并开展了多种形式的"CI明星"的评选活动。

(1) 车间CI辅导员。为了提高一线员工参与CI活动的积极性,同时保证车间CI活动能够得到充分的重视,A.O.史密斯公司要求每位生产管理培训生都必须下沉到车间担任CI辅导员。CI辅导员的工作内容主要包括:①负责审核所在生产一线员工所提出来的C类项目,并针对审核未通过的提案,向一线员工做出必要的反馈和说明;②协助CI部门,负责所在车间CI活动的宣传工作,通过会议的形式和制作《CI成功案例手册》的方式,向生产一线员工讲解如何才能提出好的CI提案;③通知并组织车间管理人员以及A级和B级CI项目组成员,参加A级和B级项目的回顾会。通过项目评估会的方式,提高车间管理人员对CI重大项目的重视程度,并监督A级和B级CI项目的顺利实施。这种专门设置车间CI辅导员的方式,不仅能够使得CI活动在车间得到相应的重视,提高广大生产一线员工的参与度和关注度,而且有助于提高CI活动的处理效率,使得CI部门能够对员工提出的改进改善建议做出及时、有效的反馈,激励员工更加积极参与,形成良性循环,不断促进公司在生产、销售、服务、管理等各个生产经营管理环节实现持续改进。

(2) 多样化的CI提案提交方式。为了方便生产一线员工填写CI提案,A.O.史密斯公司一方面专门设计了"一分钟CI故事"的纸质表格,并将这些表格足量放置在车间宣传栏和公告栏上,方便生产一线员工拿取填写。另一方面,则是在每个车间专门放置了一台电脑,内置CI系统的软件,方便员工登录CI系统进行CI提案的提交。此外,随着信息交流手段的不断推陈出新,A.O.史密斯公司也会在新的信息交流工具中加入CI应用。例如,当公司微信企业号上线时,为了方便广大员工积极参与CI活动,A.O.史密斯公司专门加入了"CI在线"的应用功能。通过该功能,员工不仅可以在线提交CI提案,而且可以享受CI提案快递式查询,随时查看自己CI提案的审核过程、实施进度,同时也可以针对CI进度,在线提交疑问,极大地增强了CI提案反馈的及时性。

(3)"CI明星"评选。为了对积极参与CI活动的员工进行激励,A.O.史密斯公司还开展"CI明星"评选活动,设立的奖项有:月度"CI明星"、月度"CI明星班组"、季度"CI明星"、年度"CI明星"。①月度"CI明星":评选范围是生产一线员工,设立"CI项目实施明星"和"A/B类项目提案明星"两个奖项,评选数量分别为每个车间员工人数的3%,当选者每人获得价值150元的礼品。②月度"CI明星班组":评选范围是车间所有班组,评选标准为班组CI项目完成率达到80%以上,且班组人均CI积分不低于400分。每月度评选两个班组,当选班组获得进行一次工作团队活动的机会,该团队活动经费由公司赞助,标准为80元/人。③季度"CI明星":评选范围是公司全体员工,每季度评选30名,包括15名行政、管理、技术人员,以及15名生产一线员工,当选者每人获得价值300元的礼品。④年度"CI明星":评选范围是公司全体员工,每年度评选30名,包括15名行政、管理、技术人员,以及15名生产一线员工,当选者每人获得价值500元的礼品。

在A.O.史密斯公司,CI活动的开展,不仅为员工积极参与公司生产经营活动提供了方便,而且为公司提高效益、降低成本发挥了重要作用。2016年,将"国家企业稳定岗位补贴"作为CI项目,主动申报后,当年为公司创造效益239万元;终端展示精品模块背板优化作为CI项目,实施改善后,为公司降低成本384万元。2015年,将二类电器加热棒优化作为CI项目,实施改善后,当年为公司降低成本235.8万元;将燃气气阀设计优化作为CI项目,实施优化后,当年为公司创造效益56.7万元;将合理制定厂房照明灯开关数量及照明时间作为CI项目,改进改善后,为公司降低成本44.2万元/年。也正是这14年来不断地推行CI活动，进行持续改进，使得A.O.史密斯公司的经营管理日趋完善。2016年，A.O.史密斯公司CI提案数量约为5.6万条，按期完成率由2015年的66%提升至86%。其中，来自生产车间的CI提案数量约为4.6万条，按期完成率达到90%。

二、解决质量问题的绿色通道：CAR表

在A.O.史密斯公司，持续改进的方式除了CI活动之外，还有另一种方式：纠正/预防措施要求表（CAR表）。2010年以前，A.O.史密斯公司将CAR表广泛运用在不限于生产部门的领域，公司的任何员工发现公司任何部门或者流程存在的任何问题，或者是有可以改进改善的建议，都可以通过提交CAR表的方式进行反馈。早期CAR表的作用和CI活动较为类似。2010年以后，A.O.史密斯公司管理层经过研讨认为，产品质量是企业的生命，应该开辟一条专门的绿色通道，用以反馈和解决公司存在的任何产品质量问题。基于这样的考虑，A.O.史密斯公司将CAR表的反馈范围予以缩小，将其作为反映产品质量和生产流程问题的专门通道。同时，为了积极发挥CAR表的作用，A.O.史密斯公司对CAR表的提交、处理流程、评估和奖励都进行了相关的规定。

（1）CAR表提交。A.O.史密斯公司的任何员工，如果发现任何产品质量或者流程问题，都可以通过提交CAR表的方式进行反馈（见表9-1）。为了方便CAR表的提交，公司提供了多种方便快捷的提交方式：网上提交、电话提交、邮件提交或者直接到质控部寻找CAR表项目小组。

表9-1 纠正/预防措施要求表（CAR表）

日期	所涉及的部门	提出人	所属部门
	外协部门		

不达标情况/合理化建议简述：（建议的改善方案若不够填写可附页）

(续表)

责任部门		签名		日期			

紧急措施:

原因:

行动计划:

落实日期:

审阅		日期	

效果验证:

签名		日期	
结案日期		签名	

（2）CAR表处理流程。CAR表项目组在接到员工通过各个渠道所提交的CAR表后，首先会对CAR表的内容进行一个基本的判断，甄别和筛选出一些真实、有效的CAR表；随后，CAR表项目组会根据CAR表所涉及的内容，将员工所反馈的产品质量或生产流程问题直接反馈给相关部门，督促相关部门组成项目组，落实责任人，并在规定的限期内解决所反馈的产品质量或生产流程问题。如果项目组没能及时解决该质量问题，那么，该部门和该责任人的CAR表的反应速度和完成率这两个考核指标将会很低，并最终影响其年度述职的结果。

（3）CAR表评估与奖励。为了明确CAR表的效果和重要性程度，借鉴CI项目的实施经验，A.O.史密斯公司制定了细致的量化指标来评估CAR表，主要分为财务指标和质量指标。①财务指标：年效益100 000元（含）以上的CI

提案为 A 级，奖励 CI 积分 15 000 分（含）以上；年效益 3 300—100 000 元的为 B 级，奖励 CI 积分 500（含）—15 000 分；年效益 3 300 元（含）以下的为 C 级，奖励 CI 积分 500 分以下。②质量指标：针对 A 级和 B 级 CI 提案，提出重大质量问题且解决方法创新性高的 CI 提案，奖励 CI 积分 15 000 分；提出一般质量问题且解决方法创新性高的 CI 提案，奖励 CI 积分 5 000 分；提出重大质量问题且解决方法创新性一般的 CI 提案，奖励 CI 积分 10 000 分；提出一般质量问题且解决方法创新性一般的 CI 提案，奖励 CI 积分 2 000 分（见附录9）。

第三节　杜绝一切浪费

生产过程中常存在八大浪费：等待浪费、搬运浪费、不良浪费、工作浪费、加工浪费、库存浪费、制造过多（过早）浪费和事后管理浪费。为了减少在公司生产过程中的八大浪费，A.O.史密斯公司主要从以下三个方面开展工作：①召开降低成本研讨会，通过头脑风暴的形式，寻找能够降低成本的重要项目，并进行落实推进；②从供应商入手，对供应商所提供的原材料和零部件进行严格的质量管理，消除浪费；③从生产岗位入手，制定少岗化目标，通过引进自动化设备，减少人员岗位，提高生产效率。

一、项目推动：降低成本大会

A.O.史密斯公司认为，在企业生产经营的过程中，存在许多不能产生价值的生产环节和流程，这些不必要的生产环节和流程就是一种浪费，必须彻底杜绝。为了找出这些不必要的生产环节和流程，降低成本，A.O.史密斯公司每年都会召开降低成本研讨会，通过头脑风暴的方式，研讨和确定每一年度主要的成本降低项目。

降低成本研讨会通常会邀请各个事业部的总经理、研发人员、生产人员和采购人员共同参与，通过头脑风暴、集思广益的方式，寻找公司日常经营和生产过程中所存在的浪费，在此基础上进行改进，达到减少浪费、降低成本的目的。2016年9月，A.O.史密斯公司通过头脑风暴的方式，召开了降低成本研讨会，会议的主题是研讨和确立2017年度主要的降低成本项目。此次会议由生产部门的负责人牵头，由供应链部门负责进行组织。此次研讨会共分为四个环节：①开场环节。主要是和与会人员分享公司2014年至2016年上半年在成本降低方面的目标完成情况，同时分析在2017年度降低成本工作可能面临的一系列挑战、压力和机遇。②分组进行头脑风暴。与会人员按照从"1"到"5"报数的形式，分为5个小组，每组12人左右。分组完毕之后，各个小组进入到单独的会议室内，针对可能存在的降低成本的项目进行轮流发言。轮流发言之后，各小组对提出的降低成本方案进行逐个筛选，并按照方案的可行性和降低成本的金额进行排序。分组进行头脑风暴的时长为90分钟。③分组汇报环节。在分组头脑风暴结束之后，各小组需要整理出本小组的降低成本方案，并推荐一人为代表，按照顺序依次上台进行分组汇报。汇报的内容包括每小组所提出的降低成本项目和各个项目所预估的节约成本金额。在各个小组汇报完毕之后，参加会议的公司管理层还需要针对每个小组所汇报的降低成本方案，从成本降低金额、方案的可行性、方案的创意性以及有效项目的数量四个方面对各小组进行打分，并评选出本次会议的最佳头脑风暴小组。④汇总和落实环节。由于各个小组的降低成本方案存在一些相同的地方，因此需要进行合并和汇总。在合并和汇总之后，为了保证降低成本方案后期能够得到顺利的推行和实施，A.O.史密斯公司还会针对各个降低成本方案所涉及的事业部和部门，指定专门的负责人落实，并规定完成时间。对于暂时无法确定责任人的，也会由负责组织此次会议的供应链部门通过会后的沟通和安排，落实负责人。此次降低成本研讨会，共产生有效降低成本方案69条，其中50万元及以上降低成本机会项目49条，预计项目总降低成本费用为4 160万元。

当然，通过召开降低成本会议，以头脑风暴的方式产生降低成本的方案，仅仅是实现成本降低目标的第一步，降低成本的方案还需要予以实施和推动才能真正达到节约成本、杜绝浪费的目的。为此，A.O.史密斯公司还专门制定了降低成本项目回顾会制度。该制度规定，各个事业部必须每周在事业部内部对所承担的降低成本项目进行回顾，一方面，找出前阶段各个降低成本项目实施过程中的经验与教训，对于做得好的地方要继续保持，对于存在不足的地方要予以改善；另一方面，要明确各个项目的进展速度和实施情况。此外，负责组织降低成本会议的部门还会组织各个事业部，针对其所承担的降低成本项目进行月度回顾。

通过这种召开降低成本大会，找出降低成本机会点，然后以项目形式落实的方式，能够极大地降低生产成本，提高生产效率。2015年，A.O.史密斯公司降低成本金额为730万美元；2016年，A.O.史密斯公司降低成本金额为891万美元。

二、控制源头：供应商管理

供应商所提供的原材料或零部件的质量对公司最终产品的质量具有极其重要的影响。如果供应商所提供的原材料或者零部件质量不合格，将会极大地影响制造企业生产的连续性和稳定性，并且对产品的质量造成影响。在A.O.史密斯公司，产品质量是第一位的。为了保证供应商提供的原材料和零部件的质量，A.O.史密斯公司从供应商开发与选择、供应商考核以及供应商关系维护等方面加强对供应商的管理。

1. 供应商开发与选择

秉承着质量第一的原则，为了挑选出优质的供应商，A.O.史密斯公司结合本企业的实际情况，制定了供应商综合评价体系（见表9-2）。在该评价体系中，A.O.史密斯公司需要对供应商企业进行以下五个方面的评审：管理层评估、质量方针和目标、质量手册、内部质量管理体系和管理职责。其中，每个评审方面的分值为 20 分，总分为 100 分。被评审的企业只有分数超过 80 分，才能成为 A.O.史密斯公司的供应商。

表 9-2 供应商综合评价体系

编号	评审条款	分值	评分标准
1	管理层评估	20 分	高级管理层几乎没有定期对公司质量体系和产品质量控制情况进行评估
			高级管理层定期对公司质量体系和产品质量进行评估
			管理层的评估记录在案并制订出修正方案和行动计划
			持续有效的改进措施得到了实施和完成
2	质量方针和目标	20 分	有成文的质量方针和质量目标
			质量方针和质量目标公之于众并且为员工所熟知
			有贯彻质量方针、实现质量目标的持续改进计划和行动
3	质量手册	20 分	有非常基本的质量手册
			质量手册比较完备
			每一个部门都有质量手册，并且为员工所熟知
			质量手册有细化的条款和反映高级管理层支持的政策规定，并且手册还附有部门最高负责人的签字
4	内部质量管理体系	20 分	偶尔实施内部质量管理体系，并有一些文件记录
			按照内部质量管理体系的要求，制订内审计划
			按照内审计划予以审核，并有改进的行动措施和过程管理
			按照内部质量管理体系的要求，进行持续改进并且评估有效可行
5	管理职责	20 分	有清晰的公司组织结构图及明确界定和描述的职能、权责分工，并为员工所熟知
			设立独立的质量管控部门

2. 供应商考核

为了对每个供应商的供货状况进行及时的了解，防范由于供应商经营不善或者管理不善给 A.O.史密斯公司带来经营风险和危机，A.O.史密斯公司每个季度都会对合作半年以上的供应商进行考核，以保证其提供原材料和零部件的质量。A.O.史密斯公司针对供应商制定的考核标准分为两个部分（见表9-3）：①品质部分。该部分所占总分值为50分，由A.O.史密斯公司质量控制部门根据对供应商提供物品的质量检查情况进行评价。评价项目包括进货合格率、工厂退货率、售后退货率、整机退货评价以及事故性品质评价五个方面，每个评价项目各占10分。②采购部分。该部分所占总分值为50分，由供应链部门根据供应商的成本以及交付及时率的情况进行评价。评价项目包括交货、成本和新产品开发三个方面。其中，交货和成本各占20分，新产品开发占10分。将品质部分的分数和采购部分的分数相加，即为本季度该供应商的考核得分。如果考核得分低于70分（含），即为不合格；超过70分、低于90分，即为合格；等于或超过90分，则为优秀。同时，如果同一供应商连续两个季度考核不合格，那么该供应商就会被淘汰。

表9-3 供应商考核

分类	评价项目	分值（分）	备注
品质（50分）	1. 进货合格率	10	
	2. 工厂退货率	10	
	3. 售后退货率	10	
	4. 整机退货评价	10	
	5. 事故性品质评价	10	
采购（50分）	1. 交货	20	
	2. 成本	20	
	3. 新品开发	10	

3. 供应商关系维护

秉承着"四个满意"的价值观，A.O.史密斯公司认为自己与供应商之间的关系是相互合作的关系，而不是博弈关系。因此，在合作的过程中，必须考虑供应商的利益。例如，由于市场的波动和竞争状况，原材料和零部件的价格会在一定程度上发生波动，A.O.史密斯公司每个月度都会对主要零部件和原材料的价格予以回顾,但这种价格回顾绝对不是单纯地压低价格,而是在保证供应商的合理利润的情况下,对价格进行合理范围内的调整。根据以往的情况,有时是往下调整,但是较多的时候是往上调,以充分考虑供应商的利益。A.O.史密斯公司这样做的原因是:只有让供应商保持合理的利润,其所提供的原材料和零部件的质量才能获得保证,A.O.史密斯公司所生产出来的产品质量才能获得保证,同时还能使双方之间保持持久、稳定的合作关系。

三、少岗化:机器代替人

现代生产和科学技术的发展,为自动化技术的革新提供了必要条件。自动化是指机器设备、系统或过程(生产、管理过程)在没有人或较少人的直接参与下,按照规定的要求,经过自动检测、信息处理、分析判断、操纵控制,实现预期的目标的过程。采用自动化技术对于企业来讲具有重要意义,不仅可以减少产品生产过程中的人为风险和干扰,提高产品的质量,而且可以使用自动化设备代替人工,减少企业的人员岗位,达到降低成本、提高效率的目的。

外部劳动力成本的逐步上升,公司规模的不断扩大,经营业务的不断增多,产品种类的不断丰富,使得A.O.史密斯公司的管理层越来越意识到通过引进自动化技术,用机器代替人,减少用人岗位的迫切性和重要性。事实上,早在2003年,A.O.史密斯公司在对厂房进行第二期扩建的时候,就意识到自动化技术的重要性,因此在组建生产线的过程中,积极引进自动化的理念,采用机器代替人工操作,减少人员岗位。

2009年,A.O.史密斯公司正式设立了自动化部。自动化部的主要职责是在了解公司生产工艺、装备水平的基础上,拿出自动化的方案,通过自动化装备来代替人工,减少人工岗位。为了明确自动化和少岗化工作的目标,A.O.史密斯公司规定,自2009年起,自动化部门的工作目标是,每年减少岗位50个。由于公司实行两班倒,因此也就意味着每年生产线上要减少至少100人。

为了妥善解决员工由于少岗化和自动化而面临"下岗"的问题，A.O.史密斯公司的人力资源部和生产部门，针对由引进自动化技术所替代下来的员工，专门组建了"一线员工人才库"，详细记录员工的技能和素质状况。不仅如此，为了提高这部分员工的工作技能和"再就业"的机会，A.O.史密斯公司还会组织他们进行更为广泛的培训，使其掌握新的工作技能。

随着A.O.史密斯公司业务的不断发展，以及新生产线的不断建立，其对于一线人才的需求也随之增加，大量的、新的工作岗位不断涌现。为了充分保障由引进自动化技术所替代下来的工人的利益，A.O.史密斯公司规定，入选"生产一线人才库"的员工拥有竞聘新岗位的优先权。这种做法，对于生产一线员工来讲，不仅没有对其利益造成影响，而且改善了劳动环境，把他们从相对机械性的、繁重的体力劳动中解放出来。对于A.O.史密斯公司来讲，也有利于自动化、少岗化工作的顺利推进，实现降低成本、保证质量以及提高效率的目标（见示例9-1）。

示例9-1

自动化成功案例：焊接工艺的改良

热水器内胆的环缝焊接是热水器生产工艺中的一个重要环节。在传统的焊接工艺中，为了保证焊接工作的顺利进行，工人不仅需要对焊枪进行导引，将焊枪导引到需要焊接的地方，而且在焊枪完成2—3项焊接工作后，还需要对焊枪里面的焊渣进行清理。虽然A.O.史密斯公司已经尽可能地为员工提供眼罩、口罩以及耳塞等劳动保护用品，但是焊接过程中出现的弧光，还是不可避免地会对人的眼睛、皮肤有所影响。特别是在炎热的夏天，气温比较高，再加上在焊接的过程中，温度也会比较高，工人会感觉不舒服。

为了解决这个问题，A.O.史密斯公司对传统的焊接工艺进行了自动化的改造，利用机器人进行焊接。由于机器人焊接技术采用的是激光跟踪，机器人激光跟踪器打开后，就能够找到焊缝，自动进行焊接，焊接2—3个内胆之后，能够进行自动清枪，实现完全自动化。同时，由于不用人工操作，焊接工艺就可以通过建立围墙的方式封闭起来，与外界环境相隔绝，工人通过观看仪表就能监控焊接过程，不用接触焊接过程中所可能产生的污染。这种将自动化技术引入焊接工艺的做法，不仅为工人提供了健康的劳动环境，而且有利于提高产品的质量以及产品生产过程中的安全性，是公司上下一致认同的、成功的自动化案例。

第十章
真心诚意共销售

无论是产品调研、产品研发，还是产品生产，A.O.史密斯公司都以近乎严苛的标准来挑战行业难题，以延续百年的工匠精神来打造精品，确保产品技术和产品质量保持行业领先水平。自2001年起，A.O.史密斯公司年均销售额增长率达到20%。这不仅得益于不断研发和生产高质量的产品，更得益于公司独特的品牌建设和产品销售模式。本章介绍A.O.史密斯公司采取的独特的品牌建设和产品销售模式，主要内容包括：①品牌建设。精准定义品牌的核心要素，与目标人群进行有效沟通；打造"家居+建材"双渠道模式，增强品牌影响力；强化"卖点三到位"理念，护航公司的品牌建设。②与代理商共发展的产品销售模式。寻找"共事业"的金牌代理商，在帮助代理商赚钱的同时，服务好这些代理商，提高终端消费者的服务质量，实现客户满意。

第一节 打造最佳品牌

A.O.史密斯公司认为，打造"最佳品牌"是一个系统的、有组织的管理实践过程，具体包括三个阶段。第一阶段：精准定义公司品牌的核心要素——"专业"，向目标人群告知"我是谁"，与目标人群做充分、有效的沟通。第二阶段：掌握目标客户的信息获取来源，建立有针对性的"家居+建材"的双渠道销售模式，做到知己知彼，确保在售前阶段，公司品牌能够成功入围目标人群的"品牌备选集"。第三阶段：践行"卖点三到位"的理念，确保在购买阶段，通过与目标人群进行的"核心利益"的沟通，凭借优质的产品和服务体验，告知并劝说目标人群购买公司的产品和服务。打造"最佳品牌"的目标是满足终端消费者的需求，提高消费者对A.O.史密斯公司品牌的认知度和忠诚度，并形成实质性购买。

一、"专业"铸造品牌灵魂

为了清晰地锁定目标人群，与消费者进行充分有效的沟通，公司品牌建设的第一阶段就是精准定义公司品牌的核心要素。A.O.史密斯公司认为，只有清晰地界定品牌的核心要素，才能准确地向目标客户群体清晰、有效地传达"我是谁""我们是什么样的公司"。起初，A.O.史密斯公司的品牌标语是"行销美国50年"，意在向中国目标客户群体传达公司的悠久历史、辉煌业绩等品牌核心要素。到2002年年初，公司管理层对"以行销年份为代表的品牌标语，是否能充分代表品牌真正的核心内涵"这一问题进行了重新的思考和研讨，围绕着"品牌标语是否能够与目标消费者做充分、有效的沟通""如果不能充分代表品牌的核心内涵，公司的品牌核心要素应该是什么"等问题进行了充分的研讨。为此，公司还邀请了专业咨询公司参与其中，针对上述问题展开多轮头脑风暴，最后选出了大家一致认可的品牌核心要素——"专业"。之所以选取"专业"作为公司的品牌灵魂和标签，不只是因为A.O.史密斯公司是一家拥有140多年历史的美资企业，更是因为公司一直专注于热水领域，力图为消费者提供热水解决方案。结合历史悠久、热水领域、解决方案和美资企业等多个关键词，公司管理层认为A.O.史密斯公司应该比其他企业更加"专业"，只有专业才能真实、准确地诠释A.O.史密斯品牌的核心要素和特质。为此，自2003年年初开始，A.O.史密斯公司将品牌标语改变为"美国热水专家"。但是，A.O.史密斯公司的品牌标语并不是一成不变的。随着公司的产品品类越来越丰富，从最初的电热水器、燃气热水器，扩展到净水器、采暖设备、空气净化器等，市场销售人员与消费者沟通时发现，很多消费者只知道公司的热水器产品，并不知道还有净水器、空气净化器等产品，即消费者对公司品牌的认知较为单一。为了重塑消费者对公司品牌的认知，增加其他品类产品的知名度和曝光度，公司管理层经过研讨，决定自2016年年末开始，将A.O.史密斯公司的品牌标语改为"热水、净水、采暖、空气净化专家"。

除了将"专业"定义为品牌的核心要素外，公司管理层还对"专业的核心要素是什么""这些要素是否有利于公司与消费者进行更有效的沟通"等问题进行了多次研讨。为此，A.O.史密斯公司专门在北京、上海各开了四场座谈会，邀请公司的老客户和竞争品牌的客户参与其中，将这些参与人员进行混合编组，请他们结合自己对专业热水器品牌的理解，分别写出体现热水器品牌"专业"的关键词语。然后，A.O.史密斯公司对这些关键词进行聚类分析和优先排序，最终提炼出"技术领先、历史悠久"两个词，将其作为"专业"的两个核心要素。

在确定了专业的核心要素是技术领先、历史悠久后，接下来要解决的问题是如何塑造专业形象。自2003年开始，A.O.史密斯公司无论在新品发布会上，还是在广告营销上都会从这两个方向与消费者进行沟通。为了塑造公司的"专业"形象，公司主要通过行业推广、目标消费者群体推广等方式塑造品牌的专业形象。在行业推广方面，公司通过参加大型展会、行业论坛等大型活动，借助家电协会、主渠道卖场（如苏宁、国美等大型连锁卖场，英文名为Key Account，简称KA渠道）、家居建材行业协会、家居装饰公司、线上渠道（微信、微博）等行业意见领袖的影响力，进行品牌的宣传和推广。在目标消费者群体推广方面，公司市场部门通过对核心目标人群的购买行为、产品购买定位和品牌信息接触渠道等方面的分析发现，这些客户大都是新房装修客户，在买新房时对家电产品的关注度比较低，甚至在拿到新房钥匙之后才会关注家电产品，因此，围绕着潜在客户的典型特征，公司借助媒体、广告等渠道，不断向目标客户传达 A.O. 史密斯公司产品的领先技术，以及这些技术给客户带来的核心利益，与消费者进行不断的互动和沟通。

示例 10-1

A.O. 史密斯公司品牌的行业推广

2013—2017 年 A.O. 史密斯公司的线上品牌推广实例。

(1) 2013 年 11 月 23—25 日，由《现代家电》杂志社、A.O. 史密斯公司共同主办的 2013 年"中国家电营销年会"在上海隆重召开。作为国内最有影响力的家电行业营销盛会，A.O. 史密斯公司总裁丁威在大会上做了"139 年价值观——A.O. 史密斯成功的核心要素"的主题演讲，与参会嘉宾分享了 A.O. 史密斯传承 139 年的核心价值观及经营理念。此次会议上，A.O. 史密斯公司荣获"2013 年度中国家电营销创新奖"，并借此发布了"智能保养提示"型电热水器新品。

(2) 2014 年 3 月 18 日，A.O. 史密斯公司参加中国家电及消费电子博览会 (Appliance & Electronics World Expo，AWE)，借助 A.O. 史密斯公司 140 周年庆的契机，专门制作了高达 10 米的 140 周年庆的巨型主题雕塑，矗立在博览会会场中央。同时，在博览会展馆内推出 A.O. 史密斯 140 周年庆主题与能滤除重金属的反渗透净水机巨幅广告，以此展示 A.O. 史密斯公司行业领导者的风范，彰显美国水家电巨头的百年品牌实力。

(3) 2015 年 3 月 12 日，A.O. 史密斯公司参加中国家电博览会、中国家电产业年度渠道商大会暨艾普兰颁奖典礼，借助中央电视台财经频道、上海新闻综合频道、新浪、网易、腾讯、凤凰网、新华网、中国家电网、现代家电网、《新民晚报》等众多主流知名电视、行业网站、报纸等媒体，发布媒体报道三十余篇，将 A.O. 史密斯 141 年雄厚的品牌实力向行业内外的终端消费者进行推广。

(4) 2016年3月9—12日，A.O.史密斯公司参加中国家电及消费电子博览会，通过主会场创新性的现场产品体验展示、分会场环境论坛的新品发布，推动净水行业的产品升级换代（从"储水型"反渗透净水机升级为"即滤型"反渗透净水机），并借势发布带有静音功能的反渗透净水机新品。

(5) 2017年6月7—9日，A.O.史密斯公司携旗下的家用净水、商用净水、空气净化、美容软水等创新性产品，参加AQUATECH CHINA上海国际水展。通过全场馆体验式的展示，免费提供鲜滤净水体验站等，吸引与会观众的关注，并借势亮相8项净水领域的核心专利，引领净水行业的技术变革。

二、"家居+建材"双渠道增强品牌影响力

在A.O.史密斯公司看来，品牌建设的第二阶段是"品牌入围"阶段，即公司品牌能否顺利进入目标客户购买前的"品牌备选集"中。公司通过前期深度的、广泛的入户调研，获取了目标客户的购买行为习惯、购买过程中的关注点等详细信息，通过对这些数据进行整理、挖掘和分析后发现，这些客户在购买产品之前，会从不同的渠道检索、比较不同的产品品牌信息，搜索信息的渠道不只是传统的百货商场渠道，还包括KA渠道（如苏宁、国美），以及建材城渠道。之后，这些客户会向家人、朋友或者专业人士咨询，结合自己对产品外形、功能、质量和价位的综合需求，将产品品牌的数量限制在5—6个，从而将不同的产品品牌纳入"品牌备选集"中。

为了顺利进入客户的"品牌备选集"，根据销售渠道的特征（包括渠道规模、渠道客户流量等），A.O.史密斯公司从"家居"和"建材"两个销售渠道入手，强化A.O.史密斯公司的品牌影响力。在家居渠道方面，按照传统的百货商城、大型超市和KA渠道进行系统的专卖店布局和建设，主推"鹤立鸡群门店"，增加门店的曝光率。在建材城渠道方面，公司也相应增加专卖店的建设投入，特别是在一线、二线城市，主推"超级旗舰店""金角银边店"。

2015年年底，A.O.史密斯公司已有2 000多家专卖店。而且，公司专卖店数量每年还在持续增加。截至2016年年底，A.O.史密斯公司在全国已经开设了2 718家专卖店。

A.O.史密斯公司投入建设这些"鹤立鸡群门店""超级旗舰店"和"金角银边店"有两大好处：一方面，通过专卖店建设，提升A.O.史密斯公司的终端展示形象，提高公司品牌知名度，塑造品牌的专业形象；另一方面，通过核心城市的专卖店布局，打通营销渠道网络，为公司代理商的主动营销提供便利，有助于A.O.史密斯公司和代理商关注专卖店辐射区域市场经营业态的变化，及时对服务进行跟进，以及与终端消费者进行有效的、近距离的沟通。此外，专卖店的建设和布局也有助于做好终端消费者的印象管理，消费者可以到专卖店进行产品体验和咨询，间接帮助A.O.史密斯公司强化品牌影响力，帮助公司品牌顺利进入潜在目标消费者群体的"品牌备选集"中。

示例10-2

门店建设

石家庄北人电器北国总店是石家庄市最大的家电卖场，也是A.O.史密斯公司在石家庄市单店销量最大的门店。经过近三年的精心打造，2015年4月30日，扩建后的新北人电器北国总店正式开门纳客，A.O.史密斯公司的"超级店中店"也在新北人电器北国总店六楼盛大开业。

A.O.史密斯公司的"超级店中店"总面积260平方米，是竞争品牌展厅面积的两倍。展厅划分为两大主区，包括产品展示区和系统展示区。产品展示区陈列了公司的热水器、净水器、空气净化器、采暖、全屋水系统等全品类家电产品。系统展示区提供了很多与消费者互动体验的模块，包括燃气的一氧化碳安全防护系统的整个工作过程展示、空气净化器20秒的极速净化效果喷烟净化展示、采暖系统的实景安装展示等。

A.O.史密斯公司的"超级店中店"不仅塑造了高端的品牌专业形象，更为公司同线下消费者的互动提供了平台,帮助公司顺利进入客户的"品牌备选集"中。

三、"卖点三到位"护航品牌建设

A.O.史密斯公司认为,公司品牌建设的落地阶段应该是目标客户的最终"购买阶段"。在此阶段,目标客户会有针对性地对比"品牌备选集"里面的品牌,不仅会到建材城、商场、KA渠道观察和比较品牌的产品性能、质量和价格,更为重要的是,这些客户还会直接接触这些渠道的销售服务人员,比如促销人员,与他们进行核心利益沟通,这些服务人员的专业度和服务能力,直接影响到客户对品牌的最终选择和产品购买。因此,A.O.史密斯公司从目标客户最终购买阶段的每个关键环节,有针对性地提炼出"终端展示到位、卖点人员到位和客情关系到位"三大核心要素(A.O.史密斯公司称之为"卖点三到位"),确保公司品牌建设的有效落地。

1.终端展示到位

终端展示到位包括卖点位置到位、门店样机出样到位和门店装修到位。①卖点位置到位。一个门店的产品销售是否良好,卖点位置是至关重要的。为此,A.O.史密斯公司将这些专卖店划分为"鹤立鸡群门店""超级旗舰店"和"金角银边店",无论哪个门店的位置,都经过精心的调研和分析,确保门店在最显眼、最好的商业圈位置上,保证门店门口的人流量和进店的人流量。②门店样机出样到位。样机是导购员介绍机器性能最重要的依据,样机是否齐全、样机是否及时更新都会影响到顾客的满意度和购买决策。因此,A.O.史密斯公司会及时更新每个门店的样机品种和数量,以保证样机齐全,提升客户可碰触到的真实体验感。③门店装修到位。A.O.史密斯公司所有的门店都会进行"高大上"的装修,确保门店装修风格、装修调性与品牌专业形象保持一致。

2. 卖点人员到位

产品能否卖出，促销员是至关重要的一环。如果卖点位置没有问题，促销员专业度越高，即他们既能充分了解产品专业知识，详细介绍产品功能，又能抓住顾客心理，向客户传达"产品的核心利益"，成功卖出产品的概率会非常高。因此，促销员的专业度、沟通和服务能力对于公司产品销售、产品核心卖点的介绍、品牌宣传和推广起着至关重要的作用。A. O. 史密斯公司为了强化促销员的专业度，会定期开展促销员团队建设活动，并对促销员开展多项专业知识和技能培训。2015 年，公司还专门推出针对一线促销员的手机培训 App（Application，即应用程序软件），向促销员提供实时、系统的培训。

3. 客情关系到位

良好的客情关系，不仅可以帮助公司获得比较好的卖点位置、活动渠道，也便于获取一些销售数据，有助于公司进行相应的数据分析，更加精准地定位产品在市场上的地位，及时了解市场的行情，从而做出下一阶段的销售计划。A. O. 史密斯公司为了与渠道客户建立更加坚实、有效、长远的客情关系，通过"送管理""送参访"和"送培训"，来增加彼此的接触和了解，从而实现合作双方互相学习，共同成长。①送管理。A. O. 史密斯公司经常将自己公司有效的管理经验与渠道合作者进行分享。公司的管理人员会与渠道客户分享管理的心得和体会，帮助客户解决管理过程中遇到的疑难杂症。②送参访。A. O. 史密斯公司会邀请渠道客户的相关人员参访 A. O. 史密斯工厂，了解公司的生产流程，分享内部的管理经验。③送培训。A. O. 史密斯公司会不定期邀请代理商、KA 渠道客户的高层管理人员参加"行为领导力"的培训课程。该培训课程由麦斯顿企业管理咨询有限公司基于 A. O. 史密斯公司的领导力三要素，结合人力资源测评工具及"教练"理念开发而成，每期招收 24 名学员。培训课程的基本理念是"领导力不是领导者业绩，不是思想，也不是个人魅力，而是领导者面对下属始终如一的、值得信赖的行为"，培训内容主要包括A.O.史密斯公司的领导力三要素（超越个人私利的目的、关爱员工和公平公正）；对学员超360度（上司、同事、下属、家人对其评价打分）的行为风格测评结果分析；教练对学员的一对一辅导和学员间的SBI（Situation，情景；Behavior，行为；Influence，影响）沟通学习等。该培训的宗旨是发展参与者的领导力，改善参与者的领导行为。

秉承持续改进的理念，2016年年底，A.O.史密斯公司在原有的"卖点三到位"的基础上，将"解决客户抱怨"确定为品牌建设的一个核心要素。在A.O.史密斯公司看来，随着互联网技术的快速发展和社交媒体的广泛应用，客户抱怨的渠道增多了，客户影响力也随之增大。如果不能及时地对客户抱怨做出响应，快速地解决客户抱怨，势必会给公司的品牌形象带来负面影响。因此，A.O.史密斯公司必须将"解决客户抱怨"视作新时期品牌建设的一个重点工作来抓，以此提升全体员工在"解决客户抱怨"上的认知度和敏感度。

第二节 携手代理商共发展

A.O.史密斯公司认为，要想为消费者带来极致的客户体验感，不仅要从购买前阶段的品牌宣传和推广、购买中阶段的核心利益沟通方面予以保证，而且还要从购买后阶段的产品送货、产品安装和调试方面予以保证。公司始终以超越"客户预期"为目标，以不断提升A.O.史密斯公司和代理商的整个购买过程的服务专业度为手段，在为消费者带来良好消费体验的同时，进行消费者的"口碑建设"，实现从产品销售—售后服务—产品销售的良性循环。对此，A.O.史密斯公司从三个方面采取了措施：①寻找金牌代理商。A.O.史密斯公司不断寻找符合公司价值观且销售能力强的代理商，以专营公司产品的方式，建立互利共生共发展的关系。②提供"五星级"服务。为代理商提供量身定制的人力资源管理支持、第三方深度访谈和领导力培训，提升代理商的内部管理水平,实现双方共同发展。③搭建参与式沟通平台,与代理商进行深度沟通。通过多样化的沟通方式,了解代理商的现实或潜在需求,获取代理商的真实反馈,制定和调整有效的市场销售激励政策,达成双方"互利、再生、共发展"的目标。

一、寻找金牌代理商

A.O.史密斯公司独特的代理销售模式有其特定的历史原因和公司战略考虑。自1998年A.O.史密斯公司成立以来,公司的战略定位就是立足中国市场进行本土化研发,不断创新,为客户提供高品质的产品和服务。然而,初入中国市场,A.O.史密斯公司的发展面临的一个很大障碍是没有自建的销售渠道,加之当时公司的品牌知名度不高,导致公司产品销售困难。此外,A.O.史密斯公司在销售模式上也存在问题。在美国市场,热水器产品的销售是直接面向房地产开发商;而在中国市场,热水器产品的销售是直接面向成千上万的自装修的终端消费者。由于市场销售对象存在较大的差异性,A.O.史密斯公司并没有成熟的销售模式可以借鉴。因此,A.O.史密斯公司只能"摸着石头过河",采用"直营销售"的模式,也就是由公司总部设立销售分公司,再由各个分公司全权负责辖区人、财、物的统一调度。但是,这种分权的销售模式一度出现了监管不到位、销售渠道管理失控等情况,对A.O.史密斯公司造成了不少的负面影响。

1999年总裁丁威上任之后,首先整顿销售渠道,然后根据美国A.O.Smith集团公司的要求,将公司的工作重点放在解决行业技术难题上,专注于研发和生产制造适合中国本土市场的高质量产品。这就需要改变原来的销售管理模式,从原来的"直营销售制"转为"代理销售制",将公司的销售业务"外包"给代理商,从而集中公司的优势资源,专注于研发和生产制造高质量的产品。同时,为了保证销售和客户服务质量,公司管理层决定采取代理商专营的销售策略,即代理商专营A.O.史密斯公司的产品,不得销售其他任何品牌的产品。这种策略必然要求A.O.史密斯公司寻找能够长期合作、有共同价值理念的代理商客户。

1999年，围绕着"寻找价值理念一致的金牌代理商"的目标，A.O.史密斯公司从"选人"开始，采用外部寻找和内部创业两种方式寻找代理商，进行大刀阔斧式的改革。

1. 外部寻找代理商

自1999年以来，A.O.史密斯公司不断从外部寻找与自己经营理念、价值观比较一致，能够长期合作的代理商客户。在A.O.史密斯公司看来，公司的品牌建设和推广、销售增长和终端客户服务质量与外部代理商的质量是密不可分的。如果在合作过程中，这些外部代理商与A.O.史密斯公司存在认知冲突，比如经营理念、价值观差异，就无法深入了解和认同公司的销售政策、企业文化，那么，双方在合作过程中就无法避免磨合期长、合作效率低等问题。为保证真正寻找和留住这些外部代理商，A.O.史密斯公司秉持"四个满意"的价值观，始终遵守诚信、"重合同和守信用"、《道德与合规》等行为准则，坚持按照销售合同行事，不会随意变更销售政策。销售政策若有变更，会在第一时间通知所有的代理商，以取得这些外部代理商的信任，保持良好的厂商关系。

2. 内部创业培养代理商

A.O.史密斯公司除了从外部寻找代理商，还特别注重鼓励内部优秀员工离职创业成为公司的代理商。这些内部员工创业成为公司的代理商，相比外部寻找的代理商，更容易认同A.O.史密斯公司的文化、"四个满意"的价值观，能够深刻理解、认可公司的战略和政策，从而快速地响应、执行公司的政策和目标，更愿意建立长期的、互利共生的合作伙伴关系。而且，这些内部创业成为公司代理商的员工大多都是销售出身，本身对A.O.史密斯公司的销售市场、产品都比较了解，有较强的销售能力。为此，自2004年起，A.O.史密斯公司正式出台内部员工创业政策，对那些想要创业的员工，根据服务年限、业绩表现、所任职务等综合评价，给予他们一定额度的三年免息信用资金支持。

通过代理商专营的方式，A.O.史密斯公司不仅能够将公司资源的重点放在解决行业技术难题、研发和生产制造高质量的产品上，而且能够保证公司的销售和终端客户服务质量，同时达到"客户满意"和"股东满意"。

二、提供"五星级"服务

随着A.O.史密斯公司销售额持续多年达到年均20%的增长，部分代理商快速发展，有些代理商的年销售额已过亿元。随着销售额的增加，这些代理商公司的规模不断扩大，员工人数不断增加，原来的粗放式管理不再有效，开始出现各种管理"痛点"。A.O.史密斯公司为了帮助这些亿元级代理商解决管理"痛点"，邀请年销售额超过5 000万元的代理商一起，共同组建"亿元级代理商俱乐部"，并与代理商俱乐部的成员一起就代理商存在的问题、困难等，一年两次开展头脑风暴式的研讨，共同寻找相应的问题解决方案。

通过亿元级代理商俱乐部一年两次的研讨，A.O.史密斯公司决定自2011年9月起，配备专门的代理商人力资源经理，为销售额过亿元的代理商提供人力资源管理支持，提升代理商公司的管理水平。为此，A.O.史密斯公司从公司内部物色到一名既了解代理商公司业务，又了解代理商公司组织建设问题的人力资源经理，并成立了相应的代理商人力资源支持部门，专门针对四家亿元级代理商给予人力资源管理支持。2011—2017年，代理商人力资源支持部门为这些亿元级代理商提供了全方位的人力资源管理支持（包括代理商公司的人才盘点、目标管理工具的引入、员工素质模型构建等）、第三方深度访谈和行为领导力培训，提升代理商的内部管理水平，实现双方的共同发展。

1. 全方位的人力资源管理支持

（1）人才盘点。A.O.史密斯公司代理商人力资源支持团队的首要工作是对代理商公司的全体员工进行人才盘点。A.O.史密斯公司代理商人力资源经理去代理商公司，邀请代理商公司的多名业务经理一起参与，组成述职评审团，在代理商公司的全体员工一一进行述职后，对其进行评审。述职内容主要是从述职人员的业务入手，对这些人员的工作思路、遇到的问题、针对问题想出的解决办法以及未来的工作计划进行系统的回顾，并根据述职人员的回顾内容，结合他们的性格特点、工作绩效、创新能力等，做出全面的、综合的评价。然后，由代理商人力资源经理撰写详细的人才评估报告，包括述职人员适合的岗位、后续培养计划等，直接向代理商公司的老总报告。

（2）目标管理工具的引入。为了真正提升代理商的销售业绩，A.O.史密斯公司代理商人力资源支持部门为四家亿元级代理商引入"目标管理"工具，主要采取"一对一辅导"的方式，"从上往下"推行。首先由A.O.史密斯公司的代理商人力资源经理培训代理商的经理，教会他们如何围绕公司年度目标，根据"SMART原则"，设定具体的（Specific）、可量化的（Measurable）、可达成的（Attainable）、与其他目标有一定的相关性的（Relevant）以及有明确截止期限的（Time-bound）季度、月度指标，以及撰写季度、月度报告。然后，请代理公司的老总针对这些经理的季度、月度汇报，结合其实际完成情况，进行点评。至2012年年底，这四家亿元级代理商公司已找到目标管理的感觉，从原来的"老总下达指示，下级经理听"变成了"下级经理汇报，老总点评"，整个公司的运营也开始围绕年度目标有序运作起来。截至目前，接受A.O.史密斯公司人力资源支持服务的代理商公司，已能够熟练掌握"目标管理"工具的使用方法，并取得了良好的效果。

（3）员工素质模型构建。为了有效地构建代理商公司的员工素质模型，A.O.史密斯公司的代理商人力资源经理首先与代理商公司的老总和高层管理团队进行沟通，共同研讨"他们期望的公司员工的能力和素质有哪些"，高层管理团队据此提供有关员工核心能力和素质的关键词，然后邀请公司员工在高层管理团队提出的员工核心能力和素质的关键词中，按认同度由高到低排序，最后选出大家一致认可的 5—6 个词语。然后，将这些核心能力和素质的关键词进行概念化和量化处理。例如，NH 代理商公司确定的员工素质模型中的关键词是：品德（Character）、责任感（Responsibility）、执行力（Execution）、专业能力（Professionalism）和团队精神（Teamwork）。A. O. 史密斯公司代理商人力资源经理首先会带着该代理商公司的管理层，对确定的品德、责任感、执行力、专业能力、团队精神这五个关键词进行概念界定，明确其定义和内涵。以品德为例，NH 代理商公司对品德的定义是：个体依据一定的社会道德准则和规范行动时，对社会、他人、周围事物所表现出来的稳定的心理特征或倾向。然后，根据这五个关键词的定义，将这些关键词描述为五六个具体的、可进行量化评价的行为。以品德为例，NH 代理商公司将品德描述为六个可量化评价的行为，包括不损害公司利益，忠于公司；诚实守信，言出必行；尊重他人，懂得感恩；踏实、勤奋、任劳任怨；严格保守公司秘密，不搬弄是非；以身作则。最后，采用英文单词首字母的组合方式，将确定的五个关键词提炼为方便员工记忆的、清晰的单词或词组（NH 代理商公司将员工素质模型提炼为"CRPTE"素质模型）。

在整个员工能力素质模型构建的过程中，A. O. 史密斯公司的代理商人力资源经理全程辅导和跟踪代理商相关负责人，共同研讨，并与代理商公司高层管理人员一起构建代理商员工素质模型。通过这种研讨加辅导的过程，帮助代理商构建具有自己公司特色的员工素质模型，并据此素质模型招募、甄选和考核企业员工，提升人力资源管理的专业度。

2. 第三方深度访谈

A. O. 史密斯公司每年都会邀请麦斯顿企业管理咨询公司作为第三方访谈公司，专门针对核心代理商进行第三方深度访谈。访谈采取一对一的开放式提问方式，深度倾听、挖掘代理商公司的意见和诉求。第三方访谈公司将代理商的这些意见和诉求进行分类汇总，并以调研报告的形式，提交至 A. O. 史密斯公司的高层管理团队。第三方访谈报告有两个作用：①高层管理团队在每年定期研讨销售政策的合适性和有效性时，参考第三方访谈报告，对销售政策进行不断完善；②高层管理团队会根据第三方访谈报告中代理商提到的意见和诉求，为这些代理商提供有针对性的个性化支持服务。

3. 行为领导力培训

2013年，A.O.史密斯公司在与亿元俱乐部的代理商开展一年两次的头脑风暴研讨时发现，随着亿元级代理商公司的销售规模越来越大，员工数量不断增多，这些亿元级代理商公司的高层管理者迫切需要A.O.史密斯公司给予个人发展方面的支持，尤其是改善和提升他们自身的领导力水平。为此，A.O.史密斯公司邀请这些代理商公司的老总，参加由麦斯顿企业管理咨询公司基于A.O.史密斯公司领导力三要素开发的"行为领导力"培训课程。正如咨询公司总经理所描述的："通过行为领导力的培训课程，代理商不仅可以发现一个真正不一样的自己，能够进行更好的自我认知和自我改进，发现那些自己未意识到的问题，从而改进这些问题，提升自己的领导能力，而且通过行为领导力的培训课程，这些代理商能够更加深入地理解A.O.史密斯公司的文化、'四个满意'的价值观，并能够以行为体现价值观。"

三、搭建参与式沟通平台

除了为代理商提供全方位的人力资源管理支持、行为领导力培训和第三方深度访谈以外，A.O.史密斯公司还搭建了"参与式"沟通平台，包括成立销售额亿元级代理商俱乐部、召开A.O.史密斯公司年度营销大会，以保证代理商和A.O.史密斯公司可以进行深度沟通，倾听代理商对公司的意见、建议，共同解决市场难题，应对外部环境的快速变化。

1. 销售额亿元级代理商俱乐部

A.O.史密斯公司牵头组织年销售额超过5 000万元的代理商，成立"亿元级代理商俱乐部",并邀请俱乐部的成员,参加每年两次的例行研讨会议。研讨会议安排在五星级酒店举办,由A.O.史密斯公司支付食宿费用并负责全程的接待工作。研讨会议采取"头脑风暴"的方式,由A.O.史密斯公司的管理层与亿元级代理商俱乐部的成员一起,共同分析市场中存在的机遇和挑战,并一同制订出相应的解决方案。2011年,通过"亿元级代理商俱乐部"的研讨,制订出A.O.史密斯公司对代理商进行"人力资源管理支持"的方案;2012年,通过"亿元级代理商俱乐部"的研讨,共同制订了A.O.史密斯公司与淘宝、京东等电子商务公司的合作方案,以应对零售渠道产生的新变化;2013—2016年,通过"亿元级代理商俱乐部"的研讨,专门制订了电商销售渠道和线下销售渠道平衡合作的解决方案、三四级市场的有效开发方案和专卖店线上引流方案等。随着A.O.史密斯公司与这些代理商的沟通范围不断扩大、深度不断增加,双方的合作效率也在不断提高,通过研讨找出的具体的、围绕市场问题的"落地式"解决方案都能得到有效执行。

2. 年度营销大会

每年年底,A.O.史密斯公司都会邀请代理商、驻外销售人员参加年度营销大会。年度营销大会为期两天,主要分为三个环节:①回顾公司的发展情况。A.O.史密斯公司总裁丁威首先分享和总结A.O.史密斯公司过去一年取得的成绩和不足。然后,由公司市场部负责人介绍本年度工作的主要内容、亮点和不足,以及下一年度的工作重点。②进行新品发布。A.O.史密斯公司各个事业部(包括电热水器、燃气热水器、净水器、空气净化器等)的负责人,围绕未来一年内的工作安排和新品的上市进度,向与会的代理商和驻外销售人员进行下一年度的新品发布。③小组头脑风暴会。A.O.史密斯公司各个事业部的主要负责人与代理商一起,围绕A.O.史密斯公司下一年度的销售目标、市场现状和存在的问题,组织开展多个小组的头脑风暴会议,制订具体的、有效的落地式解决方案。

示例 10-3

A.O. 史密斯公司 2017 年营销大会会议日程

2017 年 1 月 16 日　星期一

主会场：香格里拉大酒店三楼　盛世堂

起始时间	结束时间	事项
08:30	09:40	总裁年度报告
09:40	10:20	商务总经理年度报告
10:20	10:50	家用销售副总经理年度报告
10:50	11:05	茶歇
11:05	11:15	市场专题报告
11:15	12:30	新品发布会
12:30	13:30	自助午餐
13:30	14:15	优秀经验分享
14:15	14:30	南华集团管理中心经验分享
14:30	14:40	茶歇
14:40	16:00	管理层对话
16:00	16:10	总裁发言
16:10	16:20	茶歇
16:20	17:20	颁奖典礼
17:20	18:30	场地整理
18:30	21:30	晚宴

2017 年 1 月 17 日　星期二

1. 专题研讨　8:30—11:30

(1) 三四级市场开发研讨　　　　　　　　　　香格里拉二楼翠洲厅

　　主持人：×××　　　　　　　　　　　　会务：×××

(2) 2017 年服务体系深度建设　　　　　　　香格里拉二楼南京 2 厅

主持人：×××　　　　　　　　　　　会务：×××

（3）专卖店效率提升——线上引流专题研讨　　香格里拉二楼南京 1 厅

主持人：×××　　　　　　　　　　　会务：×××

（4）如何保持电热水器产品销售的稳步增长　　香格里拉二楼樱洲厅

主持人：×××　　　　　　　　　　　会务：×××

（5）燃气热水器如何实现快速增长　　香格里拉二楼菱洲厅

主持人：×××　　　　　　　　　　　会务：×××

（6）如何提升三四线城市的服务能力　　香格里拉二楼清凉厅

主持人：×××　　　　　　　　　　　会务：×××

（7）有效的渠道建设保证热泵产品销售持续增长　　香格里拉二楼雨花厅

主持人：×××　　　　　　　　　　　会务：×××

（8）工程体系项目研讨　　香格里拉二楼栖霞厅

主持人：×××　　　　　　　　　　　会务：×××

（9）成套水系统的销售/净水专区效率提升　　诺富特负一楼莱茵河厅

主持人：×××　　　　　　　　　　　会务：×××

（10）空气净化器占有率快速提升　　诺富特负一楼多瑙河厅

主持人：×××　　　　　　　　　　　会务：×××

（11）暖通专业度提升　　洲际酒店 7 楼 7 号会议室

主持人：×××　　　　　　　　　　　会务：×××

（12）产品专试及正负激励调研　　工厂

主持人：×××　　　　　　　　　　　会务：×××

2. 春节联欢会　14：00—17：30

以 2017 年"专卖店效率提升——线上引流"专题研讨头脑风暴会为例。首先，该会议由 A.O. 史密斯公司的销售部门牵头，邀请代理商、信息技术部门及其他相关部门共同参与，围绕公司提升专卖店线上引流的核心难题，展开多轮头脑风暴。然后,通过公司各个部门与外部代理商公司负责人一起进行面对面的深度研讨,共同寻找相应的解决方案,并将行动方案落实到具体的责任部门,进行定时、定向的跟踪和反馈。通过头脑风暴会议,A.O.史密斯公司有效地找到了解决市场难题的行动方案,更为重要的是,通过A.O.史密斯公司内部各个部门与代理商的共同研讨,强化了双方"互利、共生和再生"的纽带关系,从而有助于建立共同发展的长期战略合作伙伴关系。

示例10-4

A.O.史密斯公司与代理商的深度沟通大使——"中乃树"

孙乃树先生是A.O.史密斯公司"钻石级"的前员工,自1998年公司成立以来,先后担任过河北销售公司的经理、总经理职位。1999年,A.O.史密斯公司推行代理销售制度,孙乃树先生选择离职创业,成立了现在的南华集团管理中心,专门代理A.O.史密斯公司的产品在华北区域的销售。发展至今,孙乃树先生创立的南华集团管理中心已经在中国小家电行业的单一品牌代理商中独占鳌头。因南华集团管理中心地处中国的中部地区,加之公司在小家电行业的龙头地位,孙乃树先生被行业内部人士誉为"中乃树"(中国中部小家电行业标杆人物)。

孙乃树先生不仅是A.O.史密斯公司的资深前员工,与A.O.史密斯公司有着很深的情感联系,而且作为销售金额过亿元的大代理商,非常熟悉中国市场,具有很强的市场意识。鉴于孙乃树先生的这种特殊身份,再加上他又敢于向A.O.史密斯公司总裁丁威"谏言"和"叫板",A.O.史密斯公司决定,聘请孙乃树先生为A.O.史密斯公司高级名誉副总裁,经过多次向美国A.O. Smith集团公司报告和交流,最终得到其同意和认可。2012年,A.O.史密斯公司正式聘请孙乃树先生为不拿薪水的A.O.史密斯公司的高级名誉副总裁,成为A.O.史密斯公司市场销售方面的重要智囊。作为A.O.史密斯公司的高级名誉副总裁,孙乃树先生给自己界定的工作有:①不定期地进行市场调研;

每个季度孙乃树先生都会与A.O.史密斯公司的市场经理一起，深入全国各大销售区域的市场一线进行调研，撰写调研报告，将代理商的意见和建议直接反馈给A.O.史密斯公司的管理层。②参与A.O.史密斯公司内部的所有销售会议，比如，参加公司每个季度的大区目标回顾会，为公司提供专业性的销售意见和建议。③不定期地邀请各个省区的销售代理商到河北南华集团管理中心参观访问，为代理商提供现场的专卖店建设和管理建议。④加强代理商与代理商之间的沟通和交流。孙乃树先生经常会牵头组织一些非正式的集体活动，邀请来自全国不同区域的代理商参与。例如，2014年代理商们一起去内蒙古草原互动学习，借助这样的机会加强代理商之间的非正式沟通和交流。随着代理商之间联系的加强，出现了具有A.O.史密斯公司特色的"代理商互游学"现象，即代理商之间彼此取经，相互学习，共同成长。

通过这些举措，孙乃树先生不仅深度参与A.O.史密斯公司内部的市场销售管理，更能够很好地充当起代理商和A.O.史密斯公司间的深度沟通大使，确保A.O.史密斯公司能及时听到代理商的"实话"，并针对这些真实的意见和想法进行政策调整，强化代理商与A.O.史密斯公司彼此之间互利、共生和再生的纽带关系。

A.O.史密斯公司选择金牌代理商，为他们提供"五星级"服务，在伺候好、服务好这些代理商的同时，建立公司与代理商之间的良好合作关系，实现双方的共同发展。这既能保证A.O.史密斯公司的产品有效、及时地卖出，又能保证其拥有坚强的、有保障的"售后服务能力"，有助于公司获取来自代理商的真实市场信息的反馈，精准把握市场的动态信息，从而全方位、体系化地洞察潜在消费者的核心利益诉求、产品问题和市场机会，从而将这些有效信息收集、整理和传达给A.O.史密斯公司相关的市场部门，为后续销售工作的改进改善打下坚实的基础，继而保证公司销售额的不断增加，持续实现公司年销售额高增长率的目标。

第四篇
创 新 之 道

　　知其然，更要知其所以然，只有深刻把握创新管理的真谛，才能持续有效地开展创新。那么，创新管理的真谛到底是什么？

　　A.O.史密斯公司认为：通过采取四大核心管理活动，达到人与环境的最佳匹配，才能实现自我驱动式创新；平衡创新实践过程中的四大"悖论"（调研人员的"分工与协作"、研发技术的"前瞻与稳健"、生产过程的"质量与成本"、销售管理的"契约与关系"），才能完成创新与市场的有效衔接，实现公司的高质量竞争战略，保持公司的行业领导地位。

　　功成，事遂，员工皆曰：我自然！

第十一章
A.O.史密斯公司的自我驱动式创新管理

创新已成为企业应对竞争和实现卓越的必备工具，为了更有效地进行创新管理，必须解决"如何驱动创新"和"如何实践创新"的问题。A.O.史密斯公司处理"如何驱动创新"和"如何实践创新"两大问题的做法，在前面的第二篇和第三篇已经进行了详细介绍。本章从A.O.史密斯公司的创新管理做法中，探究其背后的机理，并抽象出概念，将A.O.史密斯公司开展的创新管理模式命名为"自我驱动式创新管理模式"。具体内容安排如下：①自我驱动式创新管理模式。包括对自我驱动式创新的内涵、自我驱动式创新管理模式的内涵和两大核心要素进行界定。②实现人与环境的最佳匹配。A.O.史密斯公司通过合适的制度安排，保障教练型领导、管家型人力资源管理实践、员工需求导向型沟通、凝心聚力型氛围四大核心管理活动的有效开展，实现人与环境的最佳匹配。③平衡创新实践过程中的四大"悖论"。四大"悖论"分别为调研人员的"分工与协作"、研发技术的"前瞻与稳健"、生产过程的"质量与成本"、销售管理的"契约与关系"。A.O.史密斯公司通过有效平衡这些悖论，将这些看似矛盾的关系对立统一在动态发展的平衡当中，用以更好地指导和开展创新实践。

从驱动创新到实践创新

A.O.史密斯公司的创新管理

第一节 自我驱动式创新管理模式

截至2016年年底，A.O.史密斯公司在中国连续保持年均销售额增长率达20%的良好业绩，并通过每年持续推出创新性的专利技术和深受市场欢迎的创新精品，在电热水器、燃气热水器、净水器等多个业务领域，取得了市场销售额第一的领先地位。A.O.史密斯公司之所以能取得如此骄人的成绩，很大程度上得益于公司所开发的自我驱动式创新管理模式。本节对A.O.史密斯公司的自我驱动式创新、自我驱动式创新管理模式的概念进行界定，并提炼出自我驱动式创新管理模式的两大核心要素，包括实现人与环境的最佳匹配、平衡创新实践过程中的四大"悖论"。

一、自我驱动式创新

通过持续多年的组织建设，在A.O.史密斯公司，有一支员工的队伍越来越壮大。这些员工非常认同公司"四个满意"的价值观，始终坚持做到"行为体现价值观"，且富有创新精神和创新能力。他们非常喜欢琢磨新创意和新想法，乐于接受挑战，特别愿意解决行业技术难题和攻克技术难关，总是能够主动、自发地参与到公司的创新实践过程中去，为公司不断研发出领先于行业和竞争对手的突破性技术，为公司创造出深受行业尊重和市场欢迎的新产品与新服务。

A.O.史密斯公司的自我驱动式创新，是指在公司主动满足"对的人"的基本需求的条件下，由其内在兴趣和爱好所驱动的自主、自发的创新行为。其中，"对的人"的基本需求，既包括物质性需求（如薪酬、福利），更包括个体胜任岗位工作的需求、情感需求（如领导关心、同事尊重）、成长需求（如公平公正的考核、晋升机会）等。

相比这些基本的需求，员工的兴趣和爱好才是真正激活和引发他们展现出自主自发、持续不间断创新行为的根本动因。但是，员工的这些基本需求的满足，又是其兴趣爱好动因被激活的前提。因此，A.O.史密斯公司通过主动满足员工的这些基本需求，免除他们的"后顾之忧"，有效地调动那些对创新工作感兴趣、对创新工作充满热爱的员工的积极性和主动性，让他们"不待扬鞭自奋蹄"地参与到公司各项创新实践中去。

二、自我驱动式创新管理模式

A.O.史密斯公司的自我驱动式创新管理模式，是指该公司开发的通过有效创新实现公司的高质量竞争战略，以保持行业领导地位为最终目标的一整套创新管理体系。该体系包括实现人与环境的最佳匹配、平衡创新实践中可能出现的四大"悖论"两大核心要素。

1. 实现人与环境的最佳匹配

实现人与环境的最佳匹配，是A.O.史密斯公司自我驱动式创新管理模式的核心要素之一，也是其创新管理取得成效的关键。所谓最佳匹配，是指"对的人"与A.O.史密斯公司内部环境（包括领导、工作、团队、文化）的完美契合。通过人与环境的最佳匹配，A.O.史密斯公司有效地调动了员工的积极性，让他们自主自发、自我激励地参与到公司的创新实践中去。

但是，实现人与环境的最佳匹配并非易事，它是一个系统的工程，不仅需要公司开展一系列的核心管理活动，而且需要公司建立、不断优化和完善与之相匹配的制度，以制度的形式保障这些管理活动的有效运行。为此，A.O.史密斯公司分别从四大核心管理活动（教练型领导、管家型人力资源实践、员工需求导向型沟通和凝心聚力型氛围）入手，以实现"对的人"与领导的匹配、"对的人"与工作的匹配、"对的人"与团队的匹配、"对的人"与文化的匹配为目标，开发了一整套行之有效的制度、活动和流程，确保实现"对的人"和公司环境的最佳匹配。

2. 平衡创新实践过程中的四大"悖论"

然而,实现人与环境的最佳匹配不一定能确保 A.O. 史密斯公司实现创新与市场的有效衔接,为了更加深入地洞察消费者的潜在需求,解决行业技术难题,从而研发出不同于行业和竞争对手的独特的突破性技术,生产出深受市场欢迎的创新精品,并为消费者提供极致的服务体验,A.O. 史密斯公司通过有效平衡创新实践过程中可能出现的四大"悖论"(即调研人员的"分工与协作"、研发技术的"前瞻与稳健"、生产过程的"质量与成本"、销售管理的"契约与关系"),来有效地指导和开展创新实践。

首先,调研环节。平衡调研人员的"分工与协作"悖论,既要保证市场部门和研发部门参与调研人员的有效分工,提高调研工作的效率,又要保证两个部门参与调研人员的相互协作和相互配合,深度洞察和挖掘消费者的潜在需求,取得良好的调研效果,为后续的产品研发提供正确的方向。其次,研发环节。平衡研发投入的"前瞻(即基础性研究)与稳健(即应用性研究)"的悖论,既要立足当下,进行现有技术的迭代更新,提高现有技术的竞争力,又要放眼未来,探索和开发引领市场的前瞻性技术,提高未来技术的竞争力,从而为公司后续的产品生产打下坚实的基础。再次,生产环节。有效平衡"质量与成本"悖论,既要在生产过程中不断提高产品的质量,又要通过"杜绝一切浪费"来降低不必要的生产成本,从而生产出深受消费者欢迎和信赖,又为其所接受的物有所值的创新精品。最后,销售环节。平衡 A.O. 史密斯公司与代理商之间的"契约与关系"悖论,也就是在销售管理过程中,既要保证合作双方严格遵守契约,"重合同,守信用",又要为他们提供必要的"人情"式支持,更好地满足代理商发展的需要,服务和伺候好这些代理商,实现代理商与 A.O. 史密斯公司的共同发展,从而建立和强化公司与代理商之间良性的生态系统成员伙伴关系。

第二节 实现人与环境的最佳匹配

A.O.史密斯公司从四大核心管理活动入手,有针对性地开发并不断优化相应的制度,以制度保障这些核心管理活动的有效运行,从而实现人与环境的最佳匹配。本节首先从"对的人"和"环境适宜性"两个维度,将人与环境匹配划分为四种类型,揭示出A.O.史密斯公司人与环境最佳匹配的实质。在此基础上,继续探讨A.O.史密斯公司是如何通过四大核心管理活动(教练型领导、管家型人力资源实践、员工需求导向型沟通和凝心聚力型氛围),实现"对的人"与领导的匹配、"对的人"与工作的匹配、"对的人"与团队的匹配、"对的人"与文化的匹配,最终达成"对的人"与环境最佳匹配的目标。

一、最佳匹配是"对的人"与环境的完美契合

按照"对的人"和环境适宜性(即员工感知到的公司提供环境的适宜程度,环境包括领导、工作、团队、文化四个方面)两个维度划分,人与环境的匹配可以分为如下四种类型(见图11-1):

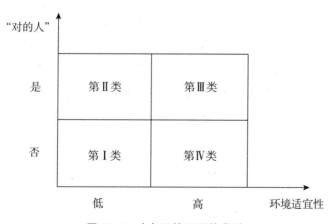

图11-1 人与环境匹配的类型

（1）第Ⅰ类匹配。第Ⅰ类匹配是指员工不符合"对的人"的要求。同时，公司为员工提供较低程度的环境适宜性，即公司不能为员工提供一个充分发挥其创新才能的平台，员工感到公司限制了他们的创新能力。通常情况下，这类匹配的结果是员工的主动流失率高，公司的创新人才储备和创新能力不足。

（2）第Ⅱ类匹配。第Ⅱ类匹配是指员工符合"对的人"的要求。但是，公司提供较低程度的环境适宜性，即公司不能为员工提供一个充分发挥其创新才能的平台，员工感到公司限制了他们的创新能力。通常情况下，这类匹配的结果是员工表现出较低的工作满意度、较低的关系承诺和组织认同，员工的主动流失率高，公司无法实现"人尽其才，物尽其用"。

（3）第Ⅲ类匹配。第Ⅲ类匹配是指员工符合"对的人"的要求。同时，公司提供了较高程度的环境适宜性，即公司为员工打造了一个充分发挥其创新才能的平台。这类匹配的最终结果是实现了人与环境的最佳匹配，也就是"对的人"与公司内部环境的完美契合。这类匹配的结果是员工能够展现出很高的工作满意度、很强的关系承诺和组织认同，愿意留在公司，贡献自己的价值。而对公司来说，其能够做到"人尽其才，物尽其用"，最终实现员工与公司"共赢"。

（4）第Ⅳ类匹配。第Ⅳ类匹配是指虽然员工不符合"对的人"的要求，但是公司提供了较高程度的环境适宜性，即公司为员工打造了一个充分发挥其创新才能的平台。通常情况下，对员工来说，公司会给他们带来很多富有挑战的机会，让他们感受到极大的压力。但是对公司来说，不能达到其未来发展所需要的人才密度，这在一定程度上会限制公司未来的发展。

A.O.史密斯公司正是因为做到了第Ⅲ类匹配，即"对的人"与环境很好地契合，从根本上实现了"对的人"和公司环境（领导、工作、团队和文化）的最佳匹配，满足了那些对创新感兴趣的员工的基本需求，有效调动起他们的积极性和主动性，让他们展现出持续不断的自发、自激励的创新行为，为公司不断创造价值。

二、四大核心管理活动实现最佳匹配

A.O.史密斯公司之所以能够做到第Ⅲ类匹配，主要原因在于公司采取了四大核心管理活动，包括教练型领导、管家型人力资源管理实践、需求导向型沟通和凝心聚力型氛围，并以制度保障这些核心管理活动的有效开展，从而实现了"对的人"与领导、"对的人"与工作、"对的人"与团队、"对的人"与文化的全方位最佳匹配（见图11-2）。

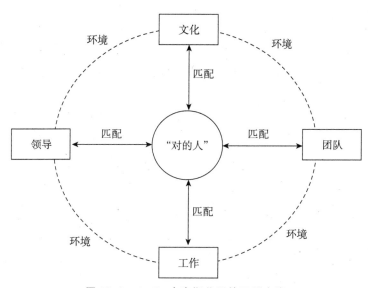

图11-2　A.O.史密斯公司的匹配实践

1. 教练型领导：实现"对的人"与领导的匹配

"对的人"只有在遇到志同道合的领导时才会发挥更大的价值。所谓志同道合是指两个人的价值理念一致，兴趣相投，彼此都喜欢在创新实践中"折腾"。通常情况下，两个人如果志同道合，彼此会相互吸引、相互喜爱，更容易建立和发展长期信任的关系，"对的人"和领导也不例外。如果"对的人"的价值理念与领导的价值理念相一致，更容易喜爱、信任和追随他们的领导，更有助于提升他们的工作满意度、关系承诺和组织认同，因而更愿意留在这样的企业里,跟领导一起"打天下"。为了实现"对的人"与领导的匹配,A.O.史密斯公司从总裁丁威做起,高层管理团队在高度认同"四个满意"价值观的基础上,通过以身作则,在行为上体现公司"四个满意"的价值观,强化领导与"对的人"之间价值理念的志同道合。举例来说,A.O.史密斯公司高度重视创新文化,高层管理团队总是亲自扛起创新的大旗,争做创新的引领人和掌舵人,积极参与到公司各项创新实践和研发实践中去,真正实现领导与"对的人"的充分沟通,从而吸引和留住那些"对的人"。

2. 管家型人力资源管理实践:实现"对的人"与工作的匹配

对公司来说,最理想的状态是,找到并留住那些认同公司"四个满意"的价值观且富有创新精神和创新能力,能够很好地胜任所在工作岗位的知识、技能和能力要求的"对的人"。而对员工来说,他们希望自己的知识、技能、能力被公司及时认可和肯定,得到具有市场竞争力的薪资、福利和职业发展机会。通常情况下,公司与员工的这种匹配被称为"共赢性匹配",也就是公司和员工能够各取所需,实现共赢。为了实现"对的人"与工作胜任要求之间的最佳匹配,A.O.史密斯公司举办了一系列的人力资源管理实践活动,开发并持续改进、优化与之匹配的制度、活动和流程。首先,在招聘环节,围绕社会招聘和校园招聘两个主要招聘渠道,开发出有效的活动(如粉"斯"体验营、江苏省高校论坛等)和公司员工素质模型(TRIPP模型),并围绕TRIPP模型的核心要素,有效达到精准找到"对的人"和有效筛选"对的人"的目标,从源头上确保"对的人"与工作胜任要求的匹配。然后,通过提供有市场竞争力的薪酬福利、公平公正的成长机会,从过程和结果两个维度确保"对的人"与工作胜任要求的最佳匹配,让员工在各自的岗位上既有能力更有主动性,最终实现找到并留住"对的人"的目标。

3. 需求导向型的沟通:实现"对的人"与团队的最佳匹配

通常情况下,公司希望通过加强团队内部成员之间、团队与团队之间的有效沟通，实现信息和资源的有效分享，从而提高整体的工作绩效和创新水平。同样，"对的人"也希望在工作过程中，得到团队内外部成员的有效配合和支持，以满足自身的工作需要、"发声"需要和情感交流需要，从而更好地发挥自己的价值。为了实现"对的人"与团队的最佳匹配，A.O.史密斯公司从满足"对的人"的工作需要、"发声"需要、情感交流需要三个方面入手，举办了有效的沟通管理活动，并开发出了一系列有效的制度、活动和程序，包括ASTAR制度、内部沟通会议、公司微信企业号等，全方位地满足"对的人"的工作需要、"发声"需要和情感交流需要，有效实现"对的人"与团队的最佳匹配。

4. 凝心聚力型氛围营造：实现"对的人"与文化的匹配

通常情况下，公司希望找到在骨子里认同公司文化的员工，让他们"心往一处想，劲往一处使""凝心聚力"共同完成公司的目标。同样，"对的人"也希望找到与自己的内在价值理念相一致的公司，更愿意待在这样的公司里，充分施展自己的才华，贡献自己最大的价值。为了提高"对的人"与公司文化氛围的匹配度，A.O.史密斯公司围绕着"四个满意"的价值观和诚信、合规、创新等文化要素，开发出了一整套行之有效的制度、活动和流程，包括价值观推动制度、每日价值观制度、诚信和合规培训、专利技术表彰活动等，从"四个满意"的价值观、诚信合规、成就感三个方面营造浓厚的公司文化氛围，提高公司的这些核心的文化要素和"对的人"内在价值理念的匹配度，确保这些文化要素在公司落地生根，并体现在员工的具体行为中，从而有效地实现"对的人"与"文化"的最佳匹配。

A.O.史密斯公司也正是通过这些有效的管理活动，以及据此开发出的一系列有针对性的制度、活动和流程，实现了"对的人"与公司内部环境（包括领导、工作、团队和文化）的全方位最佳匹配，保证A.O.史密斯公司找到并留住"对的人"。

第三节 平衡创新实践过程中的四大"悖论"

一家成功的企业，必须能够处理好企业运营过程中出现的各种悖论，才能保证企业获得持续、健康的发展。A.O.史密斯公司也不例外。公司要想通过有效创新，实现高质量的竞争战略，保持行业领先地位，单靠实现人与环境的最佳匹配，是远远不够的，必须在此基础上，有效平衡创新实践过程中可能出现的四大"悖论"：调研人员的"分工与协作"，研发技术的"前瞻与稳健"，生产过程的"质量与成本"，销售管理的"契约与关系"，将这些悖论统一在动态发展的平衡当中，以便更好地指导和开展创新实践。

一、分工与协作

公司在市场调研过程中，经常面临这样一个难题：研发部门抱怨市场部门提供的市场数据不足，过多关注消费者本身（如消费者的基本特征、地理分布、偏好等），无法深度挖掘产品存在的技术问题。市场部门则抱怨研发部门过多关注技术本身，不了解终端市场和消费者。这些抱怨经常被戏称为典型的"新品调研管理功能失调症"。从本质上讲，这些抱怨的产生是因为，公司没有平衡好市场部门和研发部门参与调研人员之间的"分工"与"协作"关系。

众所周知，在市场调研过程中，市场部门和研发部门参与调研的人员各有所长，缺少任何一方，都无法有效、深入地洞察和挖掘消费者的潜在需求。因此，如何在市场调研过程中，做好二者的有效"分工"与"协作"，取长补短，是公司做好市场调研工作必须面对和解决的核心问题。其实，平衡市场部门调研人员和研发部门调研人员的"分工"与"协作"，就好比"羽毛球双打"，既要合作双方有明确的分工"界限"，保证每个部门都能够发挥各自的所长，提高整体的调研工作"效率"，又要合作双方之间配合"默契"，取长补短，相互补充，进行有效的知识整合，提高调研工作整体的"效果"，真正洞察和挖掘消费者的潜在需要。

为了有效平衡二者之间的关系，A.O.史密斯公司首先通过相关的制度安排，规定每年例行入户调研1 200家，要求由市场部门牵头，研发部门共同参与，组成跨部门调研团队，一起到用户家中，进行面对面的调研访谈，从而加强市场部门与研发部门间的协作和深度沟通。然后，为了真正做到深入洞察消费者需求，确保市场部门和研发部门能够听懂彼此的语言，而非各说各话，采取例行的"头脑风暴"研讨方式，以结果为导向，实现批判思考并博采众长。

"高层专供"燃气热水器想法的产生便是其中的典型代表。起初，在例行的入户调研环节，市场部门的调研人员在整理与用户的访谈记录时发现，有30%的高楼层用户曾经提到，由于他们身处较高的楼层，很担心因为高楼层带来的高风压、低气压问题，导致家中的燃气热水器出现熄火或者一氧化碳超标的情况。在调研团队的例行头脑风暴会上，市场部门的产品经理提出，高楼层用户的这一担忧很可能是高楼层消费者群体的一个潜在需求点，希望研发调研人员能够给出相应的技术解决方案。为了解决这一问题，研发调研人员与公司的研发部门人员交流发现，当时研发部门正好开发出一项新的技术，该技术具有"超高抗风压""低气压可以燃烧"两大技术优势，能够很好地解决燃气热水器由于高楼层带来的高风压、低气压，以及由此产生的熄火或者一氧化碳超标的问题。经过不断研讨，最后市场部门和研发部门的调研人员达成一致，将这项最新研发的新技术运用到"高层用户"燃气热水器的开发上，并起名为"高层专供"燃气热水器。2008年年底，凭借此款燃气热水器，A.O.史密斯公司在燃气热水器市场上取得了良好的市场销售业绩。

二、前瞻与稳健

平衡"前瞻"（即基础性研究）和"稳健"（即应用性研究）的关系一直是公司在研发环节中必须解决的一大难题。所谓前瞻（基础性研究）是指立足于研究领域的前沿和交叉学科的新生长点，进行探索性和前瞻性的技术研究。通常情况下，以产生新观点、新学说、新理论等理论性成果为目标，一般时间跨度较长（5年以上），而且基本没有特定的商业目的。稳健（应用性研究）则是指以解决该研究领域的关键技术问题为主要任务，或通过创新技术和方法来解决该领域可持续发展中存在的技术问题，通常情况下，以创造商业化的新产品、新方法、新技术、新材料为目标，一般时间跨度较短（1—3年），而且具有特定的商业目的。

如何平衡"前瞻"性的基础研究和"稳健"性的应用研究之间的关系？这关乎公司能否有效地分配有限的资源，既能立足当下，通过对现有产品的技术迭代更新，迎合消费者现有的需求，以稳固和强化公司现有的核心竞争力，又能放眼未来，通过对突破性技术的探索性研究，满足消费者的潜在需求甚至创造新的市场需求，以获得公司未来的竞争力。尤其在当前技术快速更替的环境下，公司要想保持健康、稳健的发展，必须要实现二者的平衡，既要顾及公司"眼前的苟且"，也要考虑到"诗和远方"，从而做到相互补充，确保公司具备长远、动态和良性的研发竞争能力。

为了有效地平衡二者之间的关系，A.O.史密斯公司的做法是，首先进行明确的分工，确保研发团队"术业有专攻"。也就是针对基础性研究和应用性研究，分别组建不同的研发队伍，分配不同的工作任务和目标，确保研发资源投入的精准性、有效性。为了有效提高研发资源投入的精准性和有效性，美国A.O.Smith集团公司总部建立公司技术中心，负责招聘相关技术领域的专家学者，以研究前沿且极具潜力的技术课题（即基础性研究）为重点任务，为整个集团公司的未来发展（5年以上）进行相应的技术积累和技术储备。同时，在A.O.史密斯公司，主要立足于中国市场的现状，根据现有产品业务涉及的领域，组建相应的研发部门和团队，也就是产品研发中心（包括电热水器研发中心、燃气热水器研发中心、水产品研发中心），专门负责短期的（1—3年）、与新产品开发和上市直接相关的研究课题（即应用性研究）。其次，A.O.史密斯公司在分工的基础上，进行相应的协调和整合，确保最大化地开展信息资源、技术资源的共享和整合,提高研发的转化率和应用率。为了协调基础性研究和应用性研究二者之间的关系,A.O.史密斯公司还特别组建了另一个研发团队——全球工程研发中心。全球工程研发中心有两个主要任务:①为A.O.史密斯公司内部各个事业部的产品开发工作提供技术支撑,配合各事业部的产品研发人员,做好新产品的开发工作,在保证产品质量的同时,确保新产品能够准时、顺利上市;②按照美国A.O.Smith集团的公司技术中心的安排,进行长线的技术研究课题的研发,为A.O.史密斯公司未来的发展进行技术积累和储备。

三、质量与成本

"质量"与"成本"哪个更重要?这是摆在生产制造企业面前亘古不变的话题。根据基本的价值公式:价值(V)=质量(Q)/成本(C),生产制造公司要想实现价值(V)最大化,最理想的解决方案是实现质量(Q)最大化,并同时做到成本(C)最小化。但是,基本上没有企业能够做到这一点,因为产品质量的提高,必然需要高技术工人、高精尖设备、高新技术等资源投入,造成成本的相应提升。这就需要企业管理者做出平衡,是选择将战略重点放在提高产品质量上(即以高质量为核心的差异化战略),以此最大化企业的价值产出,还是选择将战略重点放在降低企业成本上(即低成本领先战略),以此最大化企业的价值产出。

对于生产制造企业来说,无论采取怎样的做法,要想真正实现价值(V)的增值,必然无法逃避平衡"质量"和"成本"二者间的关系。具体而言,企业要实现价值增值,无外乎以下两种策略:①从增幅的角度考虑(见图11-3a),企业只有保证质量增幅显著大于成本增幅,才能实现价值增值。②从降幅的角度考虑(见图11-3b),企业只有保证在不影响质量的基础上降低成本,才能实现价值增值。

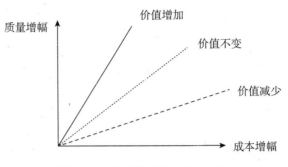

图 11-3a 基本价值产出策略（1）

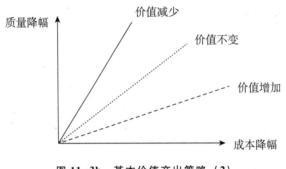

图 11-3b 基本价值产出策略（2）

A.O.史密斯公司实施的是高质量竞争战略，一直在中高端细分市场上进行耕耘，因此，公司要想提高生产过程中的价值产出，必然要采取产品质量增幅显著大于产品成本增幅的策略（见图 11-3a）。也就是在最大限度地提高产品质量的基础上，采取必要的措施"杜绝一切浪费"，控制产品成本的增加，以保证产品价值的提高。为了有效地平衡生产过程中"质量"和"成本"之间的关系，A.O.史密斯公司坚持将"能否给用户带来价值增值，最终让用户满意"作为唯一的判断标准，坚持并践行"该省的省，该投入的投入"的理念。具体而言，"该省的省"体现在，只要是无法给用户带来价值的地方，要"杜绝一切浪费"。"该投入的投入"则体现在，只要能够给用户带来价值，要"不计成本地投入，绝不偷工减料"。

我们在对 A.O.史密斯公司总裁丁威进行访谈时，他举例道："公司为降低热水器产品的原材料采购成本，曾经发动全体员工提合理化建议。有员工提议,在符合国家标准的情况下,可以将热水器上一直使用的316型号的不锈钢材料,换成304型号的不锈钢材料。按照每年销售200万台热水器、每台节省20元计算,可以为公司节省4 000万元。同时,也有员工提议,在达到相同防破损效果的情况下,可以通过改换包装箱的材料,降低热水器产品的包装箱采购成本。同样按照每年销售200万台热水器、每台热水器包装箱成本节省10元计算,可以为公司节省2 000万元。针对这两项提议,我们的管理层在进行评估时发现,如果更换不锈钢材料的型号,尽管符合国家标准,但是产品使用的耐久性可能会从10年降低到5年。这样做虽然可以为公司带来成本降低,让'股东满意',但是并未给终端用户带来价值,甚至损害了终端用户的价值,导致用户不满意。相比之下,包装箱本身的功能就是把热水器产品从工厂完好无损地搬到用户家中,如果在更换包装箱的材料、降低成本的情况下,还能够达到同样的功能,那么这样既不会对用户带来价值损害,又能够降低公司的采购成本,能够同时实现'客户满意'和'股东满意'。基于'四个满意'的价值观,公司管理层采纳了改换包装箱材料的建议,拒绝采纳更换不锈钢材料的建议。在公司管理层看来,'绝不偷工减料'既是A.O.史密斯公司贯彻'四个满意'价值观的一个重要原则,也是A.O.史密斯公司坚持贯彻百年工匠精神的重要信念,因此,在生产过程中,凡是能够给终端用户带来价值的东西,公司绝对不会偷工减料。"

四、契约与关系

"契约"与"关系"哪个更重要?这是生产制造商与代理商合作时,必须解决的一大难题。其中,契约是指依靠正式的法律合同,通过清晰地界定双方的责任、权力和利益,约束合作双方的行为。与契约不同,关系则是依靠信任、信誉、道德等非正式的"人情",提高合作双方的关系承诺,并降低合作双方的冲突和机会主义行为,保持行动一致。对于生产制造企业来说,必须平衡和兼顾二者的关系,才能真正建立并保持同代理商之间"长期"的战略合作伙伴关系。因为中国是个"人情"社会，生产制造商必须通过建立同代理商间的良好"关系"，来填补契约未覆盖之处，继而反哺契约，这样才能有效地帮助生产制造商快速响应消费者的需求，做好后端的销售和服务工作。同时，生产制造商也能够有效地借助代理商，深入地洞察消费者的潜在需求，为下一阶段前端的新产品调研和研发做好准备。

那么，如何平衡"契约"和"关系"之间的悖论？A.O.史密斯公司认为，必须以"重合同、守信用"的契约精神为基石，做到"丑话说在前"和"明算账"。也就是依靠正式契约和法律合同，事先明确规定双方必须履行的义务和应当享有的权利，确保双方享有正当的利益诉求。在此基础上，为快速响应市场的变化，满足消费者多样化的需求，A.O.史密斯公司必须建立与代理商之间的"人情"式的关系，做到"亲兄弟"。也就是，为代理商提供各种"人情"式的支持，帮助代理商赚钱和发展，确保双方建立"互利、共生和再生"的纽带关系，从而打造一个双方共赢、良性发展的生态系统。

电子商务部总经理在接受我们的访谈时说："2010年被称为电子商务的发展元年，为公司带来了新的发展机遇。A.O.史密斯公司也不例外。为了抓住这一机遇，A.O.史密斯公司大力支持电子商务部门，积极开拓新的线上销售渠道。2015年，作为公司销售渠道的'后起之秀'，线上销售取得了突破性的进展（在A.O.史密斯公司年度销售额中的占比达到20%左右）。与此同时，不少线下代理商也开始抱怨，线下销售渠道的份额被线上销售渠道侵蚀，损害了他们的利益。而且，他们觉得很不公平，理由是，线上销售之所以取得成功，很大程度上得益于代理商的线下销售服务和品牌推广的工作。为了解决这些抱怨，让代理商客户满意，A.O.史密斯公司的管理层与代理商经过反复的研讨，最终在2015年年底，制定出了'双三十'的新销售合同。合同规定，对那些同时满足线下销售金额市场占有率达到整个当地地区销售额市场占有率的30%，以及自建店的销售额占整个当地地区销售额30%条件的代理商，根据每年的电子商务渠道销售的利润贡献值，为代理商提供相应比例的服务补贴和推广补贴，确保代理商能够分享电子商务发展带来的'红利'。2016年年底，A.O.史密斯公司对当年推行的政策进行有效性回顾和研讨时发现，只有2/3的代理商能够达标。A.O.史密斯公司与剩余1/3未达标的代理商进行深度的沟通和交流，帮助他们找寻原因。最后，大家达成共识：未达标的根本原因是"人"的问题。考虑与代理商间的'关系'，秉持'四个满意'的价值观，为了让这些代理商满意，A.O.史密斯公司从组织建设、市场开拓两个方面，为这些暂时未达标的代理商提供'人情'式的支持，主动帮助他们解决'人'的问题，尽力完成合同指标。①组织建设。A.O.史密斯公司有专门的代理商人力资源支持部门，只要这些代理商有相应的管理需求，公司可以随时派代理商人力资源支持经理，进驻到代理商公司，为他们免费提供'保姆式'的人力资源管理输出，包括提供领导力培训、引入目标管理工具等，主动帮助代理商提升组织建设的能力。②市场开拓。A.O.史密斯公司规定，大区经理、办事处与代理商必须按照属地原则办公，强化双方之间的合作，并且要求各地区的营销一把手（即大区销售总监），帮助那些暂时未达标的代理商，开拓相应的市场，给予他们资源上的支持，尽力帮助和支持代理商完成'双三十'的合同指标。"

A.O.史密斯公司正是通过有效地平衡创新实践过程中可能出现的四大"悖论"，将这些悖论统一在动态发展的平衡当中，有效地保证公司在调研、研发、生产和销售的全流程创新实践过程中，更加深入地洞察消费者的潜在需求，解决行业技术难题，从而研发出不同于行业和竞争对手的独特的突破性技术，生产出深受市场欢迎的创新精品，并为消费者提供极致的服务体验，从而实现创新与市场的有效衔接。

附 录

附录1：班组长民主选举流程

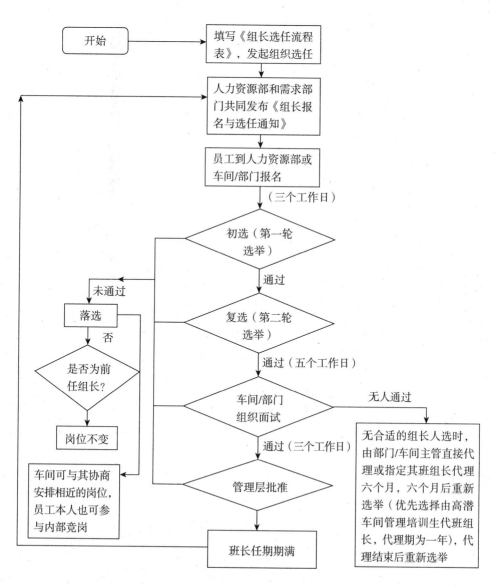

附录2：A. O. 史密斯公司《道德与合规指导原则》

诚信是做正确的事，
即使没有人看到。

——阿尔伯特·爱因斯坦

从驱动创新到实践创新
A.O. 史密斯公司的创新管理

目 录

致辞

A.O. 史密斯价值观综述

关于员工和业务操作的指导原则
 遵守所有适用法律
 遵守社会道德标准
 举报程序
 正直援助热线
 无报复政策

工作场所
 公平雇佣的机会
 机密与隐私
 骚扰
 利益冲突
 职务之便
 公司以外的董事职务
 产品安全
 互联网与其他通信技术
 社交媒体
 安全、健康与环境
 保护和合理使用公司资产

市场
 内幕消息与证券交易
 竞争与公平交易
 反垄断
 贿赂
 专利、商标、版权与知识产权
 商业礼物
 政治捐款
 准确的文档记录、记录管理与税收

全球
 贸易合规
 海关贸易合作反恐计划（C-TPAT）
 供应链的诚信

总结

---- ■ 附录 ■ ----

致辞

董事长兼首席执行官 Ajita G. Rajendra

2016年9月

A. O. 史密斯的独特之处之一是其价值观。自1874年创立伊始,我们就一直在运营中遵循同一套价值观。我们的价值观源于我们公司的创始人史密斯家族,他们坚持诚实守信和厚德经营,做有社会责任感的企业公民。A. O. 史密斯正是因为这种对诚信的坚定承诺而在所有涉足的市场中都享有杰出的声誉。这种声誉体现在三个方面:积极关注我们客户的长期成功、渴望成为一名优秀企业公民,以及承诺在任何时候都尊重彼此并维护彼此的尊严。

我们已经编写并分发了这份《指导原则》,以确保把我们的价值观以及对道德规范的信念传达给公司的每一位员工、管理人员和董事。本《指导原则》旨在提供一个行为准则和道德框架,适应瞬息万变的商业世界。这本小册子还将帮助您了解公司对您的期望,并为您提供如何在复杂或具有挑战性的情况下遵守行为准则的有关指导。随着A. O. 史密斯向新市场和新国家/地区不断进军,我们希望每名员工都能理解、接受并恪守同一套商业标准。我们也希望客户、供应商和业务所在地的社区知道我们为自己定下的高标准。

A. O. 史密斯公司的声誉源于您的言行和信念。你们每个人走出去都代表了公司形象,而且你们的日常言行会为公司的道德形象增光或是抹黑。在当今世界,通信信息可瞬间传遍全球,对公司的信任以及公司公平对待商业伙伴的口碑比以往任何时候都更加重要,也更加脆弱。我尊重并感谢大家对A. O. 史密斯价值观的承诺,我希望大家在今后的商业合作中继续遵循这些价值观。

从驱动创新到实践创新
A.O. 史密斯公司的创新管理

A.O. 史密斯价值观综述

A. O. 史密斯公司建立了这套价值观并将其作为指导原则,由此开展业务,与客户、员工和业务所在地的社区进行互动交流。我们的成功依赖于为相同目标共同努力并拥有相同价值观的每一名员工、管理人员和董事。

争创利润,力求发展

利润增长对 A. O. 史密斯未来的发展至关重要。要实现利润增长,我们必须:
- 为客户提供高品质的新产品;
- 提供更好的个人发展机会和更完善的职业保障;
- 为股东增加投资价值。

我们将为股东追求高于平均水平的投资回报率,有计划地增长业务,从而实现以下目标:
- 我们各业务部门的增长率将会互补,使公司的增长率高于美国经济整体的增长率;
- 增长所需资金将来自高于平均水平的投资回报所产生的基金以及外部资金(如借贷和股本)。

重视科研,不断创新

创新是利润增长的主要来源之一。因此,我们将做到以下几点:
- 通过创新和持续改进,提升产品和服务给客户带来的价值,从而使所有主要产品系列占据市场主导地位;
- 寻求技术创新之路,来提高整个组织的工作效率和设备的生产效率;
- 帮助员工改善态度和提高技能,鼓励员工参与和培养创造力;
- 实现卓越的管理制度,以获得最佳的结果,明确公司未来的发展方向;
- 着眼于以规范化的方式实现盈利性增长,以降低风险。

遵纪守法，保持声誉

在与个人和组织的一切往来中，我们都将秉持诚信的原则。我们将做到以下几点：

- 在所有声明及广告中都实事求是；
- 公平地对待客户、供应商、竞争对手、政府和监管机构以及员工；
- 严格遵守所有法律，只追求崇高的目标，同时拒绝不道德的行为；
- 使业务的各个方面达到高品质标准；
- 使这些价值观在员工中代代流传。

一视同仁，工作愉快

在公司运营过程中，我们将吸引富有想象力和能干的员工。在寻求目标的过程中，我们将既强调团队精神，又欢迎多元化。我们将做到以下几点：

- 营造以人为本的氛围；
- 既鼓励自由和个人发展，又注重自律和工作热情；
- 对待同事要一视同仁；
- 根据个人贡献公平支付薪金；
- 提供安全的设备、合适的资料和培训，始终坚持安全操作。

保护环境，造福社区

为了更好地服务于我们业务所在地的公众和社区，我们将做到以下几点：

- 力争业务增长，为当地的经济繁荣做贡献；
- 资助有意义的公益活动，鼓励员工参与；
- 确保我们的工厂设备及生产运营符合环保标准；
- 以一切合理的方式鼓励大家保护和维持自由企业制度，这是实现以上目标的必要条件。

这一切的关键是在 A. O. 史密斯的日常工作中贯彻我们的价值观。下文所述的行为标准是我们价值观的精华和开展业务的道德观念。

从驱动创新到实践创新
A.O.史密斯公司的创新管理

关于员工和业务操作的指导原则

遵守所有适用法律

A.O.史密斯希望在其所在领域中大展身手，与此同时，严格遵守法律。

A.O.史密斯公司绝不会从事任何触犯法律的活动，也绝不会怂恿任何人以A.O.史密斯公司的名义违反法律。如果您怀疑某种行为或决策可能违反了法律，那么您有责任在行动之前调查清楚。

在本手册后面的章节中，您会读到一些具体的法律法规。这些法律法规对我们的业务活动有重大意义，我们希望大家在任何情况下都遵守。但是请记住，除了这些法律之外，您还应该遵守所有适用的法律法规。

遵守社会道德标准

道德行为不仅仅指遵守法律。它的含义是公平、诚实和始终如一地从事所有商业活动。我们期望员工、管理人员和董事都能坚持最高的道德标准。

不道德和不诚实的行为对A.O.史密斯公司的利益有害无益。

无论在任何时候，都应避免一切可能或看似可能危及我们道德标准的活动。此外，您必须谨记永不泄露A.O.史密斯的任何机密信息。

没有哪一套准则能提供所有问题的答案，它仅是为制定决策提供了一个框架。要知道，您要为自己的行为负责，而承担这种责任有时候并不是一件易事。陷入道德困境的时候，不妨做做这个测试。问问自己：

如果我的同事、朋友或家人仔细研究这个决定，我还会做这个决定吗？

如果您能诚实地回答说您会去做，那么它很可能就是正确的决定。如果您有哪怕一点点的迟疑，那么请在付诸行动之前进一步审查这个决定。

本《指导原则》阐述了道德行为的基本原则，我们希望A.O.史密斯公司的每一名员工、管理人员和董事在任何时候都遵守这些原则。

举报程序

> **问题：** 如果我有疑问或要报告顾虑，我应该与谁联系？
>
> **解答：** 我们希望听到您的疑问和顾虑。要提出疑问、顾虑，报告可能的不道德行为或违反法律或公司政策的行为，或要寻求有关道德与合规事宜的指导，您有多种选择。您可以联系或咨询：
> - 您的上司
> - 工厂领导
> - 人力资源部
> - 法务部
> - 正直援助热线 *
> - 微信企业号投诉平台（中国适用）

正直援助热线电话号码

加拿大	1-800-350-1325
中国内地	10-800-110-0450 或 400-601-3276
法国	0800-99-0011，然后拨打 800-350-1325
中国香港	800-93-2266，然后拨打 800-350-1325
印度	000-117，然后拨打 800-781-6270
墨西哥	001-800-376-4207
荷兰	0800-022-3479
土耳其	0811-288-0001，然后拨打 800-778-1911
阿拉伯联合酋长国（UAE）	8000-021，然后拨打 800-350-1325
英国	0800-032-2206
美国	1-800-350-1325
越南	1-201-0288，然后拨打 800-350-1325

正直援助热线网站

正直援助热线网址为 www.aosintegrity.com

我有哪些责任？

遵循所有法律和政策。了解并遵守所有法律、这些指导原则和公司政策。阅读、学习并遵守这些指导原则和 A.O. 史密斯公司的政策是您的责任。请记住，作为一名 A.O. 史密斯公司的员工，我们希望您遵守指导原则。

有疑问时请询问。您有问问题的责任，特别是如果您对某个行动或决定有疑虑或顾虑。

说出您的疑问或顾虑。您有责任举报您可能目睹的任何违反这些指导原则、公司政策或任何非法或不道德的行为。

---

* A.O. 史密斯正直援助热线电话服务和网站配备外部服务商提供的训练有素的沟通专家，他们会倾听您的顾虑。电话服务和网站都以多种语言提供。这些服务全天候提供。使用正直援助热线时，您可以保持匿名。

举报程序（续）

我们将秉承最高的道德标准

任何情况下，我们都鼓励员工始终做正确的事。A.O.史密斯坚持在遍布全球的业务中秉承最高的道德标准。我们期望员工、管理人员和董事都能达到这一最高标准。

> 确保选择正确的立场，然后**坚定不移地**坚持您的立场
> ——亚伯拉罕·林肯

然而，正确措施有时很难把握，特别是在当今复杂的商业世界中。我们信赖您的正确判断力，凡事请以公司(和您)最佳利益为先。

尽管开口问

如果您有任何困惑或疑问，或者您察觉到了不对劲的情况，**开口问！**

请向**您的上司**寻求帮助。大多数情况下，他将能为您提供指导。您的上司还可以把您的问题转达给公司其他可以帮助您的人。

询问您的人力资源部或工厂领导。他们不仅了解A.O.史密斯公司的指导原则，还很熟悉工作场所的许多管理规则和规定。

有时候，您可能会不习惯与您的上司讨论事情。其他选择包括联系法务部或拨打**正直援助热线**。

正直援助热线

正直援助热线为您提供帮助

正直援助热线是一项保密服务，您可以拨打该热线举报或投诉以下情况：

- 公平雇佣机会；
- 骚扰，包括性骚扰；
- 利益冲突；
- 内幕消息的不当使用或其他违反证券法的行为；
- 安全、健康和环保法律或法规；
- 知识产权（专利、商标、版权）；
- 贿赂；
- 遵守反垄断法；
- 公司账簿或记录中不准确、虚假或误导性的条目；
- 不当的国际活动；
- 其他道德操守的问题。

拨打正直援助热线或通过正直援助热线报告您的顾虑后,您可以期望:
- 我们将认真考虑您的问题或疑问。如果您举报某种情况或其他员工,您将得到保护,不会遭到报复。
- 您的身份信息将得到保护。正直援助热线的沟通专家将鼓励您说出自己的名字以及地点,以便能够代表您采取措施。但是,如果您希望保持匿名,我们会尊重您的意愿。
- 我们将及时、谨慎、专业地处理您请求的信息。
- 正直援助热线的沟通专家会向公司提交一份机密报告。如果您举报的事件需要立即处理,正直援助热线的沟通专家将联系相关的公司代表。
- 如果您举报的事件关系到财务或会计违规,正直援助热线的沟通专家会将此事直接转达给董事会审计委员会。
- A.O. 史密斯公司会将调查情况反馈给正直援助热线。
- 通过电话或互联网跟进正直援助热线,了解 A.O. 史密斯公司为解决您的顾虑而采取的措施。

请记住,恪守 A.O. 史密斯公司的指导原则符合所有人的最佳利益。如果有人无意或故意选择忽视我们的标准,我们都将深受其害。如果您发现非法或不道德的情况,请告诉我们,或者拨打正直援助热线。我们千辛万苦建立起来的声誉不能因个别的大意行为而毁于一旦。

无报复政策

只要是善意举报违反我们指导原则或政策的可疑事件,就不会遭到报复。根据公司政策,报复举报者的任何人都将受到处罚(重至和包括终止雇佣关系)。

问题: 我有证据表明某个公司领导可能违反了公司的政策,还可能犯法。我担心如果举报这个问题,可能会失去工作。

解答: 您有责任举报问题,公司将不会容忍任何形式的报复,例如因您出于诚信举报问题而将您解雇。处理可能触犯法律、公司政策或道德标准的行为符合我们所有人的最佳利益。请记住,您有多种举报渠道。您可以联系您的上司、工厂领导、人力资源部、法务部或正直援助热线。

从驱动创新到实践创新
A.O.史密斯公司的创新管理

工作场所

公平雇佣机会

A.O.史密斯公司十分重视员工的优秀才能。我们寻求最合格的员工，无论其种族、肤色、宗教、性别、年龄、民族、婚姻状况和残疾与否，或其他法律保护的情况。我们为公司业务的全球化发展而自豪，为不同背景的员工努力创造一个优质的工作环境，帮助员工成长和发展，充分发挥潜能。

在这本小册子中，有A.O.史密斯公司指导原则在业务中应用的示例。这些例子是为了向您提供一些"现实生活"中的应用原则案例。但您在工作中可能会遇到的情况将不仅限于这些案例情况！如果在任何时候您发现自己对某种情况的合法性或道德方面有顾虑，请询问您的上司、人力资源部或法务部。如果您发现了任何可疑或非法的行为，请立即向您的上司、人力资源部、工厂领导、法务部或正直援助热线举报。

机密与隐私

除法律授权或要求披露的情况外，员工、管理人员和董事均应严格保守公司、客户或供应商交予的机密信息。机密信息包括所有非公开信息，一旦披露，可能会被竞争对手利用或者损害公司、客户或供应商的利益。未经授权披露的重大信息（理性投资者在决定是否购买、出售或持有公司股票时会考虑的重要信息）也可能导致内幕交易民事和刑事责任。请仔细阅读"内幕消息与证券交易"章节，以获得更多信息。

骚扰

您有权在没有任何骚扰的环境中工作，包括怀有敌意、攻击性或侮辱性的行为，令人厌恶的身体接触，针对您或某一员工群体的言语、书面或图像形式的污蔑。

以下情况构成骚扰：
- 性骚扰，如令人不悦的性暗示或性要求；
- 种族或民族骚扰，即针对您的种族或出生国家/地区的怀有敌意或令人不悦的行为；
- 宗教骚扰，对您宗教信仰的侮辱；
- 针对您的年龄、残疾情况或任何其他受法律保护的、与工作无关的特征进行骚扰。

公司将处罚违反这项规定的任何员工。如果您受到骚扰，或者目睹某个人受到骚扰，请立即向您的上司或人力资源代表举报。

在业务操作过程中，A. O. 史密斯必须收集员工或应聘者的相关信息，以便决定是否雇用；公司仅保留与雇佣相关的有用信息。仅"需要知道"个人信息的 A. O. 史密斯公司员工（如您的上司）有访问权限。任何电子人事档案都设有密码，未经授权的公司内外人员无法查看。我们必须谨慎处理客户、供应商和其他利益相关者的私人信息，不要违反法律。如果您有任何疑问，请联系法务部。

问题： 我的一名同事有残疾，但他仍然能够工作。他不时拿他的病情开玩笑，但最近我们很多同事都太过分，说的笑话更像是侮辱。我应该怎么办？

解答： 这可能会严重到法律规定的非法骚扰的程度；即使不是非法骚扰，这种行为对他人不尊重，与 A. O. 史密斯公司对工作环境的要求背道而驰。您应该向上司或人力资源部代表举报这一情况。如果您愿意，也可以求助法务部或正直援助热线。

利益冲突

当您的个人利益妨碍或看似妨碍 A. O. 史密斯公司的利益时，就产生了利益冲突。当员工、管理人员、董事或其家庭成员利用职务之便，谋取不正当的个人利益时，也会产生利益冲突。

利益冲突的常见示例包括： 当您或家庭成员有以下情况时，

- 与 A. O. 史密斯公司当前或潜在的经济利益。
- 代表 A.O. 史密斯公司与供应商或客户做生意，而且后者雇用了您的亲属担任负责人、管理人员或有决策权力的员工或代表。
- 接受目前或潜在客户、供应商或竞争对手赠送的礼物，其价值超过了礼节性往来的礼物。

问题： 我姐姐工作的公司想对 A. O. 史密斯公司的项目投标。我们是否被禁止选择该公司作为供应商？

解答： 不一定。您应该向您的上司披露你们的关系，并不参与选择哪家公司为供应商的决定。如果您姐姐的公司是最好的供应商，则可以被选择。

从驱动创新到实践创新
A.O. 史密斯公司的创新管理

利益冲突（续）

简单的业务招待，如请客吃饭或请客户观看体育赛事属于正常的业务关系。禁止较大规模的娱乐形式，如支付或接受旅游费用。如果您有任何疑问，请联系法务部。

- 在损害 A.O. 史密斯公司利益的情况下，成为另一家公司的员工、管理人员或董事或负责某项业务。

在采取任何可能导致利益冲突的行动之前，您必须公开任何可能构成利益冲突甚至看似利益冲突的个人利益。员工和管理人员应该告知上司或法务部；董事应通过董事会查清任何潜在的利益冲突。根据具体情况，可免除对利益冲突的控诉。如果请求撤销对利益冲突的控诉，应联系 A.O. 史密斯公司法务部的总法律顾问。

职务之便

员工、管理人员和董事有责任抓住机遇，为 A.O. 史密斯公司获取合法利益。不可以直接或间接地与公司竞争。禁止员工、管理人员和董事将利用公司财产、信息或职务而发现的机遇占为己有。禁止利用公司财产、信息或职务谋求个人利益。

问题： 上司有时候让我们在周末借用公司的平板车运泥土或建筑材料。我们总是十分小心，归还平板车时，总是将其清理干净，并加满油。上司说这样做没问题，但是公司允许吗？

解答： 您的上司无权决定这样使用公司资产是否合适。您必须申请工厂经理或人力资源部的书面许可。此外，为避免出现任何问题，获得书面许可之后才能使用平板车。

问题： 我想购买我们工厂旁边的土地。我最近听说公司正在考虑一项扩大厂房的计划，如果我把土地卖给公司，我可以赚一大笔钱。这是允许的吗？

解答： 不允许。如果您知道有利于 A.O. 史密斯公司的机遇，您必须告知公司。在这种情况下，公司本可以直接获得土地，支持长期扩张计划。您先购买土地，然后将其出售给公司以获取利润的意图是不妥当的。

公司以外的董事职务

任何 A.O. 史密斯公司员工都不能在未经批准的情况下接受营利性公司的董事职务。首席执行官及其他管理人员必须遵循 A.O. 史密斯《公司治理指南》的审批流程，该指南见于 www.aosmith.com。其他员工不能在公开上市的公司担任董事职务，除非首席执行官将之作为特例予以书面批准。

产品安全

在制造创新型高品质产品方面，我们公司拥有悠久而辉煌的历史。我们的目标是生产对客户有价值、满足所有适用的法律要求并且在正常使用时保证安全的产品。产品安全是每一名员工的职责。如果您发现任何产品安全问题，请立即向您的上司、经理或法务部举报。同样，如果美国消费者产品安全委员会、任何其他政府部门或任何公司外部人员就某个产品安全问题与您联系，请立即让该机构或个人联系法务部，以妥善处理。

互联网与其他通信技术

毫无疑问，互联网已经成为我们个人和商业生活的重要组成部分。如果使用得当，它可以成为帮助我们建立品牌和为客户提供服务的强大工具。请记住，当您使用公司的通信技术，如电子邮件、语音邮件或互联网时，我们希望您能遵守法律规定、公司政策和《指导原则》。您不能访问、下载、上传或传播法律禁止的材料，包括含有色情内容、令人厌恶的言语或可能对公司形象产生负面影响的材料。

有权访问公司内联网 AOSNET 的员工都需要仔细阅读并同意公司的《网站网络访问政策》。该政策规定了网络应用程序的合理使用，包括内联网和互联网。

> 法律控制一般人。
> **正确的行为**
> 控制伟大的人。
> ——中国谚语

社交媒体

社会媒体是非常棒的新的通信技术，可以对 A.O. 史密斯的声誉产生积极的影响。无论您是在工作中还是在家里使用社交媒体，都应确保其用途可以为自己、同事和 A.O. 史密斯公司带来正面影响。请记住，当您通过社交媒体谈论公司、同事、客户或供应商时，您的文字和图像可能会被很多人看到，其人数可能超出您的预想。您保证自己不会无意间披露机密信息。另外，除非您已经被授权，否则不要在社交媒体上代表公司发言。欲了解更多有关社交媒体的机会和义务的信息，请参阅公司的《社交媒体政策与指南》。

> **问题：** 有人在互联网的留言板上发布对 A.O. 史密斯公司产品的负面评价。我可不可以假造一个名字，假装我是一名新客户，发布美化产品的评论？
>
> **解答：** 我们理解您"打抱不平"的想法，但请不要使用假身份加入任何有关 A.O. 史密斯公司的网上讨论。这种行为违反 A.O. 史密斯公司的政策。其他公司的员工曾经这样做过，而且被发现了，使自己和雇主非常尴尬。此类发布可能还会违反联邦法律。当您在网上谈论 A.O. 史密斯公司时，应以 A.O. 史密斯公司员工的身份参与。
> 此外，当您参与讨论时，您必须确保您没有看似代表 A.O. 史密斯公司发言。在这种情况下，最好的办法是把负面评价告诉我们的市场营销团队。

安全、健康与环境

做优秀企业公民，很重要的一点是遵守所有健康、安全和环境方面的法律法规。公司投入了大量的时间和金钱，以确保大家遵守适用的法律法规，我们在此领域还拥有获得培训和认证的专业人士。

A.O. 史密斯公司的责任有：

- 以确保工作场所安全为目标，设计、建造和运营工厂；
- 在我们工厂所有的设备上安装适当的机器保护装置及安全装置；
- 按要求设计并制造安全使用及运转的产品；
- 对制造过程中使用的物料，提供安全资料表等文件；
- 从源头减少废弃物或排放物；
- 指定能够适当处理有害废物的合格供应商；
- 将我们的安全规定和政策传达给所有员工；
- 保持完整和准确的记录（包括环境和安全日志），完成其他监管机构的要求。

作为一名员工，您也有责任。您有责任养成安全的工作习惯，还要确保同事安全地工作。

这包括：

- 始终使用工厂设备上安装的所有机器保护装置、锁定装置和安全装置；
- 熟悉并使用个人防护装备，例如安全眼镜和耳塞；
- 安全、妥善处置任何废料，特别是要谨慎处置有危害的废物；
- 一旦发现危险情况或目睹其他员工以不安全的方式工作，请通知您的上司。

问题： 为了在最后期限之前完成生产任务，我的同事停用了一台出了问题的机器上的安全装置。还没有人受伤，我知道进度安排很重要，但我不想这样做。

解答： 您是正确的。任何情况下都不能停用安全装置。请立即向您的上司或工厂的安全经理举报。

……下一次您做**选择**时，做正确的事。从长远来看，举报这种行为会减少对大家的伤害。

——文德琳·范·德拉安南

问题： 我们能够与新供应商签订合同，以降低成本。我听到新供应商的卡车司机说他们没有适当地处理我们的废物。我应该怎么办？

解答： 向您的上司、工厂领导或法务部举报可能的违规事件。废物处置不当是一个严重问题，A. O. 史密斯公司可能需要为供应商的行为承担责任。在某些情况下，个别员工也可能因为知道或参与有害废物的不当处理而被罚款或监禁。

保护和合理使用公司资产

公司资源只能用于合法的商业目的，为 A. O. 史密斯公司谋取利益。所有的员工、管理人员和董事都应保护、有效利用公司的资产。盗窃、疏忽和浪费都将直接影响 A.O. 史密斯公司的盈利能力。您应立即举报任何涉嫌欺诈或盗窃的行为，以便开展调查。

从驱动创新到实践创新
A.O.史密斯公司的创新管理

市场

内幕消息与证券交易

作为一家美国上市公司，A.O.史密斯公司有义务尽快向大众投资者通报所有的重要信息。重要信息是指理性投资者在决定是否购买、出售或持有我们的股票时认为重要的任何信息。例如，与客户签订的重大新合同、重要的新产品问世、收购、重大的法律诉讼以及未来销售及盈利预测等。

作为员工、管理人员或董事，您可能在消息发布之前就已获悉。这通常被称为非公开信息或"内幕消息"。因得知内幕消息而购买或出售股票是非法行为。将此类信息透露给参与股票交易的人员也是违法的。内幕交易会使您和获得消息的对方都被罚款和判处监禁。

问题： 我常常浏览谷歌上公司的"讨论小组"，注意到有人发布关于A.O.史密斯公司的一些非常敏感的信息，包括一些我认为是机密的新闻。我是否应该在网上对此事做出回应或做些什么？

解答： 不要在网上回应，因为这将有可能使情况变得更糟。相反，请立即联系人力资源部或法务部并告知他们您的顾虑。散播内幕消息属于违法行为，即使参与的个人并未从"小道消息"中获取个人利益。如果有必要，我们会联系相应的执法机构调查这起信息滥用事件。

A.O.史密斯公司的《内幕交易合规政策》详细介绍了如何妥善处理内幕消息。请记住，我们的政策适用于客户、供应商和公司的内幕消息。如果您想了解更多信息或希望得到一份《内幕交易合规政策》的副本，请联系法务部，请发送电子邮件至 info@aosmith.com，或访问AOSNET上法务部的"合规与道德"部分。

问题： 我们的新供应商负责提供在下个月推出的新产品的一个关键部件。我有一种预感，新产品上市后，该供应商的股票价格会上升。我现在可不可以购买该供应商的股票？

解答： 不可以。这将构成非法交易内幕消息，即使您未使用A.O.史密斯公司股票进行交易。

竞争与公平交易

我们力求公平、正当地战胜竞争对手。每一名员工、管理人员和董事都应努力与公司的客户、供应商、竞争对手和员工进行公平交易。

在竞争激烈的市场中,搜集和分析竞争对手的信息是一项重要和必要的活动。对积极进取的员工来说,获得竞争信息的公共资源很多,如年度报告、互联网站、新闻动态、展销会和股票分析报告等。

我们不希望您用不正当、不诚实或非法手段试图获取竞争情报。盗窃、非法侵入、窃听等手段都是明令禁止的。谎报(如冒充客户以获取敏感数据)同样违背我们的指导原则。

> **问题:** 公司最近聘请了竞争对手的原总工程师(她还没有签订"不竞争"协议)。我们可以询问她关于前雇主的新产品计划吗?
>
> **解答:** 如果询问的内容有关任何专有或非公开信息,则不可以。事实上,应该提醒她,她不能主动地评论她的前雇主的任何专有信息,否则她和 A. O. 史密斯公司可能会受到刑事起诉或诉讼。

所有员工、管理人员或董事均不可为了获得不公平的竞争优势,操纵、隐瞒、滥用特权信息,歪曲事实或采取任何其他蓄意的不公平交易行为。

有时,您可以从非公开来源或第三方获得竞争信息。对这些情况要格外小心,在处理此类信息来源时,您必须谨记遵守道德标准和所有适用的法律。

同样,切勿对其他公司(包括竞争对手、其员工和产品)做出虚假或误导性的评论。请在描述我们和竞争对手的产品时进行公平和准确的比较。最佳做法是强调 A. O. 史密斯公司产品或服务的优势。

> **问题:** 我得到进入竞争对手的计算机的密码。我可以用它来获取他们的产品成本信息吗?
>
> **解答:** 不可以。这种电子侵入是非法行为。"黑客侵入"竞争对手的计算机、下载竞争对手的计算机文件以及从第三方获取竞争对手的计算机文件的行为都是被禁止的。

从驱动创新到实践创新
A.O.史密斯公司的创新管理

反垄断

A.O.史密斯在所有服务领域都积极而独立地进行竞争。我们与竞争对手、客户和供应商的关系，以及定价和其他市场活动都遵守一系列"反垄断法"。美国和其他国家的反垄断法是基于同样的原则，即如果企业积极竞争，不与其他公司达成限制竞争的协议和默契时，那么公众获益最大。

A.O.史密斯公司遵守以下反垄断法，无一例外。员工、管理人员或董事如果因工作关系接触竞争对手、客户或供应商，那么就有责任遵守我们的反垄断政策。

就与竞争对手的关系而言，您绝不可在以下方面达成任何正式或非正式的协议或默契：

- 固定或控制价格；
- 分配产品，划分市场或地区；
- 联合抵制某些客户或供应商；
- 阻止或限制生产、销售或分销任何产品。

与客户打交道时，您不可以：

- 和客户达成协议或默契确定价格，客户必须以此价格出售A.O.史密斯公司的产品；
- 威胁客户，若他们以建议零售价出售A.O.史密斯的产品，则将切断货源。

A.O.史密斯可向供应商采购产品，但是反垄断法禁止因双方互相购买产品而达成的协议和默契。

你们中的许多人可能会参与行业协会或其他专业组织，从而接触到竞争对手、客户或供应商。请记住，反垄断法适用于正式和非正式沟通，以及书面或不成文的协议或默契。当您参加任何一个行业协会或其他组织的活动时，始终要牢记这一点。

> **问题：** 在最近的一次展销会上，我被邀请与竞争对手的销售人员共进早餐。我们谈论了一些一般性话题，然后讨论话题转到我们对某个特定客户收取多少费用上。我并没有发表很多评论，也没有透露任何具体的定价信息。这种行为是否违反了反垄断法？
>
> **解答：** 这很难说。可以肯定的是您处于一种可能违法的情况。什么都不说有时可以被解释为同意违反反垄断法的行为。最好的行动是当时在餐桌上就告诉大家讨论的话题是不恰当的，并立即离开。在未来，最好避免这些情况，以将您的风险降到最低。

不遵守反垄断法可能会对 A. O. 史密斯公司，并可能对您造成严重后果。公司和您都可能会受到重罚，在某些情况下，您还可能会被监禁。如果您在参与任何交易的过程中有关于反垄断的疑问或顾虑，请联系您的上司或人力资源部。如果您仍有顾虑，请联系法务部。

贿赂

虽然商业惯例在世界上许多国家和地区可能不尽相同，但作为一名 A. O. 史密斯公司的员工、管理人员或董事，您在任何时候都不得行贿或受贿。

切勿为达到以下目的而提供金钱或礼物：
- 收到客户订单；
- 换取有关竞争对手、客户或供应商的信息；
- 避免支付罚金、许可费用或其他政府税费；
- 试图影响政府官员。

如果您确信顾问或代理人将把您支付的全部或部分金额用于贿赂，那么您可以拒绝支付。公司仅保留声誉良好和有资格的业务合作伙伴，不会与可能参与腐败活动的业务合作伙伴进行合作。有一个好方法（尤其是在美国以外的国家）是坚持每笔业务交易都有采购订单或合同，不要使用现金或现金等价物进行支付。

A. O. 史密斯公司及其管理人员、董事和员工都必须遵守公司的《反贿赂政策》，并遵守所有适用法律的文件和精神，包括反贿赂和反腐败法。A. O. 史密斯公司还有政策要求第三方遵守上述这些法律，并在适用情况下，遵守《反贿赂政策》。不容忍非法活动和不道德行为。此外，尽管某些为了加快或确保例行政府服务项目进行而支付"便利费"可能并不违反美国《外国腐败行为法案》，但这些款项往往违反了 A. O. 史密斯公司业务所在国的法律，因此 A. O. 史密斯公司禁止支付便利费。

> 如果我们希望看到世界上发生某种改变，我们必须成为**改变**本身。
> ——甘地

问题： 我们正在与国外的一家公司谈合同。我们与该公司的主要联系人是一位外国官员。我得知这个国家的惯例是宴请官员并提供娱乐活动，而建议的宴请地点价格很昂贵，包括娱乐在内可能需要花费 1 万美元。我是否应该准备举办招待活动呢？

解答： 不应该。美国司法部的指导方针表明，根据美国《外国腐败行为法案》，这种情况属于违法和不当旅行以及娱乐开支。这种行为也可能违反其他国家的反贿赂和反腐败法律。

从驱动创新到实践创新
A.O.史密斯公司的创新管理

问题： 我们正在考虑与另一家公司成立合资公司。我得知公司聘请的中介机构付钱给政府官员，为的是与该官员任职的国有企业谈成利润丰厚的合同。鉴于 A.O. 史密斯公司本身并没有支付这笔资金，有必要对此产生顾虑吗？

解答： 有必要。包括美国的《外国腐败行为法案》在内的反贿赂和反腐败法禁止通过第三方或中介机构行贿。与第三方相关的常见问题包括：支付第三方代理或顾问的费用过高、给第三方分销商不合理地大打折扣、仅包含含糊描述服务的第三方"咨询协议"、第三方顾问从事的行业与其提供咨询的行业不同，以及第三方与该外国官员有亲戚关系或有密切联系。

专利、商标、版权与知识产权

A.O. 史密斯多年开发得来的知识和技术是公司的重要资产。与其他任何资产一样，我们竭力保护这些知识，使其不落入竞争对手手中。此资产的形式可以是产品设计、计算机程序或文件、流程说明和业务实践，有多种方法来保护。

这些知识和技术（也称为"知识产权"）：

- 公司可以选择将这些知识和技术作为商业秘密或自有工艺保护，不向外界公开任何信息；
- 公司可选择为产品或工艺申请专利，A.O. 史密斯业务所在国政府颁发的专利表明我们发明了该产品或工艺，而且该发明在特定的时间内不能被竞争对手复制；
- 为保护市场上的某个产品或服务的名称，我们可以申请商标；
- 版权使我们能够保护说明书、视频、计算机程序、网站及相关业务的内容不被复制。

问题： 我们在一段时间内一直努力从另一个国家的政府获得许可，以便我们能够向那个国家出口我们的产品。政府官员已表示可能很快就会授予许可，但在他的国家，惯例是向他的慈善基金会捐钱以加快获得许可的进度。这种做法可以接受吗？

解答： 不可以。这是不当付款，即使付款可能是慈善性质的。

任何从事新产品或新程序开发的人员都应该与公司的专利委员会协调工作。委员会将对创意进行评估，确定是否可以为其申请专利。委员会将与公司外部的专利律师合作，以确保在专利调查和申请的过程中正确地遵守所有程序。

命名新产品或服务时，您应该请法律事务部进行商标搜索。如果您选择为新产品或服务的名称申请商标，A.O. 史密斯法务部将帮助您获得商标，并告诉您保护商标的方法。

商业礼物

给予或接受礼物是一个很困难的话题，需要良好的判断力。通常情况下，诸如笔、咖啡杯、棒球帽或食物篮之类的廉价礼物是建立良好业务关系的一部分。但是，大宗或昂贵的礼物会被视为贿赂，必须加以避免。

A.O. 史密斯公司不禁止以下小礼物和娱乐支出：

- 非经常、惯例、金额合理；
- 不违反当地有关礼物和接待的规范或者接受方的行为准则；
- 提供或给予礼物的意图不是对接受礼物的人施加不当影响；
- 遵守 A.O. 史密斯公司的流程和限额。

问题： 我得到某种软件的副本，以在某个项目中使用。我注意到软件标签有版权标志。有必要对此有所顾虑吗？

解答： 是的。计算机软件也受保护，未经授权不得擅自使用。您必须确定您是否取得了使用这个软件的适当许可。如果您有任何疑问，请联系信息部门。

问题： 我正计划安排家人到夏威夷度假。一名供应商提到他在夏威夷有一个公寓。我问他我是否可以使用他的公寓，他表示同意，还说我不用向他支付任何费用。这样做可以吗？

解答： 这是不当索求，您不应该使用这名供应商的公寓。如果您从供应商的角度来看这个问题，他可能会感到有压力让身为客户的您感到高兴。此外，这种安排可能会导致实际或可能的利益冲突。可以认为这份礼物将影响基于我们的业务需求来选择供应商的能力。如果您对礼物是否适当有任何疑问，请联系法务部。

商业礼物（续）

同样，简单的业务招待属于正常的业务范畴，如请客吃饭或邀请客户观看体育赛事。禁止更大规模的娱乐形式，如支付或接受旅行费用。

在任何情况下，您都不得向供应商、客户或其他个人或组织要求或索求礼物。

如果您不清楚某种特定礼物或娱乐形式是否被禁止，请咨询您的上司、人力资源部或法务部。

> **问题：** 别人给我寄来了一份不恰当的礼物，但无法退回。我应该怎么办？
>
> **解答：** 将该礼物上交给法务部或人力资源部经理处置。

政治捐款

我们鼓励员工积极参加政治活动，并支持其选择的候选人。然而，A. O. 史密斯公司没有授权任何员工、管理人员或董事向政治家、候选人或政党进行公司捐款。

公司在美国赞助一个 A. O. 史密斯公司政治行动委员会，其目的是跟进对公司运营有直接影响的问题，以及与当选美国代表沟通公司在这些问题上的立场。任何美国公民参与 A. O. 史密斯公司政治行动委员会的行动纯属自愿。

> **问题：** 我的上司告诉员工说我们每个人都应该向他最喜欢的竞选公职的官员捐款。尽管我不同意这个上司的意见，但是我感到了捐款的压力。我必须捐款吗？
>
> **解答：** 不。A. O. 史密斯公司不限制您的个人政治活动或您使用个人资金。这意味着您可以自主地支持您选择的候选人或政党，也可以选择不参加政治活动。您的上司不得利用职务之便或将公司资源（包括他的工作时间）用于政治竞选。您应该立即把这种情况向人力资源部经理举报。

准确的文档记录、记录管理与税收

可靠的信息对企业成功经营而言至关重要。记录和报告应该准确、及时、完整并符合美国普遍接受的会计准则。您应对自己撰写的任何报告或保存的任何记录负责。这包括销售记录、生产记录、花费报告、库存或废旧报告、环境记录、会计记录,以及任何其他业务相关报告、转述本或记录。如果您在公司账簿或记录上发现任何不准确、虚假或误导性条目,请立即向您的上司、公司首席财务官、法务部报告或拨打正直援助热线。正直援助热线的电话内容将直接汇报给董事会审计委员会。

公司有政策规定记录应该保存多久。您有责任按照这项政策将记录保存足够长的时间,然后销毁记录。如果您对记录的保留有任何疑问,请联系法务部。

A. O. 史密斯公司在公正、准确地报告纳税义务和及时缴纳税款方面一丝不苟。我们遵守所有外国和美国税法以及外汇管制法。切勿代表公司参与任何违反法律的交易。

问题: 我的一个同事提交了不准确的花费报告,而且想要报销她从未购买的物品和餐点。我向上司举报了这一行为,但她的这种做法仍在持续。我是否应该拨打正直援助热线举报呢?

解答: 是的。公司财务记录的准确性和可靠性是我们成功的关键。如果您的顾虑未得到解决,您应该向法务部或正直援助热线举报。

> 伦理是知道如何区分您有权利做的事情和应该做的正确的**事情**。
>
> ——波特·斯图尔特

全球

贸易合规

我们的国际活动必须遵守美国以及我们业务所在地的其他国家的贸易法规。如果您不清楚其他国家或任何物品的进出口贸易规定,请咨询贸易合规部或法务部主任。

美国禁止与被列为恐怖分子、恐怖主义支持者以及贩毒集团的个人、团体和组织开展业务。这一名单包括可能参与开发化学或生物武器、开发弹道导弹,以及在某些国家从事敏感核活动的"终端用户"。我们必须遵守此限制方名单,这对我们作为全球供应商的声誉至关重要。

美国还对若干国家 / 地区实行制裁和贸易限制。法务部可以告知您针对特定国家 / 地区、个人和实体实行的制裁政策以及其他监管制裁。

我们进出口的任何物品都必须准确分类,并分配正确的关税编号,以便应用并支付相应的关税。准确地确定特定商品、信息或服务属于哪项法规管辖是至关重要的,以确保该商品、信息或服务按照出口管制被适当地确定、保护、处理和转移。

我们必须在任何时候都坚持遵守美国的《反抵制法》。这些法律禁止我们参与未经批准的抵制(拒绝与某些国家或民族开展业务)。《反抵制法》的目的是要求美国公司(包括其海外子公司)拒绝参与美国不认可的外国抵制。换句话说,禁止美国公司(包括其海外子公司)与其他国家合作,违反美国的抵制政策。在实际业务操作中,我们在抵制原产地为以色列的商品和服务的国家与客户或供应商打交道时,最有可能遇到受规管抵制的情况。当您看到或听到可能涉及采取行动或提供与未经授权的抵制有关的信息的声明或请求时,请通知法务部。如果您不确定任何国家的抵制状态,请联系贸易合规部。

> 事情的真相是您一直知道正确的事情是什么。困难的是**付诸实践。**
>
> ——H. 诺曼·施瓦茨科普夫将军

海关贸易合作反恐计划（C-TPAT）

令 A. O. 史密斯公司引以为豪的是加入了由美国海关和边境保护局发起的旨在加强进口商的供应链和边境安全的海关贸易合作反恐计划（C-TPAT 计划）。维护全球供应链的安全对于员工的安全、设施的安全以及产品的质量都是至关重要的。我们要求国际供应商在包装、装箱和将产品运送到我们的设施的过程中实施安全程序。我们的员工在接收来料和部件、包装成品和装车交付客户时也遵守相应的安全程序。我们希望每一名员工都遵守这些安全程序，以确保我们的产品得到妥善和安全的处理。公司还采用相应的体系和程序来帮助维持我们设施的安全。这些体系和程序包括访客登记程序、员工身份证和设施周边安全。我们希望您认同我们的承诺，即创造一个安全的工作场所。如果您在工厂内看到任何您不认识的人员或任何可疑活动，请向您的上司或工厂经理报告。我们的供应商网络、我们的公司甚至美国的安全可能有赖于我们每个人都保持警惕，并报告可疑活动。

> **问题：** 一位客户的代表说他将不会接受任何其部件是在某个国家生产的产品。我应该如何回应？
>
> **解答：** 不要参与任何这样的讨论。向贸易合规或法务部主任举报对话内容，他会告诉您下一步如何做。

> **问题：** 我在运送和接收部工作，注意到一名携带包裹的男子站在我们的卡车拖车旁。他没有佩戴任何员工证或访客徽章。我是否应该上前询问他在做什么？
>
> **解答：** 禁止未经授权的人员进入拖车存放和装车的地点。该陌生人携带的包裹中可能有毒品、武器或其他违禁品。虽然上前并询问一个不认识的人他是谁或他在工厂做什么的做法本身没有问题，但在这种情况下，更安全的做法是立即联系您的上司。如果联系不到您的上司，请尽快联系您所在工厂的经理或人力资源部经理。

供应链的诚信

在美国和其他国家已通过数项适用于制造商和供应商（包括关于贩卖人口、冲突矿物以及化学品和有害物质的法律）的法律。A. O. 史密斯公司致力于遵守这些法律和法规，并希望其供应商也这样做。如果您在这方面有任何疑问，请联系法务部。

从驱动创新到实践创新
A.O.史密斯公司的创新管理

总结

我们所有人都为我们的声誉感到极为自豪,并因身为A.O.史密斯这样的公司的员工而感到骄傲。

但是,我们必须始终铭记:即便是像我们这样长期以来拥有极佳声誉的公司,公司声誉也可能因疏忽而毁于一旦。重要的是学习和理解我们的《指导原则》,而同样重要的是在日常工作中贯彻这些指导原则。公司希望每一名员工、管理人员和董事都遵守这些原则。任何豁免都必须由工厂经理或人力资源部代表以书面形式预先批准。我们对管理人员和董事还有进一步的要求。对管理人员或董事的任何原则免除必须由董事会或董事委员会进行审查和批准,并将及时地在公司的网站(www.aosmith.com)上披露。

请记住,恪守A.O.史密斯公司的指导原则符合所有人的最佳利益。如果有人无意或故意选择忽视我们的标准,我们都将深受其害。如果您发现非法或不道德的情况,请告诉我们,或者拨打正直援助热线。我们辛苦努力建立起来的卓越声誉不能因个别的疏忽事件而毁于一旦。

业务分部

- 美国田纳西州阿什兰市
  (Ashland City, Tennessee)
- 美国得克萨斯州奥斯汀
  (Austin, Texas)
- 印度班加罗尔市
  (Bangalore, India)
- 英国班伯里市
  (Banbury, United Kingdom)
- 美国北卡罗来纳州夏洛特市
  (Charlotte, North Carolina)
- 美国田纳西州库克威尔市
  (Cookeville, Tennessee)
- 美国得克萨斯州埃尔帕索市
  (El Paso, Texas)
- 加拿大安大略省宏泰市
  (Fergus, Ontario, Canada)
- 美国肯塔基州佛罗伦萨市
  (Florence, Kentucky)
- 美国田纳西州富兰克林市
  (Franklin, Tennessee)
- 美国得克萨斯州霍尔特姆城
  (Haltom City, Texas)
- 越南河内
  (Hanoi, Vietnam)
- 中国香港
- 美国加利福尼亚州欧文市
  (Irvine, California)
- 土耳其伊斯坦布尔市
  (Istanbul, Turkey)
- 美国田纳西州约翰逊市
  (Johnson City, Tennessee)
- 墨西哥华雷斯市
  (Juarez, Mexico)
- 美国田纳西州诺克斯维尔市
  (Knoxville, Tennessee)
- 美国田纳西州黎巴嫩市

（Lebanon, Tennessee）
- 美国南卡罗来纳州麦克比市
  （McBee, South Carolina）
- 中国南京
- 美国华盛顿州兰顿市
  （Renton, Washington）
- 中国上海

集团办事处
- 美国威斯康星州密尔沃基市
  （Milwaukee, Wisconsin）
- 中国南京

- 加拿大安大略省斯特拉特福市
  （Stratford, Ontario, Canada）
- 阿拉伯联合酋长国迪拜杰贝阿里
  （Jebel Ali, Dubai, United Arab Emirates）
- 荷兰费尔德霍芬市
  （Veldhoven, the Netherlands）

集团技术中心
- 美国威斯康星州密尔沃基市
  （Milwaukee, Wisconsin）

从驱动创新到实践创新
A.O.史密斯公司的创新管理

对一个人的评价是看他的**行动**，而不是他说的话。

——佚名

A. O. Smith Corporation
P.O. Box 245008
Milwaukee, Wisconsin 53224-9508
http://www.aosmith.com

附录3：A．O．史密斯公司价值观推动活动七项大奖简介

奖项名称	奖励范围
客户满意奖	奖励那些在产品质量、客户服务、技能培训等相关工作中做出突出成绩，并超出客户期望值的个人和团队。
产品创新奖	奖励那些在参与新产品研发、市场推广中做出杰出贡献的员工和团队，以及为适应市场需求而对现有产品进行改进的个人和团队，被提名的新产品或改进产品必须是在本年内开发或改进成功并推向市场的。
环保贡献奖	奖励那些在预防环境污染或减少废弃物排放方面做出杰出贡献的员工，被提名的环保行为强调的是自觉自愿而非政府行为。
公益活动参与奖	奖励那些在造福社区、参与公益活动方面投入时间与精力的个人和团队，不包括为公司赞助的社会服务机构工作的员工。
管理流程改进奖	奖励那些在财会制度、信息技术、物流后勤等管理流程改进方面做出贡献的员工和团队。
生产流程改进奖	奖励那些在生产制造、运输配销等流程方面做出改进的个人和团队，包括改进质量、提高效率、减少浪费、解决瓶颈问题或引进新的工艺。
工作场所安全奖	奖励那些在创建安全工厂方面做出贡献的个人和团队。

资料来源：根据A．O．史密斯公司内部资料整理所得。

附录4：A.O.史密斯公司价值观推动活动流程与奖项设置

活动	阶段	时间	活动细则	奖项设置
季度价值观推动活动	提名阶段	每年5月份	1. 每年5月份为季度价值观推动活动的宣传以及提名阶段。 2. 微信平台提名：①微信企业号，点击微信企业号中的"价值观提名"应用，即可进入提名页面。②微信订阅号，关注微信订阅号"艾欧史密斯企业文化推广"，回复"提名"进入提名页面，完整填写表格，点击提交即可。 3. 书面提名表格：生产体系提名表格请统一提交给内勤登记，由内勤统一交上级主管审核签字后，将通过审核的提名交至总裁办前台处，内勤统一领取奖品后发放给生产体系员工。行政、管理、技术人员的提名经各部门上级主管审核签字后，交至总裁办前台处。驻外体系人员可以在驻外体系内勤处领取宣传折页，填写提名表以邮寄、传真或扫描的方式反馈至总裁办前台。 4. 电子邮件提名：登录公司网站http://www.aosmith.com.cn进入价值观推动活动专栏，在线填写提名表格，成功提交后将自动发送至Values@hotwater.com.cn信箱。 5. 有效提名即可领取1个微信红包，最多可领取3个。 6. 提名表格注意事项：①严禁从CI系统中照抄提名；②不能抄袭其他同事的提名；③提名不得由其他人执笔代写。 7. 如果未按照提名规则进行提名，则视为无效提名。	A.O.史密斯公司季度价值观当选奖： 20 000 CI积分/人 每个奖项不超过6个项目 A.O.史密斯公司季度价值观入围奖： 5 000 CI积分/人 每个奖项不超过7个项目 A.O.史密斯公司季度价值观提名奖： 微信红包 有效提名即可获奖
	评选阶段	每年6月份	1. 提名返还会议：组织各体系负责人召开提名返还会议，将已分类的提名表格交各体系进行筛选提炼，各体系初步筛选出有含金量的提名，按照规定格式进行项目内容填写后返还给价值观推动小组。 2. 评审会：价值观推动小组将组织管理层召开评委会，评委会的每位成员在提交的提名项目中推荐和介绍自己认为最有竞争力的提名。第一轮评选，评委会成员每人提名20个项目，获得10个及以上提名的项目进入第二轮评选。在第二轮评选中，评委会每位成员投10票，得到10票及以上的项目获得A.O.史密斯公司季度价值观当选奖，其余项目获得A.O.史密斯公司季度价值观入围奖。 3. 评选结果将在第一时间内向全公司公布。	

续表

活动	阶段	时间	活动细则	奖项设置
年度价值观推动活动	提名阶段	每年10月份	1. 每年10月份为年度价值观推动活动的宣传以及提名阶段。 2. 微信平台提名：①微信企业号，点击微信企业号中的"价值观提名"应用，即可进入提名页面。②微信订阅号，关注微信订阅号"艾欧史密斯企业文化推广"，回复"提名"进入提名页面，完整填写表格，点击提交即可。 3. 书面提名表格：生产体系提名表格请统一提交给内勤登记，由内勤统一交上级主管审核签字后，将通过审核的提名交至总裁办前台处，内勤统一领取奖品后发放给生产体系员工。行政、管理、技术人员的提名经各部门上级主管审核签字后，交至总裁办前台处。驻外体系人员可以在驻外体系内勤处领取宣传折页，填写提名表以邮寄、传真或扫描的方式反馈至总裁办前台。 4. 电子邮件提名：登录公司网站http://www.aosmith.com.cn进入价值观推动活动专栏，在线填写提名表格，成功提交后将自动发送至Values@hotwater.com.cn信箱。 5. 有效提名即可领取1个微信红包，最多可领取3个。 6. 提名表格注意事项：①严禁从CI系统中照抄提名；②不能抄袭其他同事的提名；③提名不得由其他人执笔代写。 7. 如果未按照提名规则进行提名，则视为无效提名。	美国A.O.Smith集团公司价值观当选奖： 美国游 以美国A.O.Smith集团公司评选为准 A.O.史密斯公司年度价值观当选奖： 价值5 000元亚洲游 每个奖项6个以内 A.O.史密斯公司年度价值观入围奖： 价值1 500元的精美礼品 每个奖项7个以内 A.O.史密斯公司年度价值观提名奖： 微信红包 有效提名即可获奖
	评选阶段	每年11月份	1. 提名返还会议：组织各体系负责人召开提名返还会议，将已分类的提名表格交各体系进行筛选提炼，各体系初步筛选出有含金量的提名，按照规定格式进行项目内容填写后返还给价值观推动小组。 2. 评审会：价值观推动小组组织管理层召开评委会，评委会每位成员推荐并介绍自己认为最具竞争力的提名（除推荐本体系的项目外，每位成员需至少推荐1—2个其他体系的项目）。第一轮评选，评委会成员每人提名30个项目，获得10票及以上提名的项目进入第二轮评选。第二轮评选中，评委会每位成员投15票，得到10票及以上的项目获得A.O.史密斯公司年度价值观当选奖，其余项目获得A.O.史密斯公司年度价值观入围奖。审计总监参与现场评选过程的监督。 3. 评选结果将在第一时间内向全公司公布，推荐年度价值观当选奖中的优秀项目参加美国A.O.Smith集团公司奖项评选。	

资料来源：根据A.O.史密斯公司内部资料整理所得。

附录 5：A. O. 史密斯公司 2010—2016 年度价值观推动活动南京总部当选奖、入围奖

2010 年度价值观推动活动南京总部当选奖	
奖项名称	获奖项目概述
客户满意奖	售后维修率专项改进
	进驻 23 个世博馆并成为世博特许商，整合传播提升品牌形象
	通过积极努力，公司获品牌大奖，"省电一半"产品获国际大奖，冷凝燃气热水器、太阳能热水器产品荣获四项国内大奖
产品创新奖	中国轻型商用热泵电热水器产品成功研发
	创新"省电一半"热水器产品成功上市及推广
	二类电器壁挂电热水器产品研发
生产流程改进奖	燃气热水器产品优化设计自制，年降费 1 500 万元
	双面搪瓷工艺
管理流程改进奖	老工厂无缺陷通过 SOX 全范围外部审计
	多维度经营结果报告自动化
	销售费用节约 400 万美元
公益活动参与奖	捐资助学推进小组提升员工爱心捐款活动参与度
环保贡献奖	吸塑机消除泡体废料，有效改善工作环境
工作场所安全奖	内胆车间实现安全生产百万以上工时

2010 年度价值观推动活动南京总部入围奖	
奖项名称	获奖项目概述
客户满意奖	大幅度降低保护电流，为客户创造价值
	支持 WPC 印度工厂项目顺利投产
	苏宁服务质量提升项目
产品创新奖	冷凝式燃气快速热水器产品研发
	A. O. 史密斯公司净水产品成功放行
	屋顶承压太阳能+电热水器集成一体机产品研发
生产流程改进奖	生产体系减少生产岗位 20 个
	改进内胆 10 万次通过率
管理流程改进奖	销售体系经理述职培训项目
公益活动参与奖	空缺

续表

环保贡献奖	节能减排——北美燃气快速199K项目年省水32万吨、降费130万元
工作场所安全奖	公司消防安全改进项目

2011年度价值观推动活动南京总部当选奖

奖项名称	获奖项目概述
客户满意奖	清理无序网络销售,维护客户利益
	苏宁合作服务创新
产品创新奖	商用10匹热泵产品成功研发及上市推广
	专利一氧化碳安全防护系统研发及推广
生产流程改进奖	生产体系通过自动化减少30个岗位
管理流程改进奖	高新技术企业评审三年节税1 800万美元
	通过税收筹划实现样机年节税额800万元
	GEC扩建项目
公益活动参与奖	空缺
环保贡献奖	充分利用二期熔炉产能,全年减少二氧化碳排放400吨
工作场所安全奖	公司300万工时无损失工作日

2011年度价值观推动活动南京总部入围奖

奖项名称	获奖项目概述
客户满意奖	中消协发布A.O.史密斯燃气热水器、净水产品的消费警示;燃气热水器产品获"IFA"及"博鳌"两项大奖,电热水器、太阳能热水器、净水产品获三项权威大奖
产品创新奖	屋顶和阳台太阳能热水器产品优化升级
	净水产品创意/研发与成功渠道拓展/市场推广
	电热6系列新品及时研发与成功上市
	掌握EB/B型采暖炉产品核心软件
生产流程改进奖	太阳能热水器产品成本优化
	内胆钢板厚度优化,年节约成本500万元
管理流程改进奖	建立员工技术晋升通道
公益活动参与奖	华东、南京团队捐助直销员渡过困境
环保贡献奖	空缺
工作场所安全奖	空缺

续表

2012年度价值观推动活动南京总部当选奖

奖项名称	获奖项目概述
客户满意奖	商用产品酒店应用销售高速增长
	净水终端饮水站等体验式营销创新
	最佳雇主品牌建设——A. O. 史密斯公司荣获2012中国最佳人力资源典范企业殊荣
	"A. O. 史密斯"被成功定为中国驰名商标
	直销员工厂强化培训
产品创新奖	"超静音燃气快速热水器"产品成功研发及上市推广
	"新一代专利MAX3.0"反渗透净水机产品成功研发及上市推广
	CEWH-K6系列热水器产品创新研发及成功上市
生产流程改进奖	燃气产品比例阀自制项目
	生产制造少岗化完成50岗
管理流程改进奖	建立终端展示一站式管理平台,节约费用2 105万元
公益活动参与奖	公司员工见义勇为救路人
环保贡献奖	喷涂无磷工艺代替有磷工艺减少污染,并大幅提高产品防腐能力
工作场所安全奖	空缺

2012年度价值观推动活动南京总部入围奖

奖项名称	获奖项目概述
客户满意奖	热泵热水器产品客户开发及有效培训,促使销售高速增长
	通过各品类获奖宣传及行业推广,打造A. O. 史密斯公司品牌专业度
	建立苏宁专管团队,成为苏宁厨卫采购中心首个销售额超过10亿元的优质供应商
产品创新奖	印度15L & 25L卧式天花型电热水器项目
生产流程改进奖	空缺
管理流程改进奖	中国区首次FCPA审计顺利通过
公益活动参与奖	空缺
环保贡献奖	空缺
工作场所安全奖	企业消防安全保障机制全面改善与提升

续表

2013 年度价值观推动活动南京总部当选奖	
奖项名称	获奖项目概述
客户满意奖	落地热泵热水器产品销售破亿元大关，全系列家用热泵热水器产品大幅降本
	2013 年实现成本降低 700 万美元
	高端成功领导力培训引入，提升组织能力建设，受到学员一致好评
	董事会接待顺利完成，139 年价值观、指导原则推广暨新工厂落成启用庆典成功举办，获董事会、客户、中国公司管理层与员工广泛赞誉，更实现"四个满意"
	通过展会、论坛、研讨会有效进行行业推广，成功树立 A.O.史密斯公司"水系统行业领导者"的品牌形象
产品创新奖	新一代冷凝机成功上市
	"无桶大流量 AR600-A1"反渗透净水机产品成功研发及上市推广
	带"智能保养提示"的电热水器产品创新研发与成功上市推广
生产流程改进奖	新工厂及办公楼建设及落成启用
管理流程改进奖	家用销售费用管理改善降低 0.9 个百分点
	优化管理培训生培养流程，提升管理培训生培养成功率，2013 年提升管理培训生人数创历年新高
	电子商务项目完美开局，实现销售破亿元
公益活动参与奖	两位员工长期义务献血，其中张双玲加入中国骨髓库，王学庆成为遗体捐献志愿者
环保贡献奖	环戊烷转换——使用环保材料环戊烷代替 141B，减少 141B 排放 104 吨，温室效应影响降至零水平，保护环境
工作场所安全奖	组装二车间安全生产 260 万小时（安全生产 1 580 天）

2013 年度价值观推动活动南京总部入围奖	
奖项名称	获奖项目概述
客户满意奖	基于三个到位的主动服务客户模式探索及推广——实现壁挂炉产品 2013 年零销售翻番
	电视广告投放方式优化，取得良好的投放效果
	全国重点客户交流互动、支持机制：确保重点客户销售高速增长，代理商团队雇员发展至 8 242 人
	代理商融资平台搭建
	全网价格管理系统成功启动

续表

奖项名称	获奖项目概述
产品创新奖	带"智能除霜"的第三代热泵热水器产品成功研发
	带一氧化碳报警系统的新平台壁挂炉产品成功开发及上市
生产流程改进奖	自动化年度少岗 32 岗,预计 50 岗
管理流程改进奖	驻外体系奖金激励政策应用系统成功实施
	ERP 多工厂实施上线,支持公司业务高速增长
	家装与公司主材厅展示标准与客户推介模式企划及优化,实现北京主材厅渠道 1—9 月累计动销额同比增长 280%
	终端价格专项检查机制建立与完善
	新 10 匹商用热泵热水器产品降本项目
	CI 项目推广创新,AB 级 CI 项目年效益 1 300 万元
	MOA 门店动销上报项目
公益活动参与奖	空缺
环保贡献奖	华东/南京/大庆团队护绿行动
工作场所安全奖	空缺

2014 年度价值观推动活动南京总部当选奖

奖项名称	获奖项目概述
客户满意奖	全面支持代理商组织建设,获得客户好评
	A. O. 史密斯公司 140 周年庆典与尊豪版纪念产品发布系列活动(家电博览会主场氛围、渠道商大会庆典、游船庆典晚宴)成功举办,获得业界高度赞誉
	电子商务同比增长 180%
产品创新奖	燃气专利商用级不锈钢换热器 ES 系列产品成功上市及推广
	超薄一体式 UV 抑菌专利 MAX3.0 长效反渗透净水机 AR600-H1 产品成功上市
	全新美式壁挂炉 G 型机成功开发及上市
	带极速四核、带"快进键"的热水器 WiFi 版创新研发与成功上市
生产流程改进奖	空缺
管理流程改进奖	营销费用精细化管理,考核销售费率有效降低
	高新技术企业 2014—2016 年三年资质重新认证申报
	创建服务人员星级评估流程及优秀人员的激励流程
公益活动参与奖	员工长期献血项目

续表

环保贡献奖	国家节能、节水、环保及安全税收优惠项目实施
工作场所安全奖	空缺

2014 年度价值观推动活动南京总部入围奖

奖项名称	获奖项目概述
客户满意奖	落地式热泵热水器产品销售高速增长
	140 周年净水体验式营销创新，通过在专业展会及终端卖场建设各类水吧以及各类免费饮水站，强化 A.O. 史密斯公司净水产品的行业地位，提升 A.O. 史密斯公司净水产品的美誉度，有效巩固 A.O. 史密斯公司是"水系统行业领导者"的品牌形象
	客户订单一站式服务平台
	新型客户关系的建立
	华北大区销售业绩持续、稳定增长项目
	通过专业展会、论坛，传播坚守"四个满意"价值观和创新研发是 A.O. 史密斯 140 年来的成功之道，并持续有效巩固 A.O. 史密斯公司是"水系统行业领导者"的品牌形象
	CCC 中心电话接通率提升项目
产品创新奖	商用 5 匹热泵热水器产品成功上市
	A.O. 史密斯公司首款一级能效热泵热水器产品成功研发
	高效节能冷凝采暖炉产品及豪华大别墅定制采暖热水系统
生产流程改进奖	燃气组装线 MES 系统成功上线
	APCOM 加热棒管材成功自制
	热水器行业首创氦检新工艺，内胆质量设备自动监控
管理流程改进奖	专卖店一站式服务流程全国推广
	建立线上检查机制，持续清理淘宝 C 店
	条码管控及成品流转安全保障项目，保证公司财产安全
	2014 年成本降低项目
	188 个城市合同专项目标管理
	价值观推动活动成功落地 10 周年，成绩斐然，使得 140 年坚守商业诚信，不断创新并致力于客户满意的理念真正深入人心
	MOA 管理平台助营销体系精细化管理
公益活动参与奖	净水捐助项目

续表

环保贡献奖	空缺
工作场所安全奖	建立并实施环戊烷系统运行、监督、检查、定期评审制度，至今发泡系统已安全稳定运行 450 天
	安全生产达到 333 万工时，再创 300 万工时佳绩

2015 年度价值观推动活动南京总部当选奖

奖项名称	获奖项目概述
客户满意奖	电子商务三年实现销售从 320 万美元到 1 亿美元跨越式增长
	通过人力资源实践与创新、人才培养和企业文化制度化建设，A.O.史密斯公司四次蝉联最佳雇主殊荣
	完善线上线下管理制度，建立电商渠道检查机制
	供应链金融平台项目
	CCC 客户抱怨快速响应
产品创新奖	高层专供燃气热水器 H 及 HS 产品高质量上市
	无桶大流量超薄净水机 AR800-H1 产品成功上市
	超静音整体式热泵热水器产品成功研发
	带智能保养提示的电热水器 9 系列产品创新研发与成功上市推广
	首款空气净化器产品成功研发及上市
	二代气阀优化设计及整机运用
生产流程改进奖	不锈钢换热器质量改进
	通过季度头脑风暴寻找消除浪费项目，预计 2015 年消除浪费降低成本项目 700 万美元
	热泵热水器产品线精益化改造
	自动化少岗 51 岗，年降本 1 030 万元，提高自动化能力，改善工作强度，提升效率
	成功通过商用 D 级锅炉资质许可证审核
	壁挂炉工厂搬迁补偿项目
管理流程改进奖	直销员手机培训 APP 系统建设并成功上线推广
	门店场地改进——"鹤立鸡群"项目推进（含净水机和空气净化器产品）
	CRM 和呼叫中心新电话系统成功上线
	公司微信企业号项目（MOA 项目三期）
	南京开发区唯一一个获批并收到财政扶持资金的项目

从驱动创新到实践创新
A.O.史密斯公司的创新管理

续表

公益活动参与奖	爱心捐助
	APCOM 邱健见义勇为，传播正能量
环保贡献奖	工作环境改善，关爱员工职业健康
工作场所安全奖	组装二车间安全生产 7 年，2 184 天，319 万小时无损工

2015 年度价值观推动活动南京总部入围奖

奖项名称	获奖项目概述
客户满意奖	电商平台燃气热水器产品动销同比增长 200%
	保护公司品牌，打击侵权店铺，清除侵权文章，净化市场环境
产品创新奖	新型加热技术 PTC 加二类电器的电热水器产品创新研发
生产流程改进奖	空缺
管理流程改进奖	税收筹划项目，预计全年节约 583 万元
公益活动参与奖	空缺
环保贡献奖	空缺
工作场所安全奖	空缺

2016 年度价值观推动活动南京总部当选奖

奖项名称	获奖项目概述
客户满意奖	A.O.史密斯公司销售快速增长，成为苏宁厨卫首家销售额突破 20 亿元的品牌
	2016 年企业文化创新推广且深度落地，实现"四个满意"
	创新培训方式提高促销员综合销售能力
	自建渠道高速增长，成为公司第一渠道，同时门店大头作为户外广告大牌增加品牌曝光，为品牌建设加分
	京东渠道净水产品销售额市场占有率树立行业领导地位
产品创新奖	商用 EB 系列大功率铜管锅炉产品成功研发上市
	高效壁挂式热泵热水器产品成功研发
	免更换镁棒型金圭内胆电热水器 10 系列产品创新研发与成功上市推广
	全新静音迷你型专利长效反渗透净水机系列成功上市
	首款空气净化器产品成功研发及上市

续表

生产流程改进奖	公司2016年度成本降低项目
	生产一线交叉岗位培训
	热泵热水器产品线精益化改造
	新工厂二期扩建项目
管理流程改进奖	坚决落实销售体系"红七条"管理要求,提升品牌影响力,获得客户高度认可
	公司微信企业号深度运营开发项目,移动端优化升级,提升办公效率和员工满意度
	AB级CI项目年效益创新高
	门店管理电子助理——MOA智能化
	两净产品滤芯、配件专业化管理,年净销售额增长66%
	节税创收项目
公益活动参与奖	驻外全员公益行动,良好风气蔚然成风
环保贡献奖	工作环境改善,关爱员工职业健康
工作场所安全奖	新工厂安全生产突破450万工时

2016年度价值观推动活动南京总部入围奖

奖项名称	获奖项目概述
客户满意奖	2016年各职能部门全方位服务代理商
	北美3代家用热泵热水器
	天猫超级品牌日——品牌建设模式创新,日访客65万人次
产品创新奖	新平台壁挂炉S型机产品成功开发上市
	保湿洗脸机产品成功上市及推广,揭开洗脸护肤的水润之谜
生产流程改进奖	低噪音风机自制
	建立全员参与设备维护、维修人员技能培训及考核制度,健全设备管理体系,提升设备管理专业度
管理流程改进奖	顺利通过PCAOB对A.O.史密斯公司审计底稿检查
	"小艾说服务"创新升级,打造服务一线的高效沟通和培训平台
	研发信息管理平台化建设
公益活动参与奖	空缺
环保贡献奖	空缺
工作场所安全奖	空缺

资料来源:根据A.O.史密斯公司内部资料整理所得。

附录6：A.O.史密斯公司2004—2016年年度价值观推动活动美国总部当选奖

获奖年份	获奖项目概述
2016年	客户满意奖：客户关怀中心荣获呼叫中心行业奥斯卡奖——金音奖
	产品创新奖：针对重污染设计的PM2.5实时数字监控型空气净化器产品成功研发上市
	产品创新奖：33JS零冷水电热水器产品成功研发及上市
	生产流程改进奖：APF-G1前置过滤器项目
2015年	管理流程改进奖：直销员手机培训APP系统建设并成功上线推广
	产品创新奖：高层专供燃气热水器H及HS产品高质量上市
2014年	管理流程改进奖：高新技术企业2014—2016三年资质重新认定申报
	产品创新奖：燃气热专利商用级不锈钢换热器ES系列产品成功上市及推广
	产品创新奖：北美50加仑家用热泵热水器产品成功研发
2013年	管理流程改进奖：电子商务项目完美开局，实现销售破亿元
	生产流程改进奖：燃气产品比例阀自制
	产品创新奖：无桶大流量AR600-A1反渗透净水机产品成功研发及上市推广
2012年	产品创新奖："超静音燃气快速热水器"产品成功研发及上市推广
	产品创新奖："新一代专利MAX3.0"反渗透净水机产品成功研发及上市推广
	环保贡献奖：喷涂无磷工艺代替有磷工艺，减少污染并大幅提高产品防腐能力
2011年	产品创新奖：专利一氧化碳安全防护系统研发及推广
	管理流程改进奖：高新技术企业评审三年节税1 800万美元
2009年	产品创新奖：阳台壁挂太阳能热水器产品成功研发及上市
	管理流程改进奖：实施ERP新系统
2005年	客户满意奖：客户关怀中心建成并成功运作，有力提升服务水平和管理效率
2004年	管理流程改进奖：直销员封闭培训，确保持续竞争力

资料来源：根据A.O.史密斯公司内部资料整理所得。

附录7：A. O. 史密斯公司每日价值观活动评审标准

1. 发现非岗位职责范围内的来料质量问题/作业质量问题。
2. 积极思考解决质量难题的行为。
3. 主动发现设备仪器存在的质量隐患并积极推动处理。
4. 发现非岗位职责范围内的重大安全隐患，积极提出整改方案或积极处理的行为。
5. 拾金不昧等好人好事行为，且具有榜样作用。

资料来源：根据 A. O. 史密斯公司内部资料整理所得。

附录 8：A. O. 史密斯公司 CI 活动流程

环节	活动细则	CI 活动奖励设置
提交提案	1. 微信平台提交：①微信企业号，点击微信企业号中的"CI 在线"应用，即可进入提交页面。②微信订阅号，关注微信订阅号"CI 伴我行"，按指示进入提案页面进行提交。 2. 纸质提案表提交：从班组长那里领取 CI 提案表填写提交。 3. 车间终端机提交：登录电脑 CI 系统，提交提案。	1. CI 积分奖励 CI 提案分 20 分 CI 项目实施分 2. CI 明星 月度"CI 明星"：分为"CI 项目实施明星"和"A/B 类项目提案明星"，当选者每人获得价值 150 元的礼品 月度"CI 明星班组"：当选班组获得进行一次工作团队活动的机会，该团队活动经费由公司赞助，经费标准为 80 元/人 季度"CI 明星"：当选者每人获得价值 300 元的礼品 年度"CI 明星"：当选者每人获得价值 500 元的礼品
提案审核	1. CI 辅导员初审后，经由车间经理确认。 2. CI 项目组审核确认。 3. CI 提案通过审核后，员工将收到审核通过的短信通知（也可在微信企业号"CI 在线"应用中查看审核结果）。若 CI 提案未通过申请，员工将收到审核未通过的短信通知（可在微信企业号"CI 在线"应用中查看审核结果），并被告知未通过的理由。	
项目实施	1. 本部门的可实施 CI 项目，由 CI 提案提出人所在部门自行组织实施，成立 CI 项目攻关改进小组，制订行动方案。CI 项目组跟踪项目实施。 2. 跨部门的 CI 项目，由 CI 项目组反馈至相关部门。确认可实施，则由相关部门成立 CI 项目攻关改进小组，制订行动方案。CI 项目组跟踪项目实施。	
项目评估	召开 CI 项目评估会，对改进完成的 CI 项目进行评分（CI 项目实施分）。	
实施团队得分	1. CI 项目实施并评估完成后，CI 提案提出人和实施人共同平分 CI 项目实施分。 2. CI 提案提出人参与 CI 项目实施，可获得双倍 CI 项目实施分。 3. 员工可以通过 CI 积分查询系统查询 CI 积分得分情况。	
CI 明星评选	1. 月度"CI 明星"：评选范围是生产一线员工，设立"CI 项目实施明星"和"A/B 类项目提案明星"两个奖项，评选数量分别为每个车间员工人数的 3%。 2. 月度"CI 明星班组"：评选范围是车间所有班组，评选标准为班组 CI 项目完成率达到 80% 以上，且班组人均 CI 积分不低于 400 分。 3. 季度"CI 明星"：评选范围是公司全体员工，每季度评选 30 名，15 名行政、管理、技术人员，15 名生产一线员工。 4. 年度"CI 明星"：评选范围是公司全体员工，每年度评选 30 名，15 名行政、管理、技术人员，15 名生产一线员工。	

资料来源：根据 A. O. 史密斯公司内部资料整理所得。

附录 9：A. O. 史密斯公司 CI 评分标准

	财务基本指标		
级数	A 级（≥15 000 分）	B 级（500—15 000 分）	C 级（≤500 分）
财务指标	年效益 10 万元及以上	年效益 3 300—10 万元	年效益 3 300 元及以下

		关键绩效指标						
		AB 级		C 级				
				制造体系			行政/商务体系	
		和改进前相比，质量水平提高或缺陷率降低超过 50%（含）	影响程度	1	2	4	评估维度	结果影响性高	结果影响性一般
质量指标	评价维度	重大质量问题	一般质量问题	降低停线时间	对改善本岗位的特定设备宕机、停线现象有一定的效果，但不显著	将改进应用于 3 个及以上多同类设备并起到一定的减少宕机效果	明显降低宕机等停线时间（30%以上）	方法创新巧妙	500	300
	方法创新巧妙	15 000	5 000	提升效率/降低劳动强度	间接地提升了本岗位的效率（如对工具、物料的定位摆放，分类管理改进等）	可以显著降低本岗位的劳动强度，但对生产节拍基本没有影响	可以有效降低 3 个及以上岗位的劳动强度，或提升整线生产效率	方法一般	300	100
	方法一般	10 000	2 000	作业标准化	进行了目视化改进，起到了参考、警示的作用	操作过程中的工艺或程序改进，可固化	形成了标准，并可明显降低此类问题的再次发生	需综合考虑：改进影响的范围、问题发生的频率、是否彻底杜绝问题的再次发生		
安全指标	评价维度	有较大的概率发生重大安全风险	有较大的概率导致工伤事故发生的安全风险	产品质量	对公司产品的不良率有一定的改进作用，但并非直接影响	降低公司产品不良率（10%—30%）	可明显降低公司产品不良率（30%以上）			
	彻底消除危险源或安全隐患	15 000	5 000	作业环境安全	简单通过行政管理或 PPE 改进，避免风险	通过隔离或工程改进进行隐患整改	采取消除或替代方式从根源上解决安全隐患			
	通过工程改进进行的隐患整改，达到防呆效果	10 000	2 000	环境改善	可提升单工位的 5S 的改善（不包括对工具的整理改进）	改进涉及 3 个及以上工位区域，有助于提升车间整体形象	改进可明显降低噪音、气源等污染对人体带来的不适感（30%以上）			

续表

	评价维度	重要流程	一般流程	方法创新性	/	改进方法巧妙	改进方法非常巧妙,可进行整体推广
流程指标	彻底解决此类问题或达到防呆效果	15 000	5 000	影响程度累计	1—3	4	5+
	流程管理问题点改善提升超过50%	10 000	2 000	对应C类CI积分等级	100	300	500

资料来源:根据A.O.史密斯公司内部资料整理所得。

附录10：A. O. 史密斯公司产品研发流程

A. O. 史密斯公司产品研发的程序主要包括五个阶段：立项、设计方案确认、正式样机、小批试制、生产放行。

一、立项

为了将市场调研结论真正应用于新产品的开发之上，A. O. 史密斯公司规定每个产品调研小组在完成产品调研工作之后，还需要在产品创意组中分享此次调研活动的主要发现和研究结论。分享完毕之后，由产品创意组内的所有成员进行头脑风暴，充分讨论各项产品立意，并通过投票的方式，推荐出初步可行的产品立意，并进入产品立项阶段。

产品立项阶段主要由市场部产品经理主导，为了对产品立意进行进一步的考核和审查，确保产品立意具有真正的技术可行性，产品经理首先需要和研发经理针对该项目的难易程度，共同确认项目的难度等级。在A. O. 史密斯公司，产品研发项目一般分为A、B、C三个难度等级。其中，A级项目称为新开发项目，主要是指与公司目前现有机型相比，拟开发的产品在产品结构、系统、控制器、关键零部件等方面发生较大变化的项目；B级项目为扩展类项目，或者简单升级类项目，主要是指与公司现有机型相比，拟开发的产品在结构、系统、控制器、关键零部件等方面没有发生较大变化的项目；C级项目为网络机项目（电商渠道专供产品），主要是指产品的结构、系统、控制器、关键零部件没有发生变化的项目。

在确认完产品研发项目的难度等级之后，为了充分把握产品研发项目过程中所可能存在的风险和威胁，产品经理还需要结合项目的情况，对其进行可行性分析，完成《项目可行性分析报告》。一般而言，可行性分析报告主要包括：①运用大量的数据、资料论证拟研发项目的重要性和必要性；②拟研发项目所涉及的核心技术，是否已经拥有，或者是否拥有可替代的技术方案；③拟研发项目在推进过程中所可能存在的关键问题和风险点，并提供防范措施；④对拟研发项目应用前景的预测，例如目标市场、主要竞争对手以及销售预测等。

在完成《项目可行性分析报告》之后，产品经理还需要和研发经理进行研讨，共同确定产品研发的技术参数（包括长宽高、重量、能效、加热速度、使用温度等），填写《项目资料表》，明确产品研发的技术标准。在完成以上准备工作后，产品经理需要将《项目可行性分析报告》和《项目资料表》作为项目立项的资料，提交给A. O. 史密斯公司市场部领导进行审核，以完成产品的立项工作。

二、设计方案确认

在项目审批完成之后，产品经理负责将该项目的立项资料、《项目资料表》和《项

从驱动创新到实践创新
A.O.史密斯公司的创新管理

可行性分析报告》，转交给研发部门的研发经理。研发经理在接到新的研发项目之后，会根据该项目的难度级别、该项目所涉及的技术难题以及研发人员的专长差异等因素，在研发部门内部挑选合适的研发工程师担任项目经理，负责协调、推动和落实该项目的产品研发工作。

项目经理在设计方案确认阶段，需要完成以下任务：①组建项目组，召开项目启动会。在A.O.史密斯公司，产品研发项目不仅涉及研发部门，是研发工程师的工作任务，而且涉及多个部门，需要其他部门人员的共同配合和协调。为了产品研发项目能够顺利进行，项目经理会根据项目要求，邀请相关部门（一般包括研发部门、市场部门、质量部门、工艺部门、设备部门、安全部门）的人员共同参与，组成项目组，并召开项目启动会。②制订项目计划，明确项目各阶段的主要工作。在确定项目组的成员后，为了加强对项目研发过程的控制，明确项目研发各个主要阶段的工作任务，项目经理还需要根据项目要求，完成项目计划，列出项目各阶段的主要工作，包括每个阶段所应进行的评审、验证和确认活动，以及项目开发的职责和权限。③形成初步设计方案，组织专家评审。在项目计划确定之后，由项目经理组织和推动项目组成员，按照既定计划实施项目，搭建样机，测试机器性能，形成初步的设计方案。在初步设计方案确定后，项目经理还需要组织专家对项目进行专家组评审，以此明确初步设计方案在产品质量、技术参数方面是否能够满足要求，存在哪些没有考虑到的风险和关键点。

三、正式样机

在A.O.史密斯公司，设计方案经过专家组评审并确认之后，就进入正式样机阶段。正式样机阶段需要完成的工作有：

（1）进行第一批的样机试制。为了对产品设计方案进行进一步的确认，及时发现产品设计过程中所可能存在的问题，A.O.史密斯公司规定，每个产品研发项目都必须根据项目的难易程度，进行样机试制。

（2）样机测试。在第一次样机试制完之后，为了发现产品设计中所可能存在的问题，A.O.史密斯公司规定必须在不同环境中对样机进行测试：①实验室测试。为了杜绝产品设计过程中出现的质量问题，A.O.史密斯公司投入巨额的资金和资源建设了"高大上"的研发基地和"高精尖"的实验室。这些实验室配备了先进的仪器和测试工具，能够对这些样机进行一系列的测试，包括：型式试验、长期可靠性试验、零部件可靠性试验以及电控等相关测试。②现场测试。A.O.史密斯公司认为，实验室测试虽然能够对产品的性能进行科学和细致化的测试，但是由于实验室的各种极端测试环境都是通过人为设置参数来实现的，是一种模拟的外部环境，因此为了能够检验产品在真实环境中的性能和运行状况，识别一些可能影响产品运行的其他因素，还需要将样机送到用户家中，对样机进行现场实验，并以此来对样机的性能和运行状况进行测试。

（3）样机评审：在完成实验室内的各项测试和在用户家中的现场测试之后，项目组需要针对样机在不同环境中的性能和运行状况进行分析，并形成各类测试报告，提交给专家组，进入正式样机评审阶段。

四、小批试制

在正式样机评审通过后，就进入小批试制阶段。小批试制阶段标志着产品正式进入批量生产阶段，意味着产品试制所需要的物料应该进行处理和采购。在A. O. 史密斯公司，在产品试制之前，有许多与物料相关的准备工作需要完成：①发布ECN。试制所需要的物料均需要发布工程变更通知书（Engineering Change Notice，ECN），发布ECN的目的是通知产品工程部，让其协调好生产、工艺、质检、市场、研发等部门，为产品试制提供条件。②进行首次检查。A. O. 史密斯公司建立了严格的物料质量控制制度，对于第一次使用的物料，工艺和质检都要做质量检测，以确保这些物料符合相应的国家标准和企业标准。③进行物料标记。所有物料在首次检查合格之后，需要将A. O. 史密斯公司自制的物料标记为L，从外部采购的物料标记为A，并将最终确定使用的物料的临时物料号（Temporary，简称Temp号）关联到物料清单（Bill of Materials，BOM）中。这种关联主要在QAD系统中完成，以协调生产、研发、采购部门的工作。

除了与物料相关的准备工作，在小批试制之前，项目组还需要在生产部门的配合和支持下，对生产一线的员工进行操作培训。生产一线的员工对拟开发的新产品了解很少，对其生产工艺和流程也十分不熟悉，因此，要确保新产品试制工作顺利推进，就必须对参与试制的生产员工进行操作培训，只有这样，才能保证新产品试制工作的顺利推进。

在小批试制之后，项目经理还需要针对新产品试制过程中所出现的问题，填写《问题行动跟踪表》，并找出影响单位缺陷数（Defect Per Unit，DPU）的关键点，预估产品百万台的缺陷率，提交给专家组，进行小批试制的评审。

五、生产放行

在所有试制问题评审结束后，就进入产品研发流程的最后一个环节：生产放行。作为一个视质量为生命的企业，A. O. 史密斯公司建立了严格的标准和要求，详细规定了产品放行前所需要进行的各项测试，并以此来判断产品是否能够放行。①产品寿命测试。为了明确产品的使用寿命，以及在各种恶劣的环境下，产品性能和运行是否稳定，A. O. 史密斯公司通常会在实验室里对产品进行长期寿命的实验，在各种极端条件下运行机器，看机器是否存在什么故障，并在此基础上，出具实验报告。②现场测试回访。不仅依靠实验室，

从驱动创新到实践创新
A.O.史密斯公司的创新管理

对于使用样机的用户，A.O.史密斯公司产品研发项目组人员会进行回访，查抄机器运行数据，并询问用户在使用过程中是否出现运行问题，并出具现场实验回访。为了充分保证产品的质量，保障消费者的合法权益，A.O.史密斯公司规定，所有用于现场试验的样机，现场运行时间都必须达到两个月以上，以充分保证产品质量的无懈可击。③再次进行电控软件/硬件测试。为了体现对产品质量的重视，排除可能导致质量问题的各个细节，A.O.史密斯公司还规定，在做出生产放行决定前，还必须对产品再次进行电控软件/硬件测试，并同时出具测试报告。④外部测试。在完成企业内部规定的各项测试之后，为了对产品质量进行再次确认，同时取得产品销售的资格，A.O.史密斯公司还会依照我国法律法规的要求，由质检和研发部门负责邀请第三方机构，完成对产品的型检/3C/能效备案/可售地区/卫生批件。

只有完成以上测试，并取得符合要求的测试结果，产品研发项目才会进入生产放行评审环节。只有通过专家组的生产放行评审，新产品才能真正上市，并最终进入产品销售环节。

附录 11：代理商子女暑期游学项目

为了深化与代理商公司的"互生、共生和再生"理念，A. O. 史密斯公司更是将核心代理商视作公司内部员工，给予他们家人般的关怀，邀请代理商或者代理商的子女参与公司内部举办的各种活动。其中，最具特色的是代理商公司正式员工的子女暑期游学项目。2016 年 8 月，A. O. 史密斯公司首次开展了专营代理商客户的正式员工子女与 A. O. 史密斯公司的正式员工子女一起参加的为期 20 天的美国暑期免费游学项目。

暑期游学项目主要分为三个环节：①申请。申请对象面向 A. O. 史密斯公司的正式员工子女和专营代理商公司的正式员工子女。有意申请的正式员工子女需要提交相应的暑期游学申请表、学校盖章认定的成绩单、护照复印件等材料。如果是专营代理商公司的正式员工子女，还需要提供专营代理商的推荐信。②评选。为了保证评选的公平性、公正性，A. O. 史密斯公司将评选工作全部交由独立的第三方——美国伊凡斯维尔大学（University of Evansville，UE）负责，评选分为初选和电话面试两个环节，最后由 UE 大学的负责人根据申请人的学习成绩、英语水平、领导能力、社区活动情况以及获奖情况等进行综合评价，确定当选人员名单。2016 年和 2017 年，各有 16 名当选者（8 名代理商客户的正式员工子女和 8 名 A. O. 史密斯公司的正式员工子女）。③游学。获得 A. O. 史密斯公司提供的美国暑期免费游学项目资格的正式员工子女，参与为期 20 天的暑期游学活动。活动的主要内容包括：英语视听说强化课程、美国文化探索、美国 A. O. Smith 集团公司总部参观活动等。

暑期游学的所有费用，由 A. O. 史密斯公司支付。暑期游学项目旨在为公司的正式员工子女与代理商公司的正式员工子女提供体验美国文化，了解如何成功申请美国大学的机会，从而加深公司与代理商之间、公司与员工之间的感情纽带，真正用行动体现"四个满意"。

参考文献

[1] 埃里克·施密特，乔纳森·罗森伯格，艾伦·伊戈尔著，靳婷婷译. 重新定义公司——谷歌是如何运营的[M]. 北京：中信出版社，2015.

[2] 陈春花著. 激活个体：互联时代的组织管理新范式[M]. 北京：机械工业出版社，2015.

[3] 德鲁克. 创新和企业家精神[M]. 北京：企业管理出版社，1989.

[4] 弗里曼·R. 战略管理：利益相关者方法[M]. 上海：上海译文出版社，2006.

[5] 斯蒂芬·P. 罗宾斯. 组织行为学（第12版）[M]. 北京：中国人民大学出版社，2008.

[6] 杨东涛著. 从口号到行动——A.O. 史密斯公司的文化建设之路[M]. 北京：北京大学出版社，2011.

[7] 杨东涛著. 史密斯成功密码——A.O. 史密斯公司的价值观管理[M]. 北京：北京大学出版社，2015.

[8] Amabile T M, Conti R, Coon H, Lazenby J, Herron M. Assessing the work environment for creativity[J]. Academy of Management Journal, 1996（39）：1154-1184.

[9] Anderson N, Potočnik K, Zhou J. Innovation and creativity in organizations：A state-of-the-science review, prospective commentary, and guiding framework[J]. Journal of Management, 2014, 40（5）：1297-1333.

[10] Kristof A L. Person-organization fit: An integrative review of its conceptualizations, measurement, and implications [J]. Personnel Psychology, 1996, 49 (1): 1-49.

[11] Muchinsky P M, Organizational communication: Relationships to organizational climate and job satisfaction [J]. Academy of Management Journal, 1996 (39): 1154-1184.

[12] Oh I S, Guay R P, Kim K, et al. Fit happens globally: A meta-analytic comparison of the relationships of person-environment fit dimensions with work attitudes and performance across East Asia, Europe, and North America [J]. Personnel Psychology, 2014, 67 (1): 99-152.

[13] Patterson M G, West M A, Shackleton V J, Dawson J F, Lawthom R, Maitlis S, Robinson D L, Wallace A M. Validating the organizational climate measure: Links to managerial practices, productivity and innovation [J]. Journal of Organizational Behavior, 2005 (26): 379-408.

[14] Roberts K H, O'Reilly C A. Measuring organizational communication [J]. Journal of Applied Psychology, 1977 (20): 592-607.

[15] Schneider. Organizational climate and culture [J]. Annual Review of Psychology, 2013 (64): 361-388.

[16] Wang Y D, Hsieh H H. Toward a better understanding of the link between ethical climate and job satisfaction: A multilevel analysis [J]. Journal of Business Ethics, 2012 (105): 535-545.

[17] Yu K Y T. Affective influences in person-environment fit theory: Exploring the role of affect as both cause and outcome of P-E fit [J]. Journal of Applied Psychology, 2009, 94 (5): 1210-1226.